Totenreigen

Dietmar Lykk, Jahrgang 1949, wurde in Kiel geboren und studierte Rechtswissenschaften, Soziologie und Philosophie in Kiel und Hamburg. Forschungstätigkeit und Veröffentlichungen zur Sprachsoziologie mit mehreren Auslandsaufenthalten in London. Lebt und arbeitet bei Flensburg. Im Emons Verlag erschienen seine Kriminalromane »Totenschlüssel«, »Totenuhr«, »Totensand« und »Totenschleuse«.

Dieses Buch ist ein Roman. Handlungen und Personen sind frei erfunden. Ähnlichkeiten mit lebenden oder toten Personen sind rein zufällig.

DIETMAR LYKK

Totenreigen

KÜSTEN KRIMI

emons:

Bibliografische Information der Deutschen Nationalbibliothek
Die Deutsche Nationalbibliothek verzeichnet diese Publikation
in der Deutschen Nationalbibliografie; detaillierte bibliografische
Daten sind im Internet über http://dnb.d-nb.de abrufbar.

© Hermann-Josef Emons Verlag
Alle Rechte vorbehalten
Umschlagmotiv: Heribert Stragholz
Umschlaggestaltung: Tobias Doetsch
Druck und Bindung: CPI – Clausen & Bosse, Leck
Printed in Germany 2012
ISBN 978-3-95451-025-2
Küsten Krimi
Originalausgabe

Unser Newsletter informiert Sie
regelmäßig über Neues von emons:
Kostenlos bestellen unter
www.emons-verlag.de

»Das Leben fragt nie nach unseren Wünschen.«
Federico García Lorca, »Bernarda Albas Haus«

Sonntag

1.

Kriminalhauptkommissar Eric Lüthje stand nach Luft ringend an der Wendehaltestelle am Hafenvorplatz in Laboe. Die Anstrengung war umsonst. Er hatte sich wieder in der Abfahrtszeit geirrt. Er entdeckte den Bus ohne Licht und mit abgestelltem Motor schließlich hinter einem kleinen Ziegelbau, der Taxizentrale. Der Fahrer war schemenhaft hinter dem Steuer zu erkennen und aß etwas aus der Hand.

»Wissen Sie, wann der Bus nach Kiel losfährt?«, fragte er einen älteren Mann in langem Mantel, der neben ihm stand.

»Da drüben!«, sagte der Alte mit brüchiger Stimme und wies mit angedeuteter Bewegung seines Armes zu einem Halteschild, an dem ein Fahrplan hing. Ein leichtes Zittern ging durch seinen Körper, so als ob der Satz ihn eine unendliche Anstrengung gekostet hätte. Lüthje versuchte, ihm in die Augen zu sehen, aber der Mann stand im Lichtschatten der Laterne hinter ihm. Er wandte sich ab, vielleicht, weil er Lüthjes prüfenden Blick bemerkt hatte.

Das Halteschild hatte Lüthje nicht gesehen, weil es nicht mehr an dem ihm gewohnten Platz stand, den er aus seiner Kindheit und Jugend kannte. Wegen der ungewohnten körperlichen Anstrengung, dem Lauf zur Haltestelle am Hafen, hatte sein Verstand aufgrund des Sauerstoffmangels nicht mehr richtig funktioniert. Er hatte einfach etwas zu viel auf den Rippen. Um abzunehmen, wie Hilly ihm immer wieder predigte, sollte er sich auf Trennkost umstellen, sich mehr bewegen, und genau das hatte er heute getan.

Der Mantel des Alten war ein kostspieliges Stück, gut verarbeitet, altmodisch, sicher jahrzehntealt, mit dem übergroßen Revers, wie man sie noch in den Sechzigern trug. Am unteren Saum, der knapp über den Schuhen endete, schien der Stoff feucht zu sein. Der Mantel war zu lang. Wahrscheinlich hatte er dem Mann vor zwanzig Jahren noch gepasst. Aber man wusste ja, im Alter schrumpfen die Knochen, vor allem die Wirbelsäule.

Am Morgen hatte es einen fisseligen Landregen gegeben. Aber das war schon sieben oder acht Stunden her. Der dünne Mantel hätte seitdem schon lange getrocknet sein müssen.

Lüthje war gestern Vormittag nach Laboe gekommen, um einige kleine Reparaturen in seinem an Feriengäste vermieteten Elternhaus zu erledigen. Nach dem Tod seiner Eltern hatte Lüthje das Haus in zwei kleine Apartments umgebaut. Im Sommer, und erst recht zur Kieler Woche, war es meist ausgebucht. Die Schlüsselübergaben und die Abschlussreinigung übernahm Frau Jasch, die bis zum Tode seines Vaters das Haus sauber gehalten hatte. Die kleinen Reparaturen erledigte seit damals Lüthje, kümmerte sich zum Beispiel um die tropfenden Wasserhähne und die Luft in der Heizung, die manchmal auch im Sommer, wenn es empfindlich kalt war, gebraucht wurde. Ein ziemlicher Zeitaufwand, schließlich musste er dafür von Flensburg »einfliegen«. Seine Frau Hilly rieb ihm immer wieder unter die Nase, dass er es ja nicht anders wollte, er hätte das Haus längst verkaufen können. Sie hatte recht.

Das Souterrainzimmer, in dem sein Vater seine Radiobasteleien betrieben hatte, hatte er für sich und Hilly reserviert. Die ehemalige Waschküche hatte er in eine provisorische Küche und ein Bad umbauen lassen.

Diesmal war er allein gekommen, hatte seinen Wagen auf dem Exerzierplatz geparkt und war mit dem Bus gefahren, die »alte Strecke«, an der seine ehemalige Schule, das Wellingdorfer Gymnasium, lag. Das brennt sich ein, hatte er zu Hilly gesagt, und sie antwortete, es gebe da wohl noch ein paar Wunden, die gekühlt werden müssten. Er hatte entgegnet, dass sie ja recht habe, aber er würde sich in Laboe ohne Auto bewegen und sich ein neues Fahrrad kaufen. In Laboe gebe es Steigungen, der Buerbarg zum Haus oder vom Ehrenmal zum Oberdorf. Diese Strecken habe er sich schon vorgenommen. Hilly hatte gelächelt wie Mona Lisa.

Der Himmel klarte von Westen her streifig auf, wie eine zerrissene Tapete auf altgelbem Grund, und reflektierte für ein paar Sekunden das Licht der längst untergegangenen Sonne auf der Förde. Bevor Lüthje sich dem Anblick hingeben konnte, war die Dämmerung in der Dunkelheit ertrunken. Es blieben schimmernde Lichterketten von vorbeifahrenden Schiffen als Trost. Die Kieler Förde machte sich fein für die Kieler Woche.

Eine Gruppe weißhaariger Damen versammelte sich auf der Fläche der stillgelegten Straßenbrückenwaage neben der Haltestelle und genoss juchzend und kreischend das leichte Schaukeln der großen Metallfläche, auf der zu Lüthjes Schulzeiten noch Lastwagen mit Kohle oder Bauholz gewogen worden waren. Das Gefühl, wenn einem der Boden unter den Füßen weggezogen wird, das hatten sie wahrscheinlich in ihrem Leben mehrfach erlebt. Jetzt hatten sie es so weit verdrängt, dass es sich nach ein paar Gläsern Bier oder Wein in einem leichten Schaudern und schulmädchenhaftem Kichern entlud. Sie warfen ein paar unauffällige Blicke zu dem Alten, der reglos nach Norden starrte. In Richtung Ehrenmal, dachte Lüthje.

Eine angeregte Abschiedsszene entstand zwischen den Frauen, sie umarmten sich, zwei Frauen verabschiedeten sich und gingen in Richtung Ortsmitte. Es gab ein Winken mit einem mehrstimmigen »Tschühüs!«. Die anderen Frauen blieben zurück und senkten ihre Stimmen.

Endlich fuhr der Bus an die Haltestelle. Lüthje dachte, dass es vielleicht besser wäre, dem Alten beim Einsteigen behilflich zu sein, aber er war schon vor Lüthje an der sich öffnenden Tür und suchte sich einen Platz am Gang gleich hinter dem Fahrer. Ob er jemanden besucht hatte? Seine Kinder? Die hätten ihn doch zum Bus gebracht. Nein, sie hätten ihn nach Haus gefahren. Eine ungefähr gleichaltrige Freundin? Einen Ring trug er jedenfalls nicht.

Lüthje kaufte eine Fahrkarte zur Andreas-Gayk-Straße. Von dort war es nicht weit zum Exerzierplatz, auf dem er seinen Wagen abgestellt hatte. Er wählte einen Platz schräg hinter dem Alten, auf der anderen Gangseite, sodass er ihn im Blick hatte. Sie waren die einzigen Fahrgäste im vorderen Teil des Gliederbusses. Lüthje registrierte erleichtert, dass die Frauengruppe im hinteren Teil eingestiegen war.

Die Fenster waren beschlagen. Der Fahrer hatte die Türen während seiner Pause geschlossen gehalten, sodass die Feuchtigkeit nicht trocknen konnte. Aus einer nostalgischen Betrachtung der

Strecke am Abend würde also nichts werden. Lüthje wühlte in seinem Rucksack nach einem Taschentuch und wischte sich ein »Bullauge« frei. Er sah die ehemalige Brodersdorfer Schule vorbeihuschen, bis die Luftfeuchtigkeit sein Bullauge wieder verschliert hatte.

Lüthje wandte sich dem Alten zu. Der saß stocksteif da, als ob er einen Spazierstock verschluckt hätte, und blickte nicht nach rechts oder links, nur nach vorn in Fahrtrichtung, als würde er den Straßenverlauf verfolgen können. Er sah auf die Armbanduhr, die er auf dem rechten Arm trug, sodass Lüthje es genau beobachten konnte. Der Arm zitterte. Vielleicht hatte er beginnenden Parkinson. Es fehlte aber die kreisende Bewegung, die Lüthje bei einem Kollegen mit dieser Erkrankung vor einigen Jahren einmal beobachtet hatte. Im fortgeschrittenen Stadium schien der Erkrankte ständig einen Teig zu rühren.

Im kurvigen Straßenverlauf in Neuheikendorf hielt der Alte sich krampfhaft am vorderen Sitz fest. Lüthje erhob sich zweimal vorsichtshalber, um notfalls schneller zupacken zu können. Auf der geraden Strecke nach Heikendorf sah der Alte zweimal auf die Armbanduhr. Wahrscheinlich wollte er einen Zug in Kiel erreichen. Oder einen Überlandbus.

In Heikendorf stiegen zum ersten Mal auf der Strecke Fahrgäste zu. Junge Mädchen, die ein iPhone vor sich hertrugen und weiße Kopfhörer in den Ohren hatten, ein älteres Ehepaar und zwei junge Skateboardfahrer mit dem Brett unter dem Arm.

Das Licht des Heikendorfer Ortszentrums waberte durch die nassen Scheiben und wanderte durch das Innere des Busses wie Scheinwerfer bei einem Popkonzert. Lüthjes Blick blieb wieder an dem verschmutzten Mantelsaum hängen. Die Schmutzränder sahen merkwürdig aus und schienen nicht so schnell zu trocknen, wie man es von Wasser gewohnt ist. Lüthje hatte sich noch nie über solche Dinge Gedanken gemacht, aber er spürte so ein merkwürdiges Kribbeln im Nacken, wenn er darüber nachdachte. Wahrscheinlich schlurfte der Alte. Dann war das unten am Mantel eine Dreckspur.

Der Alte sah wieder auf die Armbanduhr und reckte den Kopf in Fahrtrichtung. Er schien sein Fahrtziel zu kennen.

Am Ortsausgang summte Lüthjes Handy. Rufnummer unbekannt, sagte das Display. Er nahm das Gespräch an. Aus dem Stimmbrocken erkannte er Hillys Stimme, verstand aber kein einziges Wort. Die waldbewachsenen Kitzeberger Berge, durch die der Bus fuhr, waren schuld.

»Ich bin im Bus!«, rief er ins Handy.

Der Fahrer sah ihn über den Rückspiegel böse an. Lüthje unterbrach das Gespräch. Der Alte hatte sich nicht gerührt, als sei er taub.

Hilly war seit vorgestern in London, sie hatte sich mit einer ehemaligen Arbeitskollegin aus der deutschen Botschaft dort verabredet. Hilly machte sich nichts aus der Kieler Woche, weil es da immer nur ein großes Gedränge gebe. Als ob es in London anders wäre. Sie würden jetzt wohl ihrer gemeinsamen Leidenschaft nachgehen, alte Filme in einem Londoner Kino, sahen sich bestimmt einen alten James-Bond-Film an, die täglich in irgendeinem der vielen Londoner Kinos liefen. Und sie würde ihrer Freundin von ihrem tollen Mann erzählen, der, James Bond gleich, auf großen Jachten mit Swimmingpool mit dem Bösen streitet und schöne Frauen abweist.

Im Kieler Stadtteil Gaarden wurde der Bus drängend voll.

Wieder sah der Alte auf die Uhr. Er schob den viel zu weiten Ärmel hoch, ein Stück vom weißen Hemdsärmel hakte, sein Arm begann zu zittern. Er pulte die Armbanduhr hervor und sah ein paar Sekunden lang darauf, als wäre die vor ein paar Sekunden abgelesene Zeit schon spurlos aus seinem Gedächtnis gelöscht worden.

Die Lichter der Stadt flackerten durch die nassen Scheiben und reichten tief, fast bis auf den Fahrzeugboden. Lüthjes Blick wanderte wieder am Mantel des Alten nach unten.

»Hummelwiese«, sagte die Computerstimme aus dem Buslautsprecher. Das war eine Station vor dem Hauptbahnhof, gleich hinter der Gablenzbrücke, vor dem Zebrastreifen.

Der Alte erhob sich. Die Tür öffnete sich zischend. Er war der Einzige, der ausstieg. Mit einem Knopfdruck schloss der Fahrer die Tür. Die Ampel zeigte Rot für den Bus. Lüthje sah den Alten vor dem Bus über den Zebrastreifen gehen und auf der gegen-

11

überliegenden Straßenseite hinter einer Hausecke verschwinden. Die Ampel schaltete auf Grün, der Fahrer fuhr an und schaltete den Blinker ein, als er nach rechts ins Sophienblatt, Richtung Hauptbahnhof, einbiegen wollte.

Lüthje griff nach seinem Rucksack und ging zum Fahrer.

»Polizei, halten Sie sofort an und öffnen Sie die Tür.« Lüthje hielt dem Fahrer die Dienstmarke hin. Der bremste ruckartig, sah Lüthje noch böser an und rief per Funk seine Zentrale.

»Wenn Sie nicht sofort die Tür öffnen, werde ich dafür sorgen, dass Sie nie wieder eine Bustür öffnen dürfen«, sagte Lüthje ruhig.

»Wie stellen Sie sich das vor? Hier in der Kurve?«, sagte der Fahrer und wandte sich dem Mikrofon zu. »Ja, hier Wagen ... He, was fällt Ihnen ein ...« Lüthje hatte zum Armaturenbrett gefasst, fand auf Anhieb den richtigen Knopf, die Tür öffnete sich zischend, und er war draußen.

Lüthje lief um den Bus, hob die Hand, um ein Auto zum Stehen zu bringen, und lief über den Zebrastreifen. Er sah den Alten ungefähr fünfzig Meter vor sich mechanisch einen Fuß vor den anderen setzen. Lüthje würde ihn fragen, ob er ihn nach Hause begleiten sollte. Er würde seinen Dienstausweis zeigen, damit der Alte begriff, dass Lüthje Polizist war. Er befand sich nur noch ein paar Meter hinter ihm, links waren ein paar erleuchtete Schaufenster, das war die richtige Stelle, ihn anzusprechen.

Der Alte wandte den Kopf nach links, zu einem der Schaufenster, sodass Lüthje ihn im Profil sehen konnte. In diesem Moment knickte er mit dem linken Bein ein, sackte zusammen und schlug mit dem Kopf auf dem Pflaster auf.

Er war bewusstlos, hatte einen schwachen, unregelmäßigen Puls und atmete schwach. Lüthje brachte ihn in eine stabile Seitenlage. Während er mit dem Handy den Notarzt rief, betrachtete er die Schmutzränder am Mantel und die Schuhe. Es sah so aus, als wäre der Alte durch Blut gegangen.

2.

Der von Lüthje angeforderte Notarzt traf nach knapp acht Minuten ein. Lüthje hatte ihm seine Dienstmarke gezeigt und erzählt, dass ihm der Mann in Laboe aufgefallen und er ihm deshalb gefolgt sei.

»Dr. Preller«, stellte sich der Notarzt vor. »Vermutlich Apoplexie«, sagte er nach kurzer Untersuchung und fügte erklärend hinzu: »Schlaganfall.«

Lüthje wies auf den Schmutzrand am Mantelsaum. »Was halten Sie davon?«

Der Arzt schob vorsichtig Mantelsaum und Hosenbein des Alten hoch und nickte.

»Sehr wahrscheinlich Blut, aber nicht vom Patienten. Leicht angetrocknet. Könnte auch tierisches Blut sein. Außer der Platzwunde über der rechten Augenbraue, die der Mann offensichtlich beim Sturz auf das Pflaster erlitten hatte, hat er keine offenen Wunden, die auf einen derartigen Blutverlust hinweisen. Entschuldigen Sie, aber jede Sekunde ist jetzt lebenswichtig.«

Er gab dem Assistenten ein Zeichen. Sie zogen dem Mann den Mantel aus, lagerten ihn auf eine Trage, schnallten ihn fest und schoben ihn in den Notarztwagen. Der Motor wurde angelassen. Der Assistent streckte den Arm aus, um die Hecktüren zuzuschlagen.

»Haben Sie einen Plastiksack für Mantel und Jacke?«, rief Lüthje. »Für die Spurensicherung! Meine Kollegen werden gleich hier sein.«

Lüthje bekam Jacke und Mantel in einem Plastiksack nach draußen gereicht. Die Hecktüren klappten zu, das Martinshorn quäkte ohrenbetäubend, und das Blaulicht flackerte auf, als der Wagen wegfuhr.

Lüthje rief den Kriminaldauerdienst an, schilderte kurz die Geschichte und forderte einen Wagen an, der den Plastiksack ins Labor beim Landeskriminalamt fahren sollte.

Er fingerte Einmalhandschuhe aus seinem Rucksack und zog sie an, ohne den Plastiksack auch nur eine Sekunde abzusetzen. Er schulterte den Rucksack, hielt den Plastiksack mit den Kleidern in der rechten Hand und trat näher an die Straße, damit ihn der Wagen des Kriminaldauerdienstes sehen konnte.

Ein Bus fuhr vorbei Richtung Hummelwiese. Gesichter starrten ihn durch die vor Nässe blinden Scheiben an.

Hinter ihm ging eine Frau auf hohen Absätzen vorbei und begann plötzlich zu laufen. An der nächsten Straßenkreuzung drehte sie sich zu Lüthje um. Sicher wollte sie sich nur vergewissern, dass der Mann mit dem komischen Plastiksack nicht hinter ihr hergelaufen war.

Ein aufgemotzter Polo mit tiefergelegtem Fahrgestell hielt vor Lüthje. Die stampfenden Bässe im Rhythmus beschleunigten Pulsschlages wurden leiser gedreht.

Ein junger Mann streckte seinen kahl geschorenen Schädel aus dem Seitenfenster und schrie: »Na, Opa, hat die Alte dich endlich rausgeschmissen?«

Wieherndes Gelächter aus dem vollen Polo, der Bass begann wieder zu hämmern. Ein Fressen für jeden Streifenwagen. Lüthje stand im Dunstkreis der Alkoholfahnen, nachdem der »Kinderwagen« verschwunden war.

Er fragte sich, wo die Kollegen vom Kriminaldauerdienst blieben. Vielleicht waren sie mit dem Anruf einer Frau beschäftigt, die einen älteren Mann am Straßenrand gesehen hatte, mit verzweifeltem Gesichtsausdruck, Rucksack und einem Plastiksack, in dem irgendetwas Schweres sein musste. Vielleicht Körperteile. Die rechte Hand hatte der Mann in einer abgewetzten Cordjacke, als hielte er eine Waffe.

Ein schwarzer Passat, mit unauffälligem Kennzeichen und zwei auffällig unauffälligen Männern, Altersgruppe zwischen dreißig und vierzig, hielt vor Lüthje. Endlich. Der Kriminaldauerdienst.

»Na, Herr Lüthje, wieder mal in Kiel fündig geworden?«

Ein Kopf mit flott gegelter Frisur erschien im heruntergefahrenen Seitenfenster. Kommissar Harder! Jetzt vielleicht Oberkommissar. Lüthje hasste dessen überhebliche Flapsigkeit. Der Mann, den Malbek aus seinem Dezernat geschmissen hatte. Harder hatte sich auch nach Flensburg beworben, Lüthje hatte ihn abgelehnt, Perlenbach vom Betrugsdezernat in Kiel hatte ihn schließlich genommen.

»Ist nicht schwer, wenn man hier die Augen aufhält«, sagte Lüthje.

»Schlechte Laune?«, fragte Harder.

»Auch der Löwe muss sich gegen Mücken wehren«, sagte Lüthje. »Was ist? Wollen Sie nicht wenigstens die Tür aufmachen, Harder? Wenn ich den Müllsack durch das Seitenfenster quetsche, ist Ihre Frisur hinüber!«

Harder quälte sich langsam aus der Tür und nahm die Tüten mit angeekeltem Gesichtsausdruck entgegen und stellte sie auf den Rücksitz. Der Fahrer sah mit gleichgültiger Miene nach vorn durch die Windschutzscheibe, als würde er die Kabbelei nicht bemerken.

»Und noch was, Harder …«, sagte Lüthje laut, weil zwei Linienbusse vorbeifuhren, »… holen Sie seine restliche Kleidung aus der Notaufnahme ab, die muss auch auf Spuren untersucht werden.«

Harder tat so, als hätte er es nicht gehört, und schlug die Wagentür zu. Die Kleidungsstücke aus der Notaufnahme würde normalerweise eine Streife von der Schutzpolizei abholen und zur Kripo bringen. Das konnte dauern, und das wusste Harder natürlich.

Lüthje riss die Wagentür wieder auf. »Oder soll ich es Ihnen aufschreiben, damit Sie es nicht vergessen? In meinem Bericht werde ich Sie gebührend erwähnen, das verspreche ich Ihnen. Und jetzt ab!«

Lüthje schlug die Wagentür wieder zu. Der Fahrer blies die Backen erleichtert auf, und mit quietschenden Reifen und Blaulicht jagte der Wagen los. Lüthje machte sich erleichtert auf den Weg zu seinem Auto auf dem Exerzierplatz.

Die Kieler Woche war gestern eröffnet worden. Von der Hörn, der Fördespitze, über den Holstentörn an der Andreas-Gayk-Straße bis zur Kiellinie am Fördeufer reichte die fast vier Kilometer lange Vergnügungsmeile. Hunderte von Fertigbuden und die unvermeidlichen Pagodenzelte, die sich bei Sturm so schön aufblähten und leicht wegflogen, standen in den Einkaufsstraßen und an den Fördepromenaden. Backfisch, Bratwürste, Mandeln und internationale Spezialitäten tauchten die Stadt eine Woche lang in verführerische Jahrmarktsdüfte. Straßenmusikanten, plärrende Kof-

15

ferradios, singende oder schreiende Passanten und klirrende Scherben mischten sich zur alljährlichen Kieler-Woche-Symphonie. Im Laufe der Woche würden wieder über drei Millionen Menschen in den Straßen, an und auf der Förde feiern.

Das bedeutete Schlägereien, Verletzte, Herzinfarkte und auch Tote. Die Notärzte und die Schutzpolizei waren rund um die Uhr im Einsatz. Das war der Preis für ein Meer von Segeln auf und Popkonzerte an der Förde.

Lüthje erinnerte sich an einen Streit mit seiner damaligen Freundin Dagmar während des Abschlussfeuerwerks. Das war zwanzig, nein, über dreißig Jahre her. Der Streit hatte die längst überfällige Trennung ausgelöst. Sie hatte ihn so laut angeschrien, dass sich ein Menschenauflauf um sie gebildet hatte. Sie hatte ihm die Knäckebrotkrümel in seinen Hosentaschen vorgeworfen.

Am Eingang des Karstadt-Gebäudes am Holstentörn blieb Lüthje einen Moment stehen und grüßte die riesige Thaulow-Platane. Sie war 1878 vor den Eingang des im Zweiten Weltkrieg zerstörten Thaulow-Museums gepflanzt worden und hatte alle umgebenden Gebäude von damals überlebt. Zwei Weltkriege und die Stadt in Trümmern. Jetzt hatten Konsumtempel den Baum so eingekesselt, dass ihn keiner der Kieler-Woche-Besucher mehr wahrnahm.

Lüthje überlegte, ob er Malbek anrufen sollte. Malbek wollte mit Tochter Sophie und Wohnmobil mit der Fähre nach England in Urlaub fahren. Aber Malbek würde sich in zwei Wochen nach der Rückkehr aus dem Urlaub wahrscheinlich noch genug den Kopf über die Geschichte mit dem blutigen Mantel aus Laboe zerbrechen müssen.

Lüthje würde Malbek morgen eine SMS schicken, in der er ihm und Sophie viel Spaß und gute Erholung wünschte. Das reichte, sonst kniete Malbek sich womöglich noch während des Urlaubs in diese neue Geschichte hinein.

Lüthje war auf dem Exerzierplatz angelangt. Er inspizierte seinen Dienstwagen gründlich auf Kratzer oder Beulen und freute sich, dass auf diesem großen, vollbesetzten Parkplatz ohne Bewachung nichts passiert war.

Er verließ Kiel über die alte Levensauer Kanalbrücke, sah die

Positionslichter der Schiffe im Nord-Ostsee-Kanal, bis sich die Straße in großem Bogen Richtung Norden absenkte und die Landschaft im Dunkel der Nacht verbarg.

Lüthje fragte sich, wo der Mantelmann, so wollte er ihn jetzt nennen, in Laboe im Blut gegangen war. Vielleicht bei einer Hausschlachtung, wie Lüthje sie aus seiner Kindheit kannte. Oder gab es wieder einen Schlachter, der Wurst und Braten nur von selbst geschlachteten Tieren herstellte? Als werbewirksame Alternative zu den großen Schlachthöfen? Wenn man dort einkaufen würde, könnte es einem doch passieren, dass man über einen Hof in den Laden musste und einem das Tierblut an den Schuhen kleben blieb.

Lüthje erinnerte sich daran, dass seine Mutter ihn immer vom Kindergarten abgeholt hatte und er in der Parkstraße in einen unheimlichen Hinterhof sehen konnte, in dem ein Mann in lederner Schlachterschürze mit dem Wasserschlauch Lachen dunkler Flüssigkeit vom Zementboden in den Gully spülte. Eines Tages hatte er allen seinen Mut zusammengenommen und gefragt, was das für ein Haus sei, und hatte mit der Hand zur anderen Straße gezeigt.

»Ein Schlachthof«, hatte seine Mutter gesagt, mehr nicht, seine Hand fester gefasst und den Schritt beschleunigt.

Ein Hof hinter einem Haus, ein Wasserschlauch an einem dahinterliegenden Gebäude säuberlich zusammengerollt, gepflastert, alle Hoftüren geschlossen, aufgeräumt und so sauber. Nur manchmal ein Mann mit Schürze und Wasserschlauch. So sah also ein Schlachthof aus, dachte er damals. Wann werden sie geschlachtet, nachts? Und frühmorgens, wenn alle noch schlafen? Oder solange die Kinder im Kindergarten sind?

Oder das Quieken des Schweins im Buerbarg, am Hang gleich hinter ihrem Haus, das an einem Nachmittag vor Ostern einer Hausschlachtung zum Opfer fiel. Danach diese unheimliche Stille, als hätte jeder ringsum, einschließlich der Vögel, den Atem angehalten.

Heutzutage gab es in Laboe zwar Schlachter oder, wie Hilly immer sagte, einen Metzger, weil ihr das Wort nicht so brutal klang, aber keinen Schlachthof und keine Hausschlachtung mehr. Und wie ein Jäger hatte der alte Mann nicht ausgesehen. Wenn er sich

17

nicht umgezogen und die Jagdflinte irgendwo abgestellt hatte. Würde so ein Mann im Bus nach Kiel fahren?

In Laboe lag ein Mensch in seinem Blut. Und der alte Mann mit dem schweren, langen Mantel hatte es gesehen. Und es war fraglich, ob er jemals sagen könnte, was und wen er gesehen hatte. Und warum ihm nicht aufgefallen war, dass sein Mantel Blutspuren aufwies.

Lüthje wählte die Nummer der Einsatzleitstelle und bat darum, den Stationsleiter in Laboe anzurufen und diesem aufzutragen, ihn zurückzurufen.

»Ich stell Sie zur Wache durch«, sagte der Mann.

»Nein!«, rief Lüthje. »Ich will den Stationsleiter direkt haben.«

Er hörte, wie der Mann in der Einsatzleitstelle schnaufte. Und sich schließlich ein »Selbstverständlich« herauspresste.

»Hier Polizeihauptkommissar Steffens, Polizeistation Laboe.«

»Kriminalhauptkommissar Lüthje, ich hab hier was für Sie. Bitte informieren Sie Ihre Leute über Folgendes …« Er schilderte sein Erlebnis mit dem Mantelmann. Ob Steffens denn irgendeine Meldung hätte, die in Zusammenhang mit diesem Vorfall stehen könnte. Und wenn auch nur entfernt. Und ob ihn schon jemand von der Kripo Kiel deswegen angerufen hätte.

»Nein, keine Anrufe«, sagte Steffens und nach ein paar Sekunden: »Es war ruhig die letzten Tage. Nicht mal ein Einbruch.«

Lüthje hörte, wie der Mann schluckte und ihm erst jetzt die mögliche Tragweite des Anrufs von diesem Kriminalhauptkommissar Lüthje aus Flensburg aufging.

Steffens fragte Lüthje, wann er den Mann in Laboe an der Haltestelle getroffen hatte, um welche Uhrzeit der Bus gefahren sei, wie der Mann ausgesehen hatte, wie die Blutspuren im Detail aussahen und ob Lüthje bemerkt hätte, woher der Mann zur Bushaltestelle gekommen war. Lüthje beantwortete geduldig jede Frage und hörte, wie Steffens sich Notizen machte und dabei immer nervöser wurde. Offensichtlich wurde ihm klar, dass er eben von einem Kapitaldelikt in seinem Bereich erfahren hatte, aber nicht wusste, wo es passiert war. Und ein Kriminalhauptkommissar aus Flensburg hatte offensichtlich die erste Spur gefunden. Ein Alptraum.

»Herr Steffens …«, unterbrach Lüthje die nicht enden wollende Fragerei. »Vergessen Sie nicht, es könnte ja auch Tierblut sein. Wir müssen die Analyse …«

Lüthje unterbrach sich. Er hörte eine Frauenstimme, die Steffens mit »Uwe« anredete. Steffens hielt anscheinend die Hand über die Sprechmuschel, sodass Lüthje nur ein Genuschel hörte.

»Entschuldigung. Bin wieder da«, sagte Steffens.

»War das Ihre Frau oder Freundin eben?«, fragte Lüthje.

»Meine Frau. Sie wusste nicht, dass ich dienstlich telefoniere.«

»Woher auch«, sagte Lüthje. Aber eine Frau kennt die Stimme ihres Mannes, wenn er dienstlich telefoniert. Die klingt dann nämlich nicht mehr privat, wie Hilly sagt. »Hatte Ihre Frau etwas zu Ihren Fragen zu sagen?«

»Nein, nein. Das waren nur alte Dorfgeschichten. Aber sobald ich etwas erfahre, werde ich Sie informieren.«

»Wenden Sie sich bitte an Kiel. Ich war ja nur zu Besuch in Laboe.«

Dass der zuständige Kriminalhauptkommissar Malbek in Urlaub fuhr, erwähnte Lüthje nicht. Wozu auch. Malbeks Kommissariat bekam ja eine Urlaubsvertretung.

Montag

1.

Lüthje war im Sessel eingeschlafen und hatte sich im Schlaf irgendwie verknotet. So fühlte es sich jedenfalls an. Er rief im Büro an und sagte, er müsse ein paar dringende Telefonate mit seiner Frau in London führen und käme etwas später.

Er fuhr zu seinem Hausarzt Dr. Schöttel. Beim Treten der Kupplung war ihm, als schnitte ein Dolch von der Hüfte zur Fußsohle. Als ihn der Arzt im Praxisflur sah, winkte er ihn sofort ins Behandlungszimmer. Er bekam eine Spritze in den Po oder die Hüfte, so genau konnte er das nicht lokalisieren.

Der Arzt wusch sich die Hände und sah Lüthje über den Spiegel über dem Waschbecken nachdenklich an.

»Was war denn gestern los? Schlecht geträumt? Probleme?«, fragte Dr. Schöttel, der gleichzeitig Psychotherapeut war. Da sie sich schon lange kannten, war dies der übliche Umgangston mit seinem Patienten Lüthje.

»Eigentlich nichts«, antwortete Lüthje und nach einer Pause des Nachdenkens: »Es war ein Tag wie jeder andere. Bei mir ist ja immer was los. Also mehr als bei einem Busfahrer. Sie wissen, was ich meine.«

Lüthjes Handy klingelte. Er drückte den Anruf nach einem Blick auf das Display weg. Es war Hilly.

»Na gut«, sagte Dr. Schöttel und hielt Lüthje einen Vortrag über psychosomatisch bedingte Fehlhaltungen, die sich besonders im Schlaf einstellen konnten. Dagegen helfe sportliche Bewegung am Tage. Fahrradfahren, wie Lüthje es doch noch vor ein paar Jahren gemacht habe, das wäre optimal. Und mit Blick auf Lüthjes fortgeschrittenen Bauchansatz: Er brauche sowieso mehr Bewegung.

Lüthje versprach, dem Vorschlag Folge zu leisten.

Als erste Amtshandlung im Büro wollte er eigentlich den Bericht schreiben. Aber er sagte sich, die in Kiel kämen vielleicht auch ganz ohne ihn aus. Erst wenn sie den Fall gelöst hätten, würde irgendjemand sagen, der Lüthje aus Flensburg, der das angestoßen hat, der müsste auch noch einen Bericht schreiben. Oder auch nicht. Denn die Geschichte fing doch erst richtig mit dem Notarzt an. Und da war er nur Komparse mit Müllsack gewesen.

Lüthjes Kommissariat kniete sich seit einigen Wochen in unaufgeklärte Fälle aus den letzten Jahrzehnten. So vertrieben sie sich die Zeit bis zum nächsten Kapitaldelikt in ihrem Jagdrevier, das im Dreieck Schleswig, Rendsburg, Flensburg lag.

Als Lüthje den Aktendeckel einer fünfundzwanzig Jahre alten Akte aufschlug, bekam er einen Niesanfall. Sein Handy klingelte. Er unterdrückte den nächsten Nieser und nahm das Gespräch an.

»Hallo, geliebter Schatz, hier ist deine geliebte Frau!«, rief Hilly. »Warum hast du mich gestern nicht angerufen und hast mich vorhin sogar weggedrückt?«

»Gestern Abend bin ich vor Erschöpfung im Sessel in den Tiefschlaf gesunken.« Er presste die Hand über die Sprechmuschel, nieste zweimal und schob die Akte weit von sich. »Und vorhin hatte ich eine Besprechung. In diesem Moment hatte ich das Handy in der Hand und wollte dich zurückrufen.«

»Na gut«, sagte sie und ließ eine Pause entstehen. Ob sie von seinem Besuch bei Dr. Schöttel wusste? Aber woher? »Bist du erkältet?«

»Wieso?«

»Du hörst dich verschnupft an.«

»Ich habe eine alte Akte aufgeschlagen, und da ging's los.«

Hilly lachte. »Natürlich. Staubige Akten. Deine Ausreden waren schon origineller. Das mit dem Verschnupftsein habe ich im übertragenen Sinne gemeint. Aber wenn es denn wirklich eine Erkältung werden sollte, Vitamin C und Hühnersuppe. Hast du mich verstanden? Und nicht nur Fisch und lappige Brötchen. Das sind doch nur ungesunde Teigmöpse. Du hältst dich doch an deine Trennkost?«

»Stell dir vor, ich habe mich entschlossen, wieder regelmäßig Rad zu fahren«, sagte Lüthje.

»War es ohne Auto in Laboe so anstrengend?«, fragte Hilly. »Du hast noch gar nicht gefragt, was ich gestern gemacht habe. Hatte ich nicht vor meiner Abreise mehrfach darüber gesprochen?«

Und dann erzählte sie, dass sie mit Susan im Barbican-Cinema war. Die hatten ein James-Bond-Festival. Alle Filme. Gestern Abend gab es als Spätvorstellung »Casino Royal«. Heute Nachmittag wollten sie in »Live and Let Die«.

Als Lüthje nach Worten suchte, um Hillys Frage zu beantworten, was er denn gestern in Laboe erlebt hätte, klingelte sein Schreibtischtelefon.

»Oh, entschuldige, das ist Malbek, ich ruf dich später zurück«, sagte Lüthje, bemüht, seine Erleichterung zu verbergen, und beendete das Gespräch.

»Guten Morgen, Eric!«, sagte Malbek. »Nur ein paar Minuten in Kiel und wieder richtig zugelangt. Herzlichen Glückwunsch.«

»Höre ich da ein ›Musste das sein, so kurz vor meinem Urlaub?‹ heraus? Außerdem fing das in Laboe an und nicht in Kiel. Was ist nun mit dem Mann?«

»Ich hab den Bericht vom Kriminaldauerdienst auf dem Tisch«, sagte Malbek. »Der Kranke ist zunächst in die Notaufnahme der Neurologie gebracht worden, von da ins Städtische Krankenhaus. Die sind mit ihm also zweimal quer durch die Stadt gefahren. Ob das zur Therapie gehörte, ›Sightseeing by night‹?«

Malbeks Telefon summte. »Bin gleich wieder da, das LKA ist auf der anderen Leitung.«

Lüthje hörte sich ein paar Sekunden eine uninteressiert klingende Frauenstimme an, die ständig wiederholte: »Ihre Verbindung wird gehalten, Ihre Verbindung wird gehalten.« Meinte sie das persönlich?

Malbek meldete sich zurück. »Blutgruppe null, Rhesus positiv. Moment …« Es raschelte. »Die haben wieder mit Zahlen um sich geschmissen. Ungefähr vier Stunden alt, die Blutspur, abhängig von der Umgebungstemperatur. Die haben eine halbe Stunde Zimmertemperatur angesetzt, danach zwanzig Minuten Außentemperatur von siebzehn Grad, nach Auskunft des Deutschen Wetterdienstes für Laboe, und fünfundvierzig Minuten im Bus bei neunzehn Grad im Bus. Und zwei Stunden für den Rest, den Transport des Mantels und der Schuhe ins Labor. Woher die das haben, steht da nicht. Kluge Kerlchen. Vorläufig alles Näherungswerte, heißt es wie immer.«

»Was? Zwei Stunden für den Weg ins Labor? Die haben wohl 'ne Currywurst zwischendurch reingezogen. Weißt du, wer gestern Abend Dienst beim Kriminaldauerdienst hatte?«

»Du wirst es mir gleich sagen.«

»Dein Harder!«

»Er ist nicht *mein* Harder. Ich hab ihn rausgeschmissen und nicht adoptiert. Ach ja, hatte ich noch vergessen, das Labor braucht für die DNA vielleicht einen Tag länger, wegen der möglichen Verunreinigungen. Wenn wir das Opfer finden, wird der DNA-Abgleich nur Formsache sein. Laboe ist doch keine Großstadt, da muss doch jemand drüber stolpern, über das Opfer. Bei dem Blutverlust!«

»Wie geht es dem Mantelmann? Entschuldige bitte, aber ich brauchte einen Namen für ihn. Wir haben ja bisher keinen.«

»Ich hab eben mit dem Arzt telefoniert«, sagte Malbek. »Der Mantelmann ist nicht bei Bewusstsein. Ich habe veranlasst, dass er eine Schutzmaßnahme Stufe eins bekommt, also ständige Bewachung rund um die Uhr. Die wechseln sich in drei Schichten ab.«

»Da sind wir uns ausnahmsweise einig«, sagte Lüthje.

»Das ist auch gut so. Denn rate mal, wer meine Urlaubsvertretung wird?«

»Schackhaven«, sagte Lüthje.

»Nein, du!«, sagte Malbek.

»Nein!«, rief Lüthje entsetzt.

»Schackhaven möchte, dass du die Sache übernimmst«, sagte Malbek. »Und er möchte es dir persönlich sagen.«

»Du meinst, dass ich nicht gehört haben darf, was du mir eben gesagt hast.«

»Bingo.«

»Und ich möchte Herrn Schackhaven selbst sagen, dass ich den Fall nicht übernehmen werde!«, sagte Lüthje.

»Wieso nicht?«

»Weil du dich darauf freust, nach deiner Rückkehr aus dem Urlaub mäkelnd in der Akte rumzuwühlen, wenn ich den Fall bis dahin noch nicht gelöst habe.«

Das war Lüthje spontan eingefallen. Jetzt, nachdem er es ausgesprochen hatte, fand er es als offizielle Version ziemlich brauchbar. Es wäre zwecklos, mit Malbek die inoffizielle Version, die Wahrheit, zu diskutieren.

Wenn Lüthje in seinem Heimatdorf nach einem Mörder suchte, würde er bekannt werden wie ein bunter Hund, oder schlimmer noch, man würde mit dem Finger auf ihn zeigen, der da, das ist der Kommissar, unschuldige Laboer hätte er in die Mangel genommen, die hätten jetzt einen Schaden fürs Leben. Die Tage seines ungestörten Flanierens auf der Strandpromenade wären endgültig vorbei, das Einkaufen beim Metzger, Bäcker oder Supermarkt würde zum Spießrutenlaufen werden. Und Hilly würde in Sippenhaft genommen werden. Ihm drohte der Verlust der Heimat.

Lüthje hörte an einem sanften Summen im Hörer, dass sich jemand auf der anderen Leitung seines Telefons meldete. Es war ihm egal.

»Keine schlechte Idee«, sagte Malbek. »Entspannt aus dem Urlaub zurück meinem alten Freund und Lupenkieker, genannt Eric Lüthje, das Fell über die Ohren zu ziehen.«

Die zweite Leitung gab Ruhe.

Lüthje hörte, wie es bei Malbek leise quietschte. Malbek hatte sich genüsslich im Schreibtischsessel nach hinten gelehnt.

»Du bist gebürtiger Laboer und hast den Draht zu den Leuten vor Ort, hat er gesagt«, sagte Malbek. »Ich hab Schackhaven so entschlossen erlebt wie noch nie. Kam mir richtig verändert vor. Ob es damit zusammenhängt, dass wir vor ein paar Stunden eine Leiche gefunden haben? In Laboe!«

»Was? Und damit rückst du erst jetzt raus?«, fragte Lüthje.

Es klopfte an Lüthjes Tür.

»Ich hab dir schon viel zu viel verraten«, sagte Malbek.

Kommissar Husvogt steckte den Kopf durch die Tür und flüsterte, so laut er konnte. »Schackhaven aus Kiel. Er möchte dich dringend sprechen.«

»Wenn man vun'n Düwel schnackt«, sagte Lüthje und legte auf.

In diesem Moment klingelte es wieder. Husvogt stand immer noch in der Tür und grinste. Lüthje bedeutete Husvogt, aus dem Zimmer zu verschwinden, und griff zum Telefon.

»Lüthje.«

»Schackhaven hier, guten Tag, Herr Lüthje. Es geht um den Mann mit dem blutigen Mantel, den Sie in Kiel gefunden haben. Es gab heute Morgen einen Leichenfund in Laboe. Ich habe eben mit Ihrem Chef gesprochen. Polizeirat Miesbach ist einverstanden. Ich erwarte Sie kurz nach dreizehn Uhr in Laboe, in der Strandstraße. Ein paar hundert Meter vor dem Ehrenmal. Ich vermute, die Absicherung der Spurensicherung ist schon von Weitem zu sehen.«

Schackhaven legte auf.

Dieses Stakkato in Schackhavens Stimme fand Lüthje beunruhigend. Er kannte Schackhaven nur als drögen, einschläfernd sprechenden Vorgesetzten.

»Ja, wer bin ich denn? Ich habe keinen Mann mit blutigem Mantel in Kiel gefunden, so ein Quatsch!«, rief Lüthje und bemerkte erst jetzt, dass Husvogt immer noch in der Tür stand. »Raus!«, herrschte er ihn an, und Husvogt entfernte sich eilig in Richtung seines Zimmers. Lüthje war sich sicher, dass der Kommissar dabei immer noch grinste. Er griff sich die Wagenschlüssel vom Schreibtisch und sah auf die Uhr. Viertel nach elf.

2.

Als Lüthje kurz nach dreizehn Uhr die Strandstraße Richtung Ehrenmal entlangfuhr, sah er vor einem Haus einen vollgeparkten Bürgersteig. Schackhaven lief auf der Strandpromenade hin und her und sah auf die Uhr. Lüthje hupte zweimal und parkte vor der Schwimmhalle.

Jedes Jahr wurde Schackhavens Jacke enger, und über den Hosenbund quoll der Bauch. Neu war der blau-weiße Schlips mit stilisierten Segelbooten, dem aktuellen Logo der diesjährigen Kieler Woche. Dazu sportliche Slipper und eine Elbseglermütze.

Schackhaven hatte die Hände in den Hosentaschen und blickte gedankenvoll zu Boden. Erst als Lüthje dicht vor ihm war, sah er auf, gab ihm die Hand und fragte Lüthje unvermittelt:

»Sie waren doch gestern in Laboe. Waren Sie auch bei der Probe am Ehrenmal?«

»Welche Probe?«, fragte Lüthje.

»Auf dem Vorplatz am Marine-Ehrenmal.«

»Ach ja?«

»Wissen Sie nicht, dass vor dem Marine-Ehrenmal eine Oper aufgeführt werden soll?«

»Ich interessiere mich nicht für Opern.«

»Freut mich, dass Sie trotzdem gekommen sind«, sagte Schackhaven etwas gezwungen lachend und gab ihm erst jetzt zur Begrüßung die Hand.

»Wir gehen unten am Strand entlang.« Schackhaven gab die Richtung vor, ohne weiter zu fragen. Sie gingen an der nächsten Strandbude zum Wasser hinunter Richtung Norden, zum Ehrenmal.

»Passen Sie auf, man rutscht leicht aus«, sagte Lüthje. »In der kalten Jahreszeit ist der Sand härter. Jetzt ist er weich und kriecht in die Schuhe.«

Schackhaven antwortete nicht. Er sah mit zusammengekniffenen Augen zum Ehrenmal. Sein Blick wanderte den über achtzig Meter hohen Turm langsam hinauf – und ebenso langsam wieder hinunter. Lüthje konnte beim besten Willen nichts Besonderes an der Fassade erkennen.

Sie waren jetzt auf der Höhe des Hauses angelangt, in dem die Spurensicherung arbeitete. Viel konnte Lüthje nicht erkennen, weil der Strandzaun, der hohe Zaun vor dem Grundstück und Bäume die Sicht versperrten. Nur dass es sich um eine zweistöckige Villa mit Ecktürmchen handelte. Hinter einem Mansardenfenster sah jemand von der Spurensicherung im weißen Plastikoverall zu ihnen herunter.

»Man beobachtet uns«, sagte Lüthje.

»Das sind unsere Leute.« Schackhaven sah zum Haus, so als wolle er sich vergewissern. »Das lässt sich nicht vermeiden.«

»Wollen wir uns nicht den Tatort ansehen?«

»Ich war schon dort. Das können Sie nachher machen. Zuerst muss ich mit Ihnen unter vier Augen sprechen.«

Dann tu es doch, dachte Lüthje, klaubte einen Stein aus dem

Ufersaum und warf ihn mit trotziger Bewegung flach über das Wasser. Er schlug mehrfach auf, bis er versank.

»Steine titschern, kennen Sie das?«

Schackhaven schüttelte den Kopf.

»Versuchen Sie es doch auch mal«, sagte Lüthje und reichte ihm einen Stein.

»Ich hab damit keine Übung. Ich weiß nicht, ob mein Rücken da mitmacht«, sagte Schackhaven.

»Hat mir schon als Kind gefallen«, sagte Lüthje. »Und fast wie im richtigen Leben: Wir titschern so oft wie möglich an der Oberfläche entlang, erholen uns wieder, und das geht so weiter, mal mit mehr, mal mit weniger Schwung. Aber irgendwann ist Schluss. Wir gehen unter. Hier, sehen Sie!« Er holte aus und zählte mit. »Eins, zwei, drei, vier, fünf und weg! Haben Sie gesehen? Fast sechsmal! Versuchen Sie es doch mal!«

Schackhaven sah ihn verständnislos an.

Lüthje fiel Dr. Schöttels Spritze ein. Er hatte sie fast vergessen, weil er jetzt schmerzfrei war. Er ging ein paar Schritte vor Schackhaven und begann demonstrativ, Muscheln zu sammeln. Bücken, aufrichten, bücken, aufrichten.

»Sehen Sie, jede Menge Pfahlmuscheln«, sagte Lüthje. »Früher haben wir gesagt, dass dann ein großer Sturm kommt. Meine Frau und ich sammeln sie jedes Mal, wenn wir in Laboe sind. Auch diese hier.« Er hielt Schackhaven eine Herzmuschel vor das versteinerte Gesicht. »Meine Frau bewahrt sie in verschlossenen Glasgefäßen auf. Die Algen daran müssen natürlich vorher entfernt werden, das stinkt sonst gewaltig«, sagte Lüthje. »Der salzige Duft des Meeres bleibt im Glasgefäß erhalten, sooft Sie daran schnuppern. Lebenslang. Das würde Ihrer Frau bestimmt auch gefallen.«

»Warum weichen Sie mir ständig aus?«, fragte Schackhaven unvermittelt. Er blieb einen Atemzug lang stehen, um dann sofort weiterzugehen. Immer noch die Hände in den Hosentaschen, als ob er frieren würde. »Ich weiß, dass Herr Malbek Sie angerufen hat und dass er Ihnen erzählt hat, dass ich Sie als seine Urlaubsvertretung haben will.«

Er hat es Malbek erzählt, damit Malbek es mir gegenüber ausplaudert, dachte Lüthje, damit ich Zeit habe, darüber nachzudenken. Und nicht den Überraschten spielen kann, der lange Bedenkzeit braucht. Das war Schackhavens Taktik.

»Malbek hat mir nichts dergleichen erzählt«, sagte Lüthje. Mal sehen, ob das Gespräch abgehört worden ist. Sie standen sich jetzt gegenüber. Wer sie beobachtete, würde von Weitem erkennen, dass sie sich stritten. »Wir haben uns nur über den Mann mit dem blutigen Mantel unterhalten, ob er vernehmungsfähig ist. Und dass Malbek noch immer nicht weiß, wer die Urlaubsvertretung übernimmt. Wir haben uns gefragt, ob Sie es nicht selbst machen wollen.«

»Ich? Gern, wenn ich die Zeit dafür hätte«, sagte Schackhaven.

»Ich habe nicht den Eindruck, dass es um den Job der Urlaubsvertretung geht«, sagte Lüthje. »Es geht um den Fall des Manns mit dem blutigen Mantel und das, was in dem Haus da ist.« Er deutete nach oben zur Strandstraße. »Also legen Sie los. Ich will endlich wissen, warum Sie so ein Theater wegen der Sache machen.«

Schackhaven sah ihn einen Moment scharf an. Er griff sich kurz an den Kieler-Woche-Schlips und rückte seine Brille zurecht. »Betrachten Sie sich nicht als Urlaubsvertretung, sondern als Leiter einer Ermittlungsgruppe.«

»Ermittlungsgruppe?«, fragte Lüthje.

»Es steht Ihnen frei, wie Sie sie personell ausstatten. Ich denke da neben den Mitarbeitern von Herrn Malbek auch an Ihre beiden Flensburger Mitarbeiter. Herr Miesbach meinte, es würde im Moment in Flensburg keinen Engpass verursachen.«

»Und die sollen dann alle Laboer befragen?«, fragte Lüthje ungläubig.

Schackhaven nahm die Frage ernst. »Vielleicht brauchen Sie noch mehr Leute.«

»Ich meine eigentlich nicht das *Wie*, sondern *Warum*. Warum eine Ermittlungsgruppe?«, sagte Lüthje.

»Dieses Haus ist nach den bisherigen Erkenntnissen dieses Vormittags Schauplatz eines Mordes«, sagte Schackhaven in seiner neuen Stakkatostimme. »Und der Mann mit dem blutigen Mantel ist wahrscheinlich Zeuge dieses Mordes gewesen. Ich gebe zu, das allein wäre Routine für uns. Das Problem ist die Adresse. Die Strandstraße in Laboe, die Nähe zum Marine-Ehrenmal Laboe, ist die große Komplikation. Ich bin hier, weil ich mir sofort ein Bild machen musste. Und sofort mit Ihnen sprechen wollte. Damit Sie sofort an die Arbeit gehen können. Ich möchte, dass die Spurensicherung ihre Arbeiten im Außenbereich bis morgen beendet hat. Nachts, mit Scheinwerfern, darf auf keinen Fall gearbeitet werden.«

»Warum nicht?« Es wird sich wahrscheinlich nicht umgehen lassen, dachte Lüthje.

»Weil das die Presse auf den Plan rufen würde. Bei der Opernaufführung am Ende der Kieler Woche werden wichtige Gäste anwesend sein. Der Presse ist durch eine allgemein gehaltene Formulierung im Kieler-Woche-Programm bekannt, dass sich ein paar Diplomaten ein paar Tage an der Förde aufhalten werden. Mehr nicht. So etwas geht erfahrungsgemäß im Trubel der Events und Termine unter. Wenn die Presse von dem Mord in der Nähe des Laboer Marine-Ehrenmals erfährt, werden Zusammenhänge konstruiert.«

»Ist das alles?«, fragte Lüthje.

Schackhaven sah ihn entsetzt an.

»Nun kommen Sie schon, Herr Schackhaven«, sagte Lüthje und blieb stehen. »Sie benehmen sich wie ein Zeuge mit schlechtem Gewissen. ›Wichtige Gäste‹ während der Kieler Woche, ein Mord in einem Dorf, das lockt doch keinen Journalisten vom Büfett. Da muss doch mehr dahinterstecken. Seien Sie ehrlich! Wenn ich nicht mehr erfahre, kann ich das hier nicht machen. Also, nun mal Butter bei die Fische.«

»Heißt das, Sie übernehmen?« Schackhavens Gesicht hellte sich schlagartig auf.

Lüthje verdrehte die Augen und sah kopfschüttelnd zum Himmel.

»Die Landesregierung …«, fing Schackhaven stockend an.

Lüthje pfiff bewundernd.

»… also ich habe heute früh den Innenminister über die Lage unterrichtet. Dieser Mord passiert in einem denkbar ungünstigen Zeitraum. Am Rande der Kieler Woche wird es ein wichtiges Treffen von Gästen der Bundesregierung geben. Die Opernvorführung wird bewusst im öffentlichen Raum stattfinden. An einem

Ort, der die Notwendigkeit zu Frieden und Freiheit und gleichzeitig die Entschlossenheit des Bündnisses zur Verteidigung unserer Werte repräsentiert. Der einzige Ort an der Kieler Förde, der diese Gedanken kraftvoll symbolisiert, ist das Kieler Marine-Ehrenmal.«

Schackhaven hatte wohl einiges durcheinandergebracht und vergeblich versucht, den Text der vertraulichen Sprachregelung auswendig zu lernen. Wahrscheinlich war es für ihn eine Art Generalprobe. Er muss noch daran arbeiten, dachte Lüthje. Er unterdrückte den Impuls, zu klatschen.

»Was meinen Sie damit? Wichtige Gäste, im öffentlichen Raum und so?«, fragte Lüthje und ging weiter.

Schackhaven stolperte, rutschte, aber fing sich wieder und machte kehrt. »Ich habe noch einen Termin im Rathaus. Wir gehen zum Haus. Laboer Bürger sind auch Ehrengäste der Vorstellung. Die Diplomaten und Gäste sitzen mitten unter den Laboer Bürgern. Die sind natürlich handverlesen …«

»Hört sich gut an. Und was sind das für diplomatische Gäste?«

Schackhaven druckste herum.

»Wie soll ich hier in diesem brisanten Umfeld Ermittlungen führen …«, sagte Lüthje, »… wenn ich nicht weiß, wo Minen versteckt sind?«

Er betrachtete den grauen Stahlkoloss des U-995, eines U-Bootes aus dem Zweiten Weltkrieg, das auf Metallstelzen am Strand aufgestellt war.

»Deutsche Waffensysteme sind sehr begehrt. Vielleicht haben Sie davon gehört«, begann Schackhaven mit gesenkter Stimme. »Hier in Kiel sind verschiedene Interessenten das erste Mal zusammen. Nach der Vorstellung in Laboe gibt es in Kiel an einem geheimen Ort einen Empfang.«

»Und Verkaufsgespräche …«, meinte Lüthje.

»Davon ist mir nichts bekannt. Es geht uns auch nichts an, verstehen Sie, Lüthje?«

»Warum erzählen Sie mir das alles? Meinetwegen können die nach der Oper auch Eierlaufen machen … Würde eigentlich gut zur Situation passen. Finden Sie nicht auch?«

»Bitte enttäuschen Sie mich nicht. Das, was dort passiert ist …«, er nickte zum Haus, seine Stimme klang fast weinerlich, »… ist da rauszuhalten, es hat nichts mit dem da …«, er nickte Richtung Ehrenmal, »… zu tun. Wenn Sie während der Ermittlungen auf etwas stoßen, das auf eine politische Dimension hinweist, informieren Sie mich bitte sofort.«

»Das war drehreif, wie Sie das eben sagten«, erklärte Lüthje und bemerkte ein leises Zucken in Schackhavens rechter Gesichtshälfte. »Hätte ich beim Sicherheitstrupp am Ehrenmal einen Ansprechpartner?«

»Nein.«

»Wirklich nicht?«

»*Ich* bin Ihr Ansprechpartner. Ich bin immer für Sie erreichbar.«

»Welche Oper wird aufgeführt?«, fragte Lüthje.

»Turandot.«

»Ist das nicht die Oper, in der die Freier die Rätsel der angebeteten Prinzessin Turandot richtig lösen müssen? Wer Fehler macht, wird geköpft. Auch fast wie im richtigen Leben.«

»Ich dachte, Sie interessieren sich nicht für Opern.«

»Meine Eltern aber. Sie glauben nicht, wie die mich damit gequält haben. Es gab nur eine Arie, die … ach, das führt uns vom Thema ab. Weiß Flensburg, ich meine Polizeirat Miesbach, über diese nebensächlichen Einzelheiten und den Rest, der so lose dranhängt, Bescheid?«

»Nein.«

Also sprach Zarathustra. Schackhavens Stimme klang plötzlich hart.

Man sagt, der Mensch wächst mit seinen Aufgaben. Schackhaven war Geheimnisträger, das war sehr deutlich herauszuhören. Er glaubte, zwei Karrierestufen auf einmal nehmen zu können, wenn er sich bei dieser Sache bewährte. Und der Kollege Polizeirat Miesbach gehörte nicht zum Kreis der Auserwählten. Dann sucht man sich einen älteren, erfahrenen Ermittlungsbeamten, der keine anderen Ambitionen mehr hat als die goldene Armbanduhr und die Pension. Dem glaubt man sowieso nichts, wenn er später in der Öffentlichkeit über angebliche Vertraulichkeiten und Staatsgeheimnisse redet. Und man hätte dem Kollegen Miesbach eine Laus in den Pelz gesetzt, denn der war ja der Vorgesetzte und für seine

Untergebenen verantwortlich, wenn die etwas verrieten. Eine Intrige.

»Ich komm nicht mehr mit rüber. Der Fall gehört Ihnen«, sagte Schackhaven, als hätte Lüthje im Lotto gewonnen.

Sie standen auf der Strandpromenade, direkt gegenüber dem Haus. Schackhaven schüttelte Lüthje die Hand. Eine Sekunde zu lang. Wie für ein Pressefoto und eine Show für die Kollegen von der Spurensicherung, die im Vorgarten des Hauses damit beschäftigt waren, den Boden abzusuchen, und die absichernde Schutzpolizei, die sich um einen wachsamen Eindruck bemühte.

»Vielleicht«, antwortete Lüthje.

»Ich erwarte Ihre Nachricht noch heute. Dann sehen wir weiter. Und den Namen für die Ermittlungsgruppe können Sie wählen.« Er lächelte aufmunternd, als sei dies ein ganz besonderer Bonbon, und ging zu seinem Wagen, der nur ein paar Meter weiter stand.

Lüthje sah ihm nach. *Dann sehen wir weiter.* Wenn Lüthje sich weiter bockig stellte, würde Schackhaven ihm eine dienstliche Anweisung geben, mit dem Segen des Innenministers, schriftlich, per Einschreiben mit Rückschein oder amtlicher Zustellung mit Stempel und was es sonst noch gab. Wenn Lüthje dann immer noch bockig war, würde ein Disziplinarverfahren winken, und der Pension würden Flügel wachsen. Und das nur, weil Lüthje die ihm zugedachte Rolle als Schuhlöffel für Schackhavens Karriere nicht übernehmen wollte.

Lüthje ballte die Fäuste in den Taschen seiner Cordjacke. Hätte er gestern Abend bloß einen anderen Bus genommen.

3.

Neben dem Grundstückseingang stand ein verwittertes Plastikschild, das die brusthohe Grundstücksmauer aus grau verputztem Zement knapp überragte. »Dieses Grundstück ist zu verkaufen«, war darauf in umständlicher Formulierung geschrieben, darunter stand eine Mobilfunknummer.

Das Grundstück war von einer früher an allen Häusern in der Laboer Strandstraße zum Strand hin üblichen Mauer begrenzt, die als Flutschutz gedacht war. Zwei leere Dübellöcher in der Mauer kennzeichneten die Stelle, an der wahrscheinlich das Namensschild angebracht gewesen war.

Vor der Eingangstreppe erwarteten Lüthje ein Beamter der Schutzpolizei und ein Mann der Spurensicherung im Plastikoverall. Beide redeten sie ihn mit Namen an.

Wahrscheinlich hatte Schackhaven gesagt, dass Kriminalhauptkommissar Lüthje die Ermittlungen leiten würde. Etwas voreilig, aber Schackhaven meinte wohl, dass ihn der Gruppenzwang beeindrucken würde.

Der Mann der Schutzpolizei stellte sich als Polizeihauptkommissar Steffens von der Polizeistation Laboe vor, ohne das Telefonat von gestern zu erwähnen. Lüthje registrierte es anerkennend. Der Mann im Plastikoverall war der Leiter der Spurensicherung, Kriminalhauptkommissar Prebling.

»Weiß man, wer es ist?«, fragte Lüthje.

»Wahrscheinlich der Sohn der Grundstückseigentümerin, Horst Drübbisch«, sagte Prebling. »Er hatte einen Personalausweis, einen Führerschein Klasse drei und einen Fahrzeugschein bei sich. Das entsprechende Fahrzeug, ein fast fabrikneuer Mercedes C, steht vor seinem Haus in Kiel. Die Nachbarn sagten übereinstimmend, dass der Sohn der Grundstückseigentümerin Horst Drübbisch heißt.«

»Weiß man, wie er ohne sein Auto nach Laboe gekommen ist?«, fragte Lüthje.

»Nein«, antwortete Prebling, »oder, Herr Steffens?«

»Bisher nicht«, sagte Steffens und schien froh zu sein, endlich einen Beitrag zum Gespräch der beiden Kriminalhauptkommissare leisten zu können.

»Vorsicht«, sagte Prebling und wies auf einen flachen dunkelgelben Haufen Brei vor der Eingangstreppe. Seine Warnung wäre nicht notwendig gewesen, da der Brei von einem winzigen Zaun aus Drähten und Flatterband markiert war. Wie es Kinder tun, die am Strand im Spiel eine verbotene Zone mit Strohhalmen umzäunen.

»Was ist das?«, fragte Lüthje.

»Vermutlich Erbrochenes«, sagte Prebling.

»Weiß man, von wem?«

»Vom Makler, der die Leiche heute Morgen entdeckt hat.«

»Wo hat er sich gemeldet?«

»Über die Leitstelle«, sagte Steffens.

»Er hat bei seinem Anruf auch gemeldet, dass er sich nach der Entdeckung der Leiche hier erbrochen hat?«, fragte Lüthje ungläubig.

»Bei unserem Eintreffen hat er uns das so erzählt«, antwortete Steffens. »Er sah tatsächlich kreidebleich aus.«

»Sie werden das gleich besser verstehen«, sagte Prebling zu Lüthje gewandt. »Wir haben die Gerichtsmedizin angerufen, damit jemand die Leiche am Fundort in Augenschein nehmen kann. Dr. Brotmann ist gekommen, er müsste noch im Hausflur sein.«

Prebling ging die vier Stufen der Außentreppe hinauf, Steffens entschuldigte sich, er müsse ein paar Autos vor dem Haus zum Weiterfahren auffordern.

Lüthje fingerte vorsorglich einen Knäckebrotkrümel aus der Jackentasche und legte ihn sich unauffällig auf die Zunge. Es war sein geheimes Mittel gegen das Würgegefühl, das ihn beim Anblick von Leichenfundorten oder Obduktionen überfiel. Er kam sich dabei wie ein Kapitän vor, der an Seekrankheit litt.

»Bitte nicht hineingehen. Wegen des Blutes. Wir müssen von hier in den Flur sehen«, sagte Prebling und blieb vor der Türschwelle im Türrahmen stehen.

Lüthje beugte sich vor, um in den Flur sehen zu können. Ungefähr vier Meter vom Eingang entfernt lagen zwei Männerbeine, bekleidet mit einer dunklen Hose, wenn man von dem noch feuchten Blut absah, das sich im dunklen Stoff abzeichnete.

Da der gefliese Boden sich zum Hauseingang etwas absenkte, war das Blut in Richtung Haustür geflossen und an der Türschwelle zum Stillstand gekommen. Es schien die Fläche zu sein, die von den Bewohnern und Besuchern des Hauses abgenutzt war, so ähnlich wie die hinter dem Eingang abgewetzten Fliesen eines alten Kirchenportals.

»Er liegt in einer Art Abstellkammer«, erläuterte Prebling. »Möglicherweise hat er nach etwas gesucht. Unter seinem Körper befinden sich ein, zwei Ordner mit irgendwelchen Unterlagen. Alles blutgetränkt. Ich hoffe, das Labor macht das wieder lesbar. Das Haus ist ansonsten ausgeräumt und besenrein.«

Auf der blutfreien Seite des Flurs hockte Dr. Brotmann. Er winkte Lüthje zu und sah dann wieder mit gerunzelter Stirn in die Abstellkammer.

Lüthje wandte sich zu Prebling. »Welche Wischspur könnte durch einen zu langen Mantel hervorgerufen sein?«

»Möglicherweise …«, sagte Prebling zögernd, »… diese hier.« Er kniete sich nieder.

»Also bis zur Leiche und wieder zurück«, sagte Lüthje nachdenklich.

Prebling nickte. »Diese Verwischung könnten Fußabdrücke sein. Wir haben das Ganze schon ausgiebig fotografiert.«

»Der Mantelmann, Sie wissen, wen ich meine, ist also, trotz dieses Anblicks, bis zur Leiche gegangen … ohne auf das Blut zu achten … wenn er nicht der Täter war«, sagte Lüthje.

»Unwahrscheinlich. Sie müssen bedenken, dass das Blut ja nicht sofort den Boden bedeckte, sondern erst etwa eine halbe Stunde nach der Tat. Erst danach hat der Mantelmann seine Spuren hinterlassen.«

»Es sei denn, er war zweimal da«, sagte Lüthje. »Erst zum Morden und nach einer halben Stunde, um nachzusehen, was er angerichtet hat.«

»Und der Spurensicherung so richtig schöne Spuren zu hinterlassen?« Prebling sah Lüthje mit hochgezogenen Augenbrauen an.

»Tatwaffe?«, fragte Lüthje.

»Bisher Fehlanzeige.« Prebling zuckte mit den Schultern.

Sie schwiegen eine Weile und sahen, beide in Gedanken versunken, den Flur entlang.

»Lässt sich feststellen«, fragte Lüthje, »wie lange nach der Tat der Mantelmann hier erschienen ist? Sie sagten eben, ›irgendwann danach‹. Was meinen Sie damit?«

»Hier, diese Schleifenmuster …« Prebling wies auf ein Muster, das Lüthje an den Flusslauf der Eider erinnerte, »… und hier …«,

35

Prebling wies auf die Türschwelle, »… noch eine Wischspur. Ich glaube, dass der Mantelmann zwischen einer halben und einer ganzen Stunde nach der Tat diese Spuren hinterlassen hat. Das ist meine vorläufige Einschätzung, nicht mehr.«

»Aber auch nicht weniger. Es ist also unwahrscheinlich, dass er dem Mörder begegnet ist«, sagte Lüthje. »Gibt es hier noch Licht?«

Prebling griff um die Ecke zum Lichtschalter. Eine Glühbirne hing an abgewetzten Kabeln von der Decke und begann nach zögerndem Flackern zu leuchten.

»Warum ist dieser Mantelmann dann hier durch das Blut zur Leiche gewatet? Und natürlich auch wieder zurück? Bei eingeschaltetem Licht hätte er es doch sehen müssen. Aber vielleicht hat er das Licht nicht eingeschaltet. Fingerabdrücke?«, fragte Lüthje.

»Auf dem Lichtschalter sind mehrere Schichten Fingerabdrücke. Alle verwischt. Der Mantelmann ist noch nicht vernehmungsfähig?«, fragte Prebling.

Lüthje schüttelte den Kopf.

»Nehmen wir mal an«, sagte Lüthje, »… dem Mantelmann reichte das spärliche Tageslicht im dunklen Flur. Immerhin ist die Eingangstür oben verglast. Dazu kommt noch das Licht durch die genauso verglaste Hintertür. Warum hat er sich nicht auf der Stelle umgedreht und ist wieder raus?«

Prebling zuckte mit den Schultern.

Lüthje lächelte. »Sie denken gerade, das ist Gott sei Dank nicht mein Problem. Und da muss ich Ihnen recht geben.« Aber meins vielleicht auch nicht, dachte Lüthje.

Prebling zuckte wieder mit den Schultern.

»Ich fürchte, ich muss jetzt einen Blick auf das Opfer werfen«, sagte Lüthje.

»Dazu müssen wir den Flur vom Hintereingang her betreten«, sagte Prebling und deutete auf die Blutlache vor ihnen.

»Wo sind Hoyer und Vehrs?«, fragte Lüthje, als er hinter Prebling den ungepflasterten Weg entlang zur Rückseite ging.

»Die sehen sich gerade die Räume einer Mansardenwohnung im Dachgeschoss an. Wir müssen durch den Garten zum Hintereingang«, sagte Prebling.

Lüthje ging ihm hinterher. Der Garten sah trostlos aus. Ein paar Bäume, einige mit Steinen eingerahmte Beete, alles von Unkraut hoch überwachsen.

»Da sind die beiden«, sagte Prebling und wies zu einem Giebelfenster dicht unter dem Spitzdach. Hoyer und Vehrs.

Lüthje hatte sie schon einmal in Kiel bei einem Fall kennengelernt, an dem Malbek und er zusammen gearbeitet hatten. Sie winkten sich gegenseitig zu. Im Garten zwitscherten die Vögel und stritten sich mit den Möwen. Die Wolkendecke hatte sich über die Ostsee verzogen. Der Seewind fächelte durch die dicht belaubten Baumkronen der alten, knorrigen Obstbäume und ließ das Sonnenlicht über den Rasen schimmern. Es fühlte sich an wie Sommerurlaub.

Jedenfalls wenn man sich die Männer und Frauen der Spurensicherung wegdachte, die jeden Quadratzentimeter des Gartens absuchten. Irgendwie war Lüthje Prebling dankbar für diese unbewusst herbeigeführte Pause vor der Annäherung an das Mordopfer.

Lüthje bedeutete Hoyer und Vehrs, nach unten zu kommen.

»Na denn«, sagte Lüthje, griff sich ein Stück Knäckebrot aus der Jackentasche und betrat mit Prebling das Haus durch den Hintereingang. Dr. Brotmann hatte sich aus seiner Hockstellung erhoben und betrachtete immer noch die Leiche.

Das Opfer lag zusammengesackt in der Abstellkammer. An der Rückwand des kleinen Raumes sah Lüthje eine senkrechte, stumpf glänzende Blutspur, die bis zum Kopf des Opfers lief, das etwas verdreht an der Wand lehnte.

»Ihm ist von hinten die Kehle aufgeschnitten worden«, sagte Dr. Brotmann, ohne den Blick von der Leiche abzuwenden. »Das Blut ergoss sich auf die Wand, er fiel seitlich dagegen, rutschte an ihr herunter, die Beine wurden vom nachsackenden Körper ein wenig in den Flur hineingeschoben. Der Täter stand hinter dem Opfer. Ob es einen Kampf gab, kann ich erst nach der Obduktion sagen. Aber es sieht nicht danach aus.«

Sie gingen hinaus in den Garten. Lüthje holte tief Luft.

»Hast du noch Fragen?« Dr. Brotmann zog seinen Autoschlüssel aus der Hosentasche.

»Du musst gleich wieder los, stimmt's?«« fragte Lüthje.

»Ich hab einen Gutachtertermin. Ich ruf dich an!«, rief er Lüthje über die Schulter zu und lief zur Straße.

Lüthje und Prebling kehrten zurück in den Garten.

»Sehen Sie sich mal die Rückseite des Hauses genau an«, sagte Prebling zu Lüthje.

Etwas tiefer im Garten stand eine kleine Holzhütte, umgeben von einem mannshohen Gitterzaun. Die Holztür war geschlossen. Es sah aus wie ein Hundezwinger. Links neben der Hintertür, unter dem Abflussrohr der Regenrinne, stand ein alter Wäschekessel. Daneben lehnte ein Lamellenwindschutz an der Hauswand. Darüber war ein großes Gartenfenster mit Tür.

»Da hängt ein Kleidungsstück an der Hauswand«, sagte Lüthje.

»Ein Kleid. Es ist am Badezimmerfenster im ersten Stock befestigt«, sagte Prebling. »Auf einem Bügel, der mit Paketbindfaden am Fensterhebel befestigt und im geschlossenen Fenster festgeklemmt ist. Kollegin Hoyer hat die Hauseigentümerin angerufen, ob das Kleid ihr gehört. Die wusste von nichts.«

Die Rückwand des Hauses ging nach Südosten. Vielleicht hatte es jemand zum Trocknen hinausgehängt. Aber wer? Und wann?

»Sie sichern es?«

»Natürlich. Aber wir wollten, dass Sie es sehen, dort an der Hauswand. Sie bemerken vielleicht etwas, was wir als Fliegenbeinzähler übersehen. Auf den Tatortfotos sieht alles immer irgendwie anders aus.«

»Danke für das Kompliment. Sie kennen also meinen Spitznamen …«, sagte Lüthje.

Prebling druckste herum.

»Ja, Lupenkieker wollten Sie sagen, richtig«, sagte Lüthje. »Und was soll ich da mehr finden als Sie?«

»Die Zusammenhänge. Die Zusammenhänge zwischen den verschiedenen Fliegenbeinen, zum Beispiel zwischen dem Alter des Stoffgewebes, Schmutzspuren, Waschmittelresten, DNA-Spuren und so weiter«, sagte Prebling.

»Ja, schon gut. Eins zu null für Sie«, sagte Lüthje. Warum macht mir der Mann Komplimente, statt mich zu fragen, ob ich den Fall nun übernehme?, dachte Lüthje. Was hatte Schackhaven ihnen vorher erzählt? Wahrscheinlich gar nichts. Aber irgendetwas sickerte immer durch.

Die Hintertür des Hauses öffnete sich, und Hoyer und Vehrs kamen in den Garten. Sie begrüßten sich mit Handschlag. Es entstand eine Pause, in der sie alle angestrengt auf das Kleid an der Hauswand starrten.

»Wohnt noch jemand im Haus, stehen noch Möbel herum?«, fragte Lüthje.

»Nein, es ist fast besenrein«, sagte Kommissarin Hoyer. »Na ja, der übliche Kleinkram, den man beim Auszug mal vergisst. Schraubenzieher, Dübel in der Wand, Spinnen in ihren Netzen, Käfer, Motten und alte Zeitungsreste auf dem Boden und ein Holztisch im Keller.«

Prebling wurde von einem seiner in den Beeten knienden Mitarbeiter gerufen und verabschiedete sich erleichtert.

»Was sagt die Nachbarschaft?«, fragte Lüthje.

»Die Laboer Kollegen haben ein paar Nachbarn im nächsten Umkreis befragt. Soweit überhaupt jemand zu Hause war. Nichts Konkretes, nur Mutmaßungen. Ein schwarzes Auto, ein komischer Mann oder seit Wochen ein komischer Geruch von dem Haus hier. Solche Dinge hört man da«, sagte Kommissarin Hoyer. »In den beiden Häusern links und rechts waren wir schon. Links war ich. Da wohnt eine ältere Dame, Ingrid Klockemann. Seniorchefin eines Bestattungsunternehmens in Kiel. Steffens meint, sie ist schon seit fünfzehn Jahren auf dem Altenteil. Der Sohn hat sie nicht mehr im Betrieb haben wollen. Ansonsten machte Frau Klockemann einen entsetzten, aber gleichzeitig sehr interessierten Eindruck auf mich. Auf fast jede Frage antwortete sie, sie müsse erst einmal darüber nachdenken. Und dann …«

Hoyer machte eine Kunstpause und sah Vehrs an. Vehrs inspizierte mit einem Stirnrunzeln den ungepflegten Rasen zwischen den Beeten.

»Sie kennt den Mörder?«, fragte Lüthje.

»Knapp daneben«, sagte Hoyer. »Sie sagte, es habe hier vor ein paar Monaten einen Selbstmord gegeben. Die Witwe soll in zweiter Ehe mit dem Selbstmörder verheiratet gewesen sein. Ihr Sohn soll auch noch eine ausgebaute Wohnung im Dachgeschoss gehabt haben. Kann man sich vorstellen, mit der Aussicht.«

»Das war doch Ihr Zuständigkeitsbereich, wieso wussten Sie nichts davon?«, fragte Lüthje.

Hoyer sah Vehrs mit einem Blick an, der sagte: Nun mach doch endlich auch mal den Mund auf!

»Ich war damals noch auf der Polizeizentralstation in Schleswig«, erklärte sie.

»Herr Schackhaven hat Ihnen davon nichts erzählt?«, sagte Vehrs ausweichend zu Lüthje gewandt. »Die Akte ist abgelegt. Wir haben damals mit Herrn Schackhaven darüber diskutiert. Aber es war alles ausermittelt. Hätte Schackhaven Ihnen doch sagen können.«

»Hat er aber nicht. Hab ich mir doch gedacht, dass er etwas verschweigt«, antwortete Lüthje genüsslich. Stationsleiter Steffens. Das war es, was seine Frau im Hintergrund dazwischengeredet hatte. Alte Dorfgeschichten. »Glauben Sie, dass es eine Verbindung zwischen dem Selbstmord und diesem Mord gibt?«

»Nein. Aber Frau Klockemann sieht das wohl anders. Sonst hätte sie nicht auf diesen Selbstmord hingewiesen.« Hoyer strich sich die langen Haare mit der rechten Hand vom Nacken auf die Schulter. »Die Frau Klockemann mochte mich nicht.«

»Wie kann jemand Sie nicht mögen?«, fragte Lüthje schmunzelnd.

»Vielleicht hat sie gemerkt, dass ich sie auch nicht mochte. Eine starke Antipathie auf den ersten Blick.«

»Ich werde sie mir mal ansehen. Lag der Selbstmörder auch in der Abstellkammer?«, fragte Lüthje.

»Er hing an einer Hundeleine im Baum. Dem da.« Vehrs deutete auf einen der Apfelbäume. »An dem kräftigen Ast, der nach Osten zeigt.« Nach der bei ihm üblichen Pause des Nachdenkens setzte er hinzu: »Ist seitdem schon wieder ein Stück gewachsen.«

»Haben Sie die Nachbarn auch nach dem Kleid gefragt? Seit wann das da hängt?«, fragte Lüthje.

»Die Nachbarn rechts und links können die Hofseite dieses Hauses nur sehen, wenn sie in ihren eigenen Garten gehen«, sagte Hoyer. »Und dann auch nur, wenn sie zwischen den Baumkronen ihrer belaubten Apfelbäume eine Lücke finden, die den Blick auf das Kleid freigibt.«

»Das Kleid sieht verblichen aus. Oder was sagen Sie dazu, Frau Hoyer?«, sagte Lüthje. Fast so verblichen wie das Grau des Hauses, dachte Lüthje. Sofern die Farbe Grau überhaupt verbleichen kann.

»Es hat irgendwie einen altmodischen Schnitt …«, sagte Hoyer, »… der aber sehr elegant wirkt. Es ist alles drin, vom sündhaft teuren Modellkleid bis zum zeitlos eleganten Fummel aus dem Secondhandshop. Aber die Farben, ich weiß nicht …«

»Und Sie waren im Haus rechts?«, fragte Lüthje zu Vehrs gewandt.

Vehrs nickte. »Ein pensionierter Lehrer mit seinem Sohn. Der Vater sagte, ihn interessiert die Nachbarschaft nicht. Sein Sohn ist behindert. Das hat er nicht ausdrücklich gesagt, aber ich hatte den Eindruck.«

»Was war denn mit ihm?«, fragte Lüthje.

»Schwer zu sagen, der Sohn achtete mehr darauf, was sein Vater sagte, wollte manchmal was sagen, aber brach dann immer ab.«

Das war bei mir früher auch so, dachte Lüthje.

»Wie alt ist der Sohn?«

»Schwer zu sagen, aber auch sicher vierzig.«

»Die Klockemann sieht uns sehr interessiert zu«, sagte Hoyer und deutete zum Nachbarhaus.

An einem offenen Fenster im ersten Stock stützte sich eine Frau mit verschränkten Armen auf ein Kissen und nickte den Polizisten freundlich zu, als sie zu ihr hochsahen.

Lüthje wusste, was er als Nächstes tun würde, wenn er diesen Fall übernehmen würde. Aber wenn er diesen Schritt machen würde, wäre er drin, und niemand würde verstehen, wenn er danach einen Rückzieher machen würde.

»Herr Lüthje, es gibt das Gerücht, dass Sie diesen Fall nicht übernehmen wollen, aber dazu gezwungen werden. Ist das wahr?«, fragte Hoyer.

Lüthje seufzte und bedeutete Hoyer und Vehrs, ihm zu folgen. Sie verließen das Grundstück durch die hintere Gartentür und gingen den Promenadenweg in Richtung Katzbek.

Lüthje war für seinen Tigerkäfiggang bei Besprechungen im Büro bekannt und berüchtigt. Da es hier keinen Raum gab, in dem er den Besprechungstisch umkreisen konnte, entschied er sich dazu, seinen Bewegungsdrang durch einen Spaziergang zu kompensieren. Deshalb hatte er die Besprechung mit Schackhaven am Strand ohne Schwierigkeiten überstanden.

»Waren Sie schon in diesen Häusern hier im Promenadenweg?«, fragte Lüthje. »Einige haben möglicherweise einen guten Blick auf den Hofgarten der Grauburg. Eigentlich müsste dort jemandem zumindest das Kleid an der Hauswand aufgefallen sein. Außerdem halte ich es für wahrscheinlich, dass der Täter von hinten auf das Grundstück gekommen ist, also diesen Weg gegangen ist. Am besten, Sie fangen gleich an, sobald wir hier fertig sind.«

»Hier fertig? Was meinen Sie?«, fragte Vehrs.

Hoyer sah nach oben und verdrehte die Augen.

Sie waren an der Einmündung zum Katzbek angekommen und blieben stehen. Hoyer schien etwas sagen zu wollen, aber Lüthje ignorierte sie.

»Möglich, dass der Täter durch den Park gegangen ist, über die Straße und dann hier in den Promenadenweg.«

Lüthje hielt einen Moment inne und fixierte einen Punkt auf der anderen Straßenseite, sah dann Hoyer und Vehrs an und sagte: »Da rechts, in der Ecke des Parks, ist mein ehemaliger Kindergarten. Die Niederdeutsche Bühne der ›Laboer Lachmöwen‹ hat sich einfach noch ein paar Räume herumgebaut. Damals im Kindergarten haben viele Kinder aus dem Oberdorf noch Platt gesprochen, so wie ihre Eltern. Und wir Kinder haben ziemlich viel Theater gemacht. Es hat sich also nicht viel geändert.«

Lüthje wandte sich um und ging zurück. Wahrscheinlich hielten ihn die beiden für sentimental.

»Übernehmen Sie denn nun den Fall?«, fragte Hoyer und lief ihm hinterher. »Wenn ja, tun Sie es freiwillig? Wir müssen wissen, ob Sie dahinterstehen.«

»Ja, ich weiß«, sagte Lüthje und ging noch schneller. »Ihr Chef Malbek steht immer hundertprozentig hinter allem, was er tut. Nur deshalb stehen Sie auch hinter ihm, auch wenn es manchmal nicht einfach ist mit ihm. Aber ich möchte, dass Sie mich verstehen. Das ist meine Heimat, mein Geburtsort, über zwanzig Jahre habe ich hier gelebt. Es gibt immer noch ein paar Leute, die mich kennen. Ich riskiere den Verlust meiner Heimat, wenn ich hier herumwühle und als Ermittler Unfrieden stifte. Ich kann hier nicht mehr zum Bäcker gehen, ohne dass mich irgendjemand erkennt und sagt, der hat mich verdächtigt, es spricht sich herum, und der Einkauf im Supermarkt oder der Spaziergang auf der Strandpromenade kann zum Spießrutenlauf werden.«

»Ist das in Flensburg nicht genauso?«, fragte Vehrs.

»Flensburg ist eine große Stadt. Da muss man ständig in der Zeitung zu sehen sein, damit man Sie kennt. Die vergessen schneller. Laboe ist immer noch ein Dorf. Wenn ich diesen Fall übernehme, wird sich das hier schnell herumsprechen, dass der Kommissar, der den Mord in der Strandstraße untersucht, der Eric Lüthje ist, der hier geboren wurde und aufgewachsen ist. Schulfreunde und sonstige Bekannte werden sich an mich erinnern und sagen: ›Ach ja, den haben wir in den letzten Jahren hier im Dorf öfter gesehen, der war schon immer komisch.‹ Einige Leute werden sich darüber beklagen, dass sie von der Polizei vernommen worden sind, auf meine Anweisung hin oder sogar von mir selbst. Man hat sie schlecht behandelt, verdächtigt, beschuldigt, vielleicht nicht gerade wegen des Mordes, aber wegen anderer Dinge, denen wir so nebenbei auf die Spur gekommen sind. Ahnen Sie, was das alles für mich in Gang setzen kann?«

Sie waren inzwischen wieder am Gartentor des Hauses angelangt.

Ein junges Paar auf Fahrrädern, mit einem kleinen Kind im Anhänger, hielt neben ihnen an.

»Wissen Sie, was da passiert ist?«, fragte die Frau ängstlich und deutete auf das Haus und die weißen Gestalten der Spurensicherung.

»Das wüssten wir auch gern«, sagte Lüthje nachdenklich.

Als sich die junge Familie weit genug entfernt hatte, sagte er: »Die Spurensicherung soll Fotos von der Rückseite des Hauses machen. Hier vom Promenadenweg und dort hinten vom Hexenstieg aus, an dem wir vorbeigekommen sind. Aus der Perspektive einer Person, die sich dem Haus nähert. Auch kurz vor der

Dämmerung. Und morgens. Und Sie, Vehrs, befassen sich noch mal mit der Selbstmordakte. Ich komme dann auf Sie zu.« Er atmete tief durch und fügte hinzu: »Spätestens heute Abend werde ich Ihnen sagen, wie ich mich entschieden habe. Ich werde der Frau Klockemann jetzt meine Aufwartung machen. Sonst ist sie beleidigt und redet im Dorf schlecht über uns.«

Auf dem Weg zur Strandstraße wandte er sich noch einmal zu Hoyer und Vehrs um und rief ihnen zu: »Vergessen Sie nicht, dass es mit mir manchmal auch nicht einfach ist!«

4.

Frau Klockemann wohnte in einem zweistöckigen Haus, das aussah wie ein englisches Landhaus mit einem reichlichen Schuss Schwarzwälder Weihwasser. Auf dem spitz zulaufenden Giebel thronte ein langer Schornstein aus rohen Steinen. Die Hausfront war oberhalb des Dachrinnenniveaus mit schwarzen Dachschindeln verkleidet.

Als er sich der Haustür näherte, sah er hinter den Sprossenfenstern mit bunten Gläsern, die zum Treppenhaus gehörten, eine Gestalt hinunterhuschen.

Man hatte ihn also kommen sehen. Die Haustür war ebenfalls bunt verglast, aber hier hatte das Dekor mehr kirchlichen Charakter. Ein paar Kreuze in der Bleiverglasung betonten die Bedeutung des Schriftzuges unter dem messingblanken Türschild. »Klockemann – Bestattungen aller Art«.

Eine zierliche Frau mit spitzer Nase öffnete und hauchte: »Ja, bitte?«

Lüthje stellte sich vor und zeigte seine Dienstmarke.

Die Frau lächelte süßlich. »Ich habe Sie schon erwartet. Treten Sie näher.« Sie ließ ihn ein und schloss die Tür, nachdem sie mit ruckartigen Kopfbewegungen wie ein Huhn zur Strandstraße, zum Drübbisch-Haus und zur Hofseite gesehen hatte.

»Wir haben Bereitschaftsdienst. Ausgerechnet heute!«, warf sie ihm mit kecker Kopfbewegung über die Schulter zu, als sie vor ihm durch den Flur ins Wohnzimmer ging. Es roch nach gekochtem Geflügel.

»Bereitschaftsdienst?«, fragte Lüthje, als er in einem alten dunkelbraunen Ledersessel versank.

»Sie sind der Hauptkommissar?«

»Kriminalhauptkommissar. Und Sie sind Frau Klockemann?«

»Ja. Und Sie sind Herr Lüthje, so war doch Ihr werter Name?«
Lüthje nickte gnädig.

Sie trug eine kleine Brille mit runden, randlosen Gläsern, die wie angeklebt auf der Spitze ihrer langen Nase saß. Er schätzte sie auf über sechzig. Die dünnen grauen Haare waren streng nach hinten gekämmt und mit einer goldenen Brosche zu einem kleinen Dutt zusammengelegt. Die Gesichtshaut schien gestrafft zu sein, die etwas abstehenden Ohren liefen nach oben spitz zu. Ein dunkelgrüner Schal verbarg ihren Hals, ein dicker Wollpullover in frischem Grasgrün versuchte, ihre dürren Schultern zu umschmeicheln.

»Ich hab Ihren Untergebenen bereits umfänglich Auskunft gegeben«, sagte sie in anklagendem Ton. »Ich wüsste nicht, wie ich Ihnen sonst noch helfen könnte. Obwohl ich natürlich alles tun würde, um Sie bei der Mördersuche zu unterstützen. Eine schreckliche Geschichte ist das.« Sie verkrampfte ihre Hände ineinander und hob den Blick nach oben, als würde sie ein Gebet zum Himmel senden.

»Sie hatten Bereitschaftsdienst, sagten Sie? Was meinten Sie damit?«, fragte Lüthje.

»Aber das müssen Sie doch wissen. Wir Bestatter haben einen Bereitschaftsplan. Wie die Apotheker und Ärzte. Wir müssen bereit sein, zu jeder Tages- und Nachtstunde, wenn Sie oder einer Ihrer Kollegen anruft, um eine Leiche zu transportieren.«

»Und Ihre Firma ist heute dran?«

»Unser Institut hat heute vierundzwanzig Stunden Bereitschaft.«

»Haben Sie den Plan zufällig da?«

»Ich hab das im Kopf. Der Plan liegt in den Geschäftsräumen in unserem Hauptsitz in Kiel. Glauben Sie mir etwa nicht?«, sagte sie mit einem neckischen Lächeln.

Lüthje nahm sich vor, das nachprüfen zu lassen. Aber da die

45

Spurensicherung sicher bis in den späten Abend zu tun hatte und die Leiche erst danach abgeholt werden sollte, eilte das nicht.

»Darf ich Ihnen etwas anbieten?«, fragte sie und erhob sich.

»Nein, danke, nicht nötig«, sagte Lüthje. Sie war der Typ, der einen vergiften würde.

»Aber Sie gestatten sicher, dass ich trotzdem einmal in der Küche nach dem Essen sehe?«, sagte sie und verschwand aus dem Zimmer. Er hörte sie in der Küche klappern.

Lüthje sah sich im Wohnzimmer um. Neben der Tür zum Flur stand der Esstisch, an der Wand daneben hing ein großes, dunkles Ölgemälde. Ein gekrümmter, verkrüppelter Baum in einer formlosen schmutzig grünen Landschaft.

Eine mächtige Schrankwand in dunkler Eiche nahm eine Seite des Wohnzimmers ein. In der Mitte befand sich ein Regal, in dem Bücher standen. Mehrere Bände zur Geschichte des Deutschen Reiches im neunzehnten Jahrhundert, Goethes gesammelte Werke, »Die Frau als Hausärztin«, mindestens tausend Seiten. »Gebote der Freiheit« von Franz Josef Strauß. Ganz unten standen Fotoalben. Als Lüthje gerade das dicke altersgelbe Album aufschlagen wollte, hörte er ihre Stimme aus der Küche fragen: »Möchten Sie nicht doch einen Kaffee, es macht wirklich keine Umstände!«

Einen kräftigen Tee hätte Lüthje gern gehabt. Aber er wurde die Vorstellung nicht los, dass sie in der Küche bei der Zubereitung eine Messerspitze von einem Pülverchen in seine Tasse fallen lassen und anschließend gut umrühren würde.

»Nein, danke, wirklich nicht!«, rief Lüthje.

Er stellte das Album wieder an seinen Platz und ging in die Küche, die schräg gegenüber vom Wohnzimmer lag.

Sie stand am Herd, über einen großen Bratentopf gebeugt, und zupfte mit einer Gabel an einem Stück hellem Fleisch, das aus der Brühe glasigen Fetts heraussah. Sie pustete hastig, steckte es mit lutschenden, schlürfenden Geräuschen in den Mund und schluckte es gierig hinunter, wobei sie ein gurgelndes Geräusch von sich gab.

»Möchten Sie auch mal probieren?« Sie sah ihn keck an und hielt ihm die Gabel mit einem Stück Fleisch hin, darunter in der anderen Hand ein Unterteller, in den das Fett tropfte.

»Nein, danke, meine Frau hat mir Trennkost verordnet«, sagte Lüthje.

Mit Schmollmündchen legte sie das Fleisch wieder in den Topf. »Ich kann mir das gute Fleisch aber erlauben. Was meinen Sie?«, fragte sie und strich sich kokett über die magere Hüfte. »Sie wissen nicht, was Sie versäumen. Junge Pute«, sagte sie und stocherte wieder prüfend im Fleisch herum.

»Wohnen Sie allein?« Er ging in den Flur und vergewisserte sich, dass er seinen Ehering trug.

Als sie aus der Küche kam, sah er interessiert die Treppe hoch. Auf dem Treppenabsatz stand eine Vase mit vertrockneten Zweigen.

»Mein Sohn hat oben eine Wohnung«, sagte sie.

»Von dort haben Sie mir und meinen Kollegen so freundlich bei der Besprechung zugewinkt?«, fragte Lüthje.

»Ich habe nichts von Ihrer Besprechung verstanden«, sagte sie ausweichend. »Sie können also ganz beruhigt sein, Herr Hauptkommissar.«

Nichts *verstanden*, hat sie gesagt. Also hat sie versucht zuzuhören, dachte Lüthje.

»Ist Ihr Sohn öfter zu Besuch?«

»Er ist nicht zu Besuch. Er ist hier zu Hause.«

»Also wohnt er hier?«

»Er hat noch eine Wohnung in Kiel.«

»War er gestern Abend hier?«

»Nein.«

»Wo waren Sie gestern?«

»Äh, hier. Im Haus. Was denken Sie denn?«

»Sie waren also allein im Haus?«

»Mein Gott, ja! Wieso fragen Sie?«

»Ich könnte mir vorstellen, dass man von dort oben einen guten Blick auf die Nachbarschaft hat«, sagte Lüthje, ohne auf ihre Frage einzugehen. »Sie haben meiner Kollegin gesagt, dass Ihnen nichts aufgefallen sei. Gestern Abend. Oder früher. Denken Sie mal nach, wenn sich der Schrecken bei Ihnen gelegt hat. Und dann melden Sie sich bei uns.«

»Ihre Kollegin Frau Hoyer ist eine sehr nette Person. Grüßen

Sie sie recht herzlich von mir. Die hat so viel gefragt. Ich weiß ja nicht, was Sie so alles wissen wollen. Aber da gibt es schon einiges, was komisch ist«, sagte sie.

»Ja?«

»Na ja. Der Selbstmord zum Beispiel.«

»Sie meinen den vor ein paar Monaten?«, fragte Lüthje.

»Sie wissen davon?« Sie versuchte, ihre Enttäuschung mit einem Lächeln zu verbergen.

»Ja, natürlich«, sagte Lüthje.

»Dass er sich mit einer Hundeleine aufgehängt hat?«

»Ja. Nett von Ihnen, dass Sie mich darauf aufmerksam machen«, antwortete Lüthje. »Ich werde mir die Akte ansehen müssen.«

»Wissen Sie auch …«, sie senkte die Stimme und beugte sich zu ihm vor, »… dass jemand die Hunde von dem armen Mann getötet hat, also ich meine den Gatten von der Frau Drübbisch, dessen Sohn jetzt nebenan ermordet im Flur liegt? Und die Hundeleinen hat jemand vor die Haustür gelegt. Und dann hat der arme Mann sie da gefunden, als er nach Hause kam, und die Frau war über alle Berge … aber konnte ja auch keiner wissen, dass er sich das mit den Hundeleinen so zu Herzen nimmt, nicht? Hätte doch auch sein können, dass er das versteht, so als Zeichen, ›sieh her, das ist auch einer der Gründe, warum ich mich von dir trenne, wenn die Hunde dir wichtiger sind als ich‹ oder so …« Sie verschränkte die Arme und nickte bedeutungsvoll, die Lippen in gespielter Wichtigkeit zusammengepresst. »… weil die Drübbisch ihr Haus verkaufen wollte, ist sie nach der Trennung ausgezogen, statt ihren Mann rauszuwerfen. Durch den Selbstmord des Mannes war sie das Problem los, das Haus war unbewohnt, und jetzt findet sich vielleicht bald ein Käufer.«

»Und was wollen Sie damit sagen?«

»Gar nichts«, sagte sie schnippisch und führte ihre Tasse mit abgewinkeltem kleinem Finger zum Mund, hielt in der anderen Hand die Untertasse und sah ihn über die Brillengläser vielsagend an. »Es ist, wie es ist.«

»Sie sind eine gute Beobachterin, Frau Klockemann. Wie gesagt, ich werde mir die Akte durchlesen und dann auf Sie zurückkommen, wenn ich noch Fragen habe. Ist Ihnen nicht noch etwas eingefallen, was uns bei unseren Ermittlungen weiterhelfen könnte? Auch vielleicht etwas scheinbar Nebensächliches, was aber aus dem Rahmen fällt.«

»Ich muss das alles noch einmal durchdenken. Ich stehe noch unter Schock. Das hat mich sehr mitgenommen. So direkt nebenan. Stellen Sie sich vor, Ihr Nachbar liegt eines Tages tot, ermordet in seinem Haus.« Sie lehnte sich wieder zurück und sah ihn eine Sekunde schweigend an, mit zusammengekniffenen Augen, dann schaltete ihr Gesicht wieder zurück.

»Wie ist er denn zu Tode gekommen?«, fragte sie mit gesenkter Stimme und beugte sich so weit zu ihm vor, als würden sie in einer voll besetzten Kneipe sitzen.

»Ich kann Ihnen dazu gar nichts sagen. Wir haben gerade erst mit der Spurensicherung angefangen. Die Männer in den weißen Overalls, die haben Sie doch bestimmt gesehen.«

»Wie oft sind Sie eigentlich in Laboe?«, fragte sie, ohne auf seine Antwort einzugehen.

»Ich bin beruflich in Flensburg tätig, hier also eher selten.«

»Na ja, dann wissen Sie wohl nicht, dass es hier manchmal richtig gruselig ist.«

»Ach, nein, wirklich? Erzählen Sie mal«, fragte Lüthje.

»Der Lambert Sundermeier, der ist behindert …« Sie rutschte ein paarmal nervös im Sessel hin und her, das Blut stieg ihr ins Gesicht. Die Hände gestikulierten fahrig.

»Sundermeier? Wohnen die nicht im übernächsten Haus?«, unterbrach Lüthje sie eifrig.

»Ja, leider. Es ist so, wie es ist. Der läuft ständig ins Ehrenmal, ins Treppenhaus, und von ganz oben singt er dann, das hört man bis hier und, wenn der Wind richtig steht, bis ins Dorf, so ein ganz schreckliches Wimmern ist das dann, dass die Kinder sich fürchten und schlechte Träume kriegen. Man spricht doch heutzutage so oft von psychologischem Stress und dass das schädlich ist. Das kann doch Menschen auch in den Tod treiben …«

»Wenn Sie das als Ruhestörung empfinden, sollten Sie sich an Herrn Steffens von der Polizeistation Laboe wenden und …«

»Ach der, hören Sie mir auf mit dem. Nein, auf dem Ohr ist der taub.«

»Und was sagt der Vater?«

»Der arme Mann ist damit doch völlig überfordert. Und die Pädagogin oder wie das heißt, die da manchmal ins Haus kommt, die unterstützt das sogar noch, und das Kassenfräulein am Ehrenmal, die lässt den Lambert immer ohne Eintritt rein, dem hat sie einen Chip gegeben, damit er immer gleich durch das Drehkreuz gehen kann, da kommen Sie nicht so einfach durch, weil …«

»Frau Klockemann, mich interessieren zunächst nur die Dinge, die im Haus der Familie Drübbisch passiert sind. Denken Sie vielleicht noch ein paar Tage nach und …«

»Da brauch ich gar nicht lange nachdenken, da war doch der Mord in den Siebzigern.«

»Welcher Mord?« Dass Schackhaven nichts davon wusste, wunderte Lüthje nicht. Aber was war mit Steffens? Der musste doch einen direkten Draht zum kollektiven Gedächtnis des Dorfes haben.

Ingrid Klockemann hatte Lüthjes Betroffenheit befriedigt bemerkt. Sie streckte ihre dürre Gestalt, befeuchtete ihre fettigen Lippen und senkte wieder die Stimme.

»Ihr Mann ist doch ermordet worden. Ihr erster.« Sie wartete begierig auf seine Reaktion.

Sie hatte Kommissarin Hoyer nicht ernst genommen und nur auf den Chef gewartet. Er las die Erwartung des Triumphes in ihrem Gesicht. Der Kriminalhauptkommissar traf auf *die* Zeugin seiner beruflichen Laufbahn, die ihm alle Zusammenhänge nahebringen konnte, bevor er überhaupt richtig angefangen hatte zu ermitteln. Ihre Zungenspitze strich vor Ungeduld über die untere Lippe.

»Wen meinen Sie?«, fragte Lüthje.

»Die Uschi Drübbisch, der das Haus gehört. Die verkaufen will. Ich glaube, sie hat begriffen, dass es in dem Haus nicht mit rechten Dingen zugeht. Erst der Mann ermordet, dann ihr zweiter Mann am Baum erhängt.« Nach einer Pause setzte sie bedeutungsvoll hinzu: »Selbstmord sagt man ja.«

Sie lehnte sich befriedigt im Sessel zurück und verschränkte wieder die Arme. Sie hatte es geschafft, den Kommissar zu beeindrucken.

»Vielen Dank für den Hinweis, Frau Klockemann. Dem werden wir natürlich nachgehen. Eine Frage noch: Sind Sie Witwe?«

Sie ließ sich theatralisch nach vorn sinken.

»Mein Mann ist früh gestorben. Ich musste das Institut führen, bis mein Sohn die Leitung übernahm.«

»Darf ich fragen, woran Ihr Mann gestorben ist?«

»Es war ein Dienstunfall. Er hat am Vorabend einer wichtigen Bestattung noch einmal nach dem Rechten sehen wollen. So, wie er es immer gemacht hatte …«

Oh Gott, noch ein Todesfall, dachte Lüthje.

»… ob die Friedhofsverwaltung das Grab für die Trauerfeier richtig vorbereitet hatte. Da wird immer einiges falsch gemacht. Damit niemand abrutscht, wenn die Blumen ins Grab als letzter Gruß hineingeworfen werden, aber auch vorher schon, wenn der Pastor ans Grab tritt und … Die Friedhofsarbeiter haben ihn am nächsten Morgen im ausgehobenen Grab gefunden.«

»Was war passiert?«

»Das Verfahren wurde eingestellt«, schluchzte sie empört. »Ein Unfall soll es gewesen sein.« Sie zog eine Packung Papiertaschentücher aus einer Außentasche des Sessels, trocknete die nicht vorhandenen Tränen im Gesicht und schnäuzte sich so lautstark, dass Lüthje zusammenzuckte.

Also noch eine alte Akte, die er aus dem Archiv anfordern und studieren müsste.

Lüthje entschloss sich angesichts des tränenlosen Geschluchzes auf dem abgewetzten Ledersofa, die Bühne zu verlassen. Er fühlte sich erschöpft, brauchte frische Luft. Der stickige Putendunst erfüllte inzwischen die Wohnung, und ihm war, als ob seine Lippen plötzlich so fettig glänzten wie die von Frau Klockemann. Sie saugte sämtliche Energie aus ihm, die sie immer mehr aufleben, ihn aber im weichen Sessel dahindämmern ließ.

Nichts wie weg hier.

Er erhob sich mühsam, verabschiedete sich wegen dringender Termine und schleppte sich zur Tür. Als er die ersten Züge belebender Ostseeluft in seine Lungen sog und sich mit jedem Schritt in Richtung Strandstraße besser fühlte, hörte er sie nach ihm rufen. Sie stand immer noch in der offenen Tür.

»Herr Kommissar, sind Sie nicht der kleine Eric Lüthje oben vom Bergfriede, der immer Polizist werden wollte?«

»Wie kommen Sie denn darauf?«, fragte Lüthje entsetzt.

»Frau Jasch hat mal früher bei mir geputzt. Und dann hat sie gekündigt, weil sie sich um das Haus eines Kommissars Lüthje kümmern sollte, das an Sommergäste vermietet wurde. Und sie hat mir erzählt, wie nett Sie sind und dass ihr Großvater Ihr Patenonkel war. Und der hat Frau Jasch oft erzählt, dass Sie schon immer Polizist werden wollten. Er war ja Fischer und konnte das gar nicht verstehen …«

Lüthje winkte ihr schwach zu, sie winkte zurück mit schiefem Lächeln, als schicke sie ihm einen Fluch hinterher. In ihren Augen sah er plötzlich etwas funkeln. Sicher war es das Licht der Mittagssonne, das von der gekräuselten Wasseroberfläche der Förde in alle Richtungen reflektiert wurde.

Oder Spökenkiekerei.

Lüthje überquerte die Strandstraße, ging zum Strand hinunter.

Wahrscheinlich hing die Klockemann schon am Telefon und verbreitete die Neuigkeiten über den kleinen Kommissar Eric stolz aus erster Hand.

Er sah über die Förde hinüber zum Leuchtturm Bülk, »Hein Bülk«, der ihm in jungen Jahren auch als seelische Orientierung gedient hatte. Er war hinter den seitdem etwas größer gewachsenen Bäumen fast nicht mehr zu sehen. Nur das Lampenhaus lugte ein Stück über die Wipfel, die die Wasser- und Schifffahrtsverwaltung kurz hielt. Immerhin diente es noch als Orientierungsfeuer für die Schifffahrt.

Nach kurzer Überlegung war ihm klar, dass ihm nur die Wahl zwischen zwei Rollen blieb: »der Feigling«, weil er sich nach dem Gespräch mit Frau Klockemann verängstigt auf Nimmerwiedersehen verdrückte. Oder: »der gnadenlose Ermittler«, der keine Rücksicht auf Jugendfreunde, Klassenkameraden oder Heimaterde nahm, um seine Vorstellung von Gerechtigkeit oder sogar Rache durchzusetzen.

Lüthje entschied sich für den »gnadenlosen Ermittler«.

5.

Schackhaven hatte Lüthje freie Hand für die Organisation und personelle Ausstattung der Ermittlungsgruppe gegeben. So hatte er es jedenfalls verstanden. Und er würde nicht nachfragen.

Schließlich war es nicht das erste Mal, dass Lüthje eine Ermittlungsgruppe führte. Er konnte ein Lied davon singen, wie viel Zeit in Besprechungen durch Eitelkeiten, beleidigte Leberwürste, Hahnenkämpfe und artige Stiefellecker verplempert wurde.

Für die Ermittlungsgruppe reichten ihm die Kieler, Vehrs und Hoyer. Kommissarin Hoyer war eine junge, hübsche Frau. Gebunden, wie man sagt, aber nicht verheiratet. Von Vehrs wusste er persönlich nichts, außer dass er Single war. Dann konnte es eigentlich innerhalb der Ermittlungsgruppe keine privaten Verwicklungen geben. Lüthjes Rezept würde darin bestehen, seine Flensburger Mitarbeiter in Flensburg zu lassen und Malbeks Kieler in Kiel. Wozu gab es Telefon, SMS und Internet?

Und er selbst würde seinen Schreibtisch in Laboe haben. So würden sich die psychischen Reibungsverluste auf ein Minimum beschränken.

Falls er den Fall übernehmen würde, wollte er sich gnadenlos seinen eigenen Arbeitsstil leisten. Wenn Schackhaven das nicht gefiel, würde Lüthje die Brocken hinschmeißen. Auch wenn er damit ein Disziplinarverfahren riskieren würde.

Im Drübbisch-Haus winkte er Hoyer und Vehrs aus einer getuschelten Diskussion heran und ging mit ihnen wieder in den Garten.

Lüthje sagte ihnen, dass er die »Sache durchziehen« würde. Sie machten einen erleichterten Eindruck, drückten ihm die Hand und gratulierten ihm beide zu dem Entschluss mit den Worten: »Willkommen an Bord.« Lüthje unterdrückte den Wunsch, nachzufragen, welchen Kapitän Polizeirat Schackhaven denn für Malbeks Vertretung außer Lüthje noch auf der Liste gehabt hatte.

Sie sollten sich um die Beschaffung der Akten in der Mordsache zum Nachteil des ersten Ehemannes der Witwe Drübbisch, den Selbstmord des zweiten Ehemannes und die Unfallakte des verstorbenen Ehemannes der Witwe Klockemann kümmern. Das Archiv sollten sie mit allen Mitteln zur Eile antreiben. Schließlich hatten sie für diese Ermittlungen den Segen von höchster Stelle.

Handzettel mit der steckbriefartigen Beschreibung des Mantelmannes sollten erstellt werden und im Dorf durch die Kollegen im Ort an die Haushalte und durch Kieler Kollegen an die Busfahrer der Kieler Verkehrs AG verteilt werden, die auf den Linien nach Laboe fuhren.

Hoyer sollte Drübbisch zur Identifizierung ihres Sohnes begleiten. Hoyer beklagte sich, dass dieser Job immer an ihr hängen bleibe. Lüthje erwiderte, dass sie laut Malbek diesen Job schon immer sehr gut gemacht habe.

Als Lüthje mit seiner Aufgabenliste fertig war, bliesen Hoyer und Vehrs die Backen auf und sahen Lüthje mit hochgezogenen Augenbrauen an.

»Sie wissen doch: Mit mir ist es manchmal auch nicht einfach!«, sagte Lüthje.

Er rief in der Leitstelle an und fragte nach dem Einsatzplan für Bestatter. Es stimmte, Klockemann war dran. Der Nächste auf dem Plan war das Institut Preller. Lüthje schaltete den Lautsprecher des Handys ein und machte Hoyer und Vehrs ein Zeichen, das Telefonat mitzuverfolgen.

»Bestattungsinstitut Preller.«

»Hier Kriminalhauptkommissar Lüthje. Sie sind der Chef, nehme ich an, Herr Preller?«

»Ja. Worum geht's?«, fragte Preller zurückhaltend.

»Herr Preller, ich weiß, dass Sie heute keinen Einsatzdienst haben, sondern erst nächste Woche dran sind. Wir müssen Sie aber heute schon in Anspruch nehmen. Es handelt sich um eine Überführung von der Strandstraße in Laboe zur Gerichtsmedizin in Kiel. Herr Dr. Brotmann ist dort Ihr Ansprechpartner. Einer meiner Kollegen wird Sie anrufen. Rechnen Sie damit, dass es erst spät am Abend so weit sein wird.«

»Moment. Ich hab den Plan an die Wand gepinnt. Aber ... der Klockemann hat doch Bereitschaft. Da kann ich nicht einfach dazwischenspringen, auch wenn Sie das sagen! Warum wollen Sie den nicht anfordern?«

»Die Seniorchefin der Firma Klockemann kommt hier als Zeugin in dem aktuellen Todesfall in Frage. Eine Beauftragung ist wegen einer denkbaren Interessenkollision ausgeschlossen.«

»Ich dachte, die alte Hexe … die hat schon lange nichts mehr in der Firma zu sagen.«

»Dazu kann ich Ihnen nichts sagen. Also Herr Preller, Sie wissen Bescheid, halten Sie sich bereit.«

»Warum gerade ich? Nehmen Sie doch bitte den Nächsten auf der Liste.«

»Wovor haben Sie Angst?«

»Vor nichts. Aber mit Klockemann ist es noch nie einfach gewesen, erst recht nicht, seit er in Schwierigkeiten ist.«

»Was sind das für Schwierigkeiten, in denen Klockemann steckt?«

»Ach, in der Branche munkelt man darüber. Aber ich blick da nicht durch.«

»Nun hören Sie mal genau zu, Herr Preller. Ich habe keine Lust und keine Zeit, die Bereitschaftsliste der Bestatter rauf- und runterzutelefonieren. Wenn Sie meine Anforderung verweigern, erscheinen Sie nie mehr auf dieser Liste. Dann sind auch Sie in Schwierigkeiten. Das spricht sich rum. Und jeder in der Branche fragt sich, warum ist der Preller von der Liste geflogen. Haben Sie mich verstanden?«

»Schon gut, ich warte auf Ihren Anruf«, sagte Preller.

Lüthje beendete das Gespräch.

»Sollen wir Wetten darüber abschließen, was die Klockemann macht, wenn sie den Leichenwagen des Kollegen Preller hier vor der Tür stehen sieht?«, fragte Hoyer.

»Die Hexe wird ihn in einen Holzwurm verwandeln«, sagte Vehrs.

Lüthje staunte. Das war makaber und originell. Das hatte er dem schüchternen Vehrs nicht zugetraut.

»Wette angenommen«, sagten Lüthje und Hoyer gleichzeitig.

»Ich halte dagegen«, sagte Lüthje. »Sie wird ihn in einen Frosch verwandeln und ihn heiraten.«

Hoyer nickte lächelnd. Vehrs sah Lüthje fragend an.

»Frau Hoyer, erklären Sie Herrn Vehrs das mal. Ich verabschiede mich für heute, ich muss noch meine Zahnbürste aus Flensburg holen. Tschüss, bis morgen!«

Lüthje schaltete das Autoradio ein und suchte Inforadio Nord. Ein Korrespondent berichtete über die diplomatischen Verstimmungen zwischen Italien, Israel und der Türkei, die alle an deutscher Militärtechnik interessiert waren und eifersüchtig beobachteten, ob der andere etwas von den Deutschen kaufen konnte, was ihm selbst verweigert worden war. Danach folgten die Regionalnachrichten aus Schleswig-Holstein. Streit über Geld für den Deichbau an der Westküste, zur bevorstehenden Kieler Woche würde bei den Besucherzahlen ein neuer Rekord erwartet. Im letzten Jahr seien es über drei Millionen Gäste gewesen. In Laboe sei in einem verlassenen Haus am Strand die Leiche eines Mannes gefunden worden. Wenn die Nachrichtenredaktion gewusst hätte, wie nahe sie dran war. Aber wahrscheinlich würde die Presse wirklich nichts über die hohen Gäste bei der Opernaufführung sagen.

Wie schön, dass das Langzeitgedächtnis der Medien so langsam funktionierte. Vor allem während der Kieler Woche, in der die Scheinaktualität des Trubels in Straßen und bei Veranstaltungen die Brisanz des Mordes im Drübbisch-Haus verdeckte. Lüthje schätzte, dass der Selbstmord am Ende der Kieler Woche von einem gründlichen Journalisten ausgegraben werden könnte. Aber dann war die italienische Oper am Ehrenmal schon vorbei, und die Geschichte würde nur noch halb so viel wert sein.

Dabei fiel Lüthje Schackhaven ein. Vielleicht sollte er ihm nur eine SMS schreiben? Dazu müsste er anhalten. Also doch anrufen. Vielleicht erreichte er ja nur den Anrufbeantworter. Leider war Schackhaven gleich dran.

»Ich wusste, dass ich mich auf Sie verlassen kann, Herr Lüthje. Wir hatten die Frage Ihrer Unterbringung in Kiel noch nicht angesprochen, Sie könnten natürlich auf Landeskosten in einem Hotel wohnen oder beim Sondereinsatzkommando auf dem Eichhof unterkommen.«

»Ich werde in Laboe unterkommen. Das wird ja auch mein Arbeitsmittelpunkt sein. Schließlich habe ich den Tatort vor der Tür. Und die Unterkunft ist kostenlos.«

»Einverstanden. Sie haben völlig recht. Haben Sie schon über die konkrete personelle Ausstattung Ihrer Ermittlungsgruppe nachgedacht?«

»Malbeks Leute und meine Flensburger Leute. Die Laboer Kollegen sind natürlich auch eingebunden.«

»Einverstanden. Ihre Flensburger Leute können dann natürlich in den Räumlichkeiten des SEK unterkommen.«

»Ich werde darauf zurückkommen. Aber vorerst werden sie mir von Flensburg aus zuarbeiten.«

»Einverstanden. Haben Sie schon einen Namen für die Ermittlungsgruppe?«

»Friedenshügel.«

»Wie bitte?«

»Friedenshügel. Wie der Hügel des Friedens.«

»Wie sind Sie denn darauf gekommen?«

»Ganz einfach. Friedenshügel heißt das Gelände, auf dem der Friedhof von Flensburg liegt. Und schließlich geht es ja in den Häusern an der Strandstraße auch um mehr als einen Todesfall. Da gab es noch einen Selbstmord, ein paar Monate her, einen Mord, viele Jahre her, einen tödlichen Unfall, nicht ganz so viele Jahre her. Wer weiß, was noch kommt. Das Ehrenmal liegt auch auf einem kleinen Hügel. Wollen Sie noch mehr Gründe?«

»Donnerwetter, mein Kompliment, so viel haben Sie schon ermittelt. Aber wenn ich Sie so erzählen höre, habe ich den Eindruck, dass der Berg an Arbeit für uns sich immer höher auftürmt. Wie haben Sie denn …«

»Kein Berg, Herr Schackhaven! Nur ein Hügel! Immer positiv denken. Ich muss mich jetzt auf den Verkehr konzentrieren. Tschüss!«

Lüthje beendete das Gespräch, obwohl Schackhaven noch etwas erwidern wollte.

Er fuhr die B 76 auf der Höhe Fahrdorf genau mit sechzig Stundenkilometern, weil er wusste, dass hier bis Ende der Kieler Woche Radarkontrollen für Fahrzeuge aus Richtung Kiel stattfanden. Er entdeckte die Kollegen schließlich ein ganzes Stück weiter auf der Gegenseite, hinter den Büschen am Weg zur Haithabuer Kirche. »Sie suchen den Segen Gottes für ihr frevlerisches Tun«, hatte Malbek einmal gesagt, nachdem sie ihn an der Stelle geblitzt hatten.

Lüthje wusste, dass Malbek darauf brannte, zu erfahren, wie das Gespräch Lüthjes mit Schackhaven verlaufen war. Wie Lüthje sich entschieden hatte. Ob es heiße Spuren gab. Oder schon Festnahmen. Wie kam Lüthje mit Hoyer und Vehrs zurecht? Lüthje würde es ihm gern ausführlich erzählen, gespickt mit Gemeinheiten, wie es sich zwischen Freunden so gehörte. Aber Malbeks Tochter Sophie hatte ihm strengstens verboten »auch nur ein Wort dienstlichen Kram von sich zu geben«, wenn er bei ihnen in England anrufen würde.

Also versuchte er, Hilly in London anzurufen. »… *The number you have called is not available«,* sagte eine weibliche Computerstimme.

Er rief Blumfuchs an. Der saß gerade mit seiner Freundin am Museumshafen in Flensburg und trank ein Bier. Lüthje informierte ihn, dass er und Husvogt ab sofort Mitglieder der Ermittlungsgruppe Friedenshügel seien, die ein paar Morde an der Kieler Förde aufklären sollten.

Blumfuchs' Schreck hielt sich zu Lüthjes Bedauern in Grenzen, als der erfuhr, dass sie in Flensburg bleiben konnten und ihnen so die Unterkünfte des Sondereinsatzkommandos am Eichhof in Kiel erspart blieben. Lüthje kündigte an, dass sie zunächst Personendaten ermitteln sollten.

Blumfuchs versuchte, Lüthje zu einem Duburger Bock einzuladen, dabei könnte er doch ein wenig mehr erzählen. Lüthje lehnte mit echtem Bedauern ab und versprach, sich am nächsten Tag wieder zu melden.

Zu Hause packte er zwei Reisetaschen und legte als Schlafmittel zwei Flaschen Duburger Bock und ein dickes Buch dazu.

Ihm fiel ein, dass im Kühlschrank noch eine Schüssel eingelegter Heringe stand. Wie lange waren die haltbar? Und wie transportierte man die im Auto, ohne dass sie überschwappten? Ob man den Fischgeruch aus dem Dienstwagen je wieder herauskriegen würde? Er fand für diese Fragen keine Lösung. Sein Magen knurrte. Dann konnte er sowieso nicht richtig denken. Er müsste im Einkaufszentrum am Kieler Bahnhof etwas essen und einkaufen.

Die machten um zwanzig Uhr zu, jetzt war es achtzehn Uhr. Also los.

Als er das Flensburger Stadtgebiet verlassen hatte, wählte er noch einmal Hillys Nummer und hatte diesmal Glück.

»Ich wollte dir nur sagen ...«, sagte er hastig, »... dass ich die Schüssel mit den eingelegten Heringen im Kühlschrank lassen musste. Nur falls es in der Wohnung stinkt, wenn du zurückkommst.«

»Mein Gott. Was ist passiert? Du klingst so gehetzt. Bist du ausgezogen? Willst du mich verlassen?«, fragte sie ängstlich.

»Ich bin Leiter der Ermittlungsgruppe Friedenshügel, die in Laboe einen Mord aufklären soll. Malbek ist doch in Urlaub.«

»Sophie hat mir gesagt, dass sie nach Yorkshire fahren. Aber wieso Friedenshügel? Wem ist denn dieser blöde Name eingefallen?«

»Schackhaven«, log Lüthje. Es war besser, sich deswegen nicht zu streiten.

»Und wie lange dauert diese Ermittlungsgruppe?«

»Ich hoffe, nur bis Ende der Kieler Woche.«

»Sophie hat mir aber gesagt, dass sie zwei Wochen unterwegs sind.«

»Das hält Malbek doch gar nicht so lange aus.«

»Soll ich das Sophie sagen?«

»Untersteh dich!«

»Warum wohnst du nicht einfach solange in Laboe?«

»Genau da fahre ich jetzt hin. Ich hab mir nur ein paar Sachen eingepackt.«

»Weiß Frau Jasch Bescheid?«

»Ich ruf sie morgen an.«

»Vielleicht kann sie auch ein bisschen für dich kochen?«

»Du lieber Himmel, dann komm ich doch nicht zum Arbeiten. Ich esse in der Kantine am Eichhof.«

»Und was wird dann aus deiner Trennkost?«

»Das kann ich mir dann doch da aussuchen. Eiweiß und Kohlenhydrate.«

»Eiweiß *oder* Kohlenhydrate! Nicht *und*! Aber das weißt du, und du hast das nur gesagt, um mich zu ärgern. Du brauchst aber auch was im Kühlschrank.«

»Ich geh noch im Sophienhof einkaufen.« Und essen, dachte Lüthje.

»Du klingst jetzt ziemlich gereizt. Besser, du konzentrierst dich aufs Fahren.«

»Find ich auch.« Schon die ganze Zeit.

»Ich liebe dich. Pass auf dich auf.«

»Ich liebe dich. Tschüss.«

Lüthje atmete tief durch und blies die Luft scharf aus. Er hatte eigentlich noch fragen wollen, was sie heute so gemacht hatte in dem schönen London. Die Windschutzscheibe war von innen beschlagen. Er stellte die Lüftung höher.

In Laboe parkte Lüthje den Dienstwagen vor seinem Haus, schulterte den Rucksack, in dem sein Kieler Einkauf verstaut war, und hievte die beiden Reisetaschen aus dem Kofferraum.

Die Fenster im Parterre und im Dachgeschoss waren erleuchtet. Ein Fahrrad lehnte am Zaun. Hinter der Eingangstür zur Souterrainwohnung wimmerte und heulte es. Als er sie öffnete, prallte er zurück. Frau Jasch stand mit dem Staubsauger vor ihm und sah ihn entgeistert an. Er stellte sein Gepäck in den Flur und zog den Stecker des Staubsaugers aus der Steckdose neben der Tür.

»Gestehen Sie, Frau Jasch! Meine Frau hat Sie angerufen, und Sie haben sofort pariert!«

»Na und? Man muss die Männer immer zu ihrem Glück zwingen. Außerdem hatte ich noch nicht sauber gemacht, seit vorgestern.«

»Aber Sie stören die Gäste.«

»Um diese Zeit schläft noch keiner. Und Sie sind der Hausherr. Vergessen Sie das nicht. Ach ja, deswegen wollte ich Sie ja anrufen, wegen der Gäste. Hat Familie Prahl schon mit Ihnen gesprochen? Das sind die oben in der Dachwohnung mit den kleinen Jungen.«

»Nein, ich hab die noch nicht ein Mal gesehen.«

»Die wollten abreisen, wegen dieser Mordgeschichte in der Strandstraße. Es war schon auf der Welle Nord in den Nachrichten. Sie fragten, ob sie die gebuchte Zeit bis Ende der Kieler Woche zahlen müssen. Sie wollten nämlich morgen schon abreisen.«

»In Gottes Namen, lassen wir sie flüchten.« Ob das die Familie auf dem Fahrrad war? Er war ja keinem der Hausgäste begegnet in den letzten Tagen.

»Und die Rosenheimers von unten, die …«, fing sie an.

»Die wollten doch am Samstag abreisen, oder?«, unterbrach Lüthje sie.

Frau Jasch nickte.

»Dann hab ich das Haus für mich allein«, sagte er zufrieden.

»Nein, Herr Lüthje, das ist anders. Die wollen um eine Woche verlängern!«

»Ach? Tja, wat den een sien Uhl, is den annern sien Nachtigall. Aber war da nicht eine Anschlussbuchung?«

»Die haben storniert.«

»Wusste ich's doch!« Er packte die kleinen Plastikbeutel mit seinen Fischdelikatessen aus.

»Soll ich Ihnen morgen etwas Leckeres kochen?«, fragte sie und sah neugierig auf seinen Rucksack, der auf der Arbeitsplatte stand und aus dem eine Plastiktüte mit der Aufschrift »Fischhimmel« herausragte.

»Ich hab Ihnen schon ein bisschen eingekauft, steht schon im Kühlschrank«, sagte sie stolz.

Hilly hatte Frau Jasch also tatsächlich angerufen.

»Vielen Dank. Aber ich glaube, ich werde mittags auswärts essen, die Spesen werden reichen. Wenn ich überhaupt dazu komme.«

»Dann stimmt es also doch?«

»Was meinen Sie?«

»Sie sollen diese Mordfälle im Drübbisch-Haus aufklären.«

»Wer hat Ihnen davon erzählt?«

»Ich hab heute Nachmittag einen Anruf von der Frau Klockemann bekommen. Der habe ich vor Jahren eine Zeit lang den Haushalt geführt. Aber dann hab ich ihr gekündigt wegen Ihnen. Und jetzt erzählt sie mir, dass der Kommissar Lüthje bei ihr war, und ob ich noch bei Ihnen putze. Dass ich jetzt auch die Gästeverwaltung mache bei Ihnen, hab ich natürlich nicht erzählt. Jedenfalls sagte sie, der Kleine, ja, so hat sie sich ausgedrückt, der kleine Kommissar Eric Lüthje, der wäre heute bei ihr gewesen wegen des Mordes im Drübbisch-Haus. Ob Sie denn mir darüber was erzählt haben und ob ich sonst noch was wüsste. Ist das nicht unverschämt?«

»Na ja, klein bin ich nun wirklich nicht mehr. Aber was haben Sie ihr denn geantwortet?«

»Aber Herr Lüthje, Sie brauchen sich deshalb keine Sorgen zu machen. Ich rede mit keinem darüber, dass ich den Kommissar Lüthje kenne, der im Drübbisch-Haus den Täter finden soll. Aber ich warne Sie wegen der Klockemann, das ist ein Aas.«

»Danke für den Tipp, Frau Jasch. Frau Klockemann hat mir erzählt, dass der behinderte Sohn von dem Lehrer Sundermeier im Treppenhaus des Ehrenmals singt und dass das so unheimlich sei, dass sich die Kinder fürchten. Stimmt das?«

»Typisch Klockemann. Dass er viel singt, ist wahr. Aber das hört sich sehr schön an, auch im Ehrenmal. Und man hört es von da überhaupt nur, wenn der Wind von Nord weht, und dann auch nur bis in den Kurpark. Na ja, bis zur Strandstraße und zur Friedrichstraße auch. Aber nicht bis hier hoch. Da ist ja der Mühlenberg davor. Deshalb haben Sie davon nie was gehört. Sie wissen ja, dass meine Tochter Heilpädagogin ist, und die betreut auch den Sohn des Oberstudienrates Dr. Sundermeier. Das ist das komische Haus mit der Wendeltreppe außen. Die beiden leben da allein.«

»Danke für die Informationen, Frau Jasch. Jetzt packen Sie mal Ihren Staubsauger ein, ich muss ins Bett. Ach, was ich noch fragen wollte: Sie hatten sich doch ein neues Fahrrad gekauft. Haben Sie noch das alte?«

»Ja, natürlich. Sagen Sie bloß, Sie wollen sich das von mir ausleihen?«

»Ich soll viel Rad fahren. Auf dringenden ärztlichen Rat. Damit die Knochen nicht einrosten. Und wegen des Ischias.«

»Oh ja, wem sagen Sie das. Aber mein altes Fahrrad ist doch viel zu klein und klapperig. Bei Ihrer Figur …«, sie sah ihn abschätzend an, »… das bricht unter Ihnen zusammen.«

»Danke für das Kompliment«, sagte er schmunzelnd.

»Ich leih Ihnen mein neues. Damit ermitteln Sie noch mal so gut. Aber nicht kaputt machen. Hier ist der Schlüssel fürs Schloss.«

»Und wie kommen Sie nach Haus?«

»Zu Fuß! Denken Sie mal an! Wir sind hier auf dem Dorf. Alles fußläufig erreichbar, wie es in den Prospekten immer so schön heißt.«

Als Frau Jasch gegangen war, füllte er den Kühlschrank mit seinen Einkäufen. Frau Jasch hatte eine große Packung Earl-Grey-Tee, zwei Liter Magermilch, Magermilchjoghurt und Knäckebrot einsortiert. Er legte Schillerlocken, Heilbutt, Matjes, Bismarckhering, dänische Heringshappen in Sherry-Marinade, eine Brötchenauswahl von Vollkorn bis Sesam, ein Schwarzbrot und ein Sechserpack Duburger Bock dazu.

Er goss sich bedächtig ein Duburger in ein sehr großes Tulpenglas der längst vergessenen Kieler Eiche-Brauerei, das er auf einem Flensburger Flohmarkt gefunden hatte, legte sich ein paar Heringshappen auf ein Schwarzbrot und setzte sich mit Teller und Bierglas vor das große Souterrainfenster.

Wenn er sich streckte und seine linke Backe gegen die Scheibe presste, konnte er tagsüber einen schmalen Streifen der Außenförde sehen. Weiter rechts, außerhalb seines Sichtfeldes, ragte das Ehrenmal ein Stück über den Mühlenberg. Wie gestern Abend war es im Westen klar, bis auf ein paar dunkle, schmale Wolkenstreifen, die nach Süden trieben, als würden sie einer Kaltfront Platz machen. Von oben hörte er leise einen Fernseher und das Wasser laufen.

In diesem Souterrainzimmer hatte er früher seine Schularbeiten gemacht und sein Vater nächtelang seine Röhrenradios repariert. Ein heiliger Ort der Inspiration.

Nach dem Essen stellte Lüthje den Teller in die Küche, leerte das Bierglas und kramte seinen Dostojewski aus dem Rucksack. Bevor er sich aufs Bett legte, um noch ein wenig zu lesen, sah er auf das Fenster. Das Lampenlicht erhellte den Rasen vor dem Haus in einem verzerrten Viereck. Es war ihm noch nie aufgefallen, dass er die Grasnarbe auf Augenhöhe hatte.

Er legte sich aufs Bett, schlug Seite dreihunderteinundzwanzig auf und dachte zum hundertsten Male darüber nach, warum das Buch in der neuen Übersetzung einen anderen Titel trug. »Verbrechen und Strafe« statt »Schuld und Sühne«. Er kam endlich zu der Erkenntnis, dass Schuld auch jemand tragen kann, der nach dem Gesetz unschuldig ist. Ein beruhigender Gedanke. Lüthje ließ das Buch auf den Boden fallen und war augenblicklich eingeschlafen.

Dienstag

1.

Am Morgen rief Lüthje die Mails noch vor dem Frühstück ab. Kommissarin Hoyer schrieb ihm, dass der Tote von einem Arbeitskollegen aus dem Ministerium als Horst Drübbisch, Sohn der Ursula Drübbisch, identifiziert worden war. Der Arbeitskollege wollte der Mutter den Anblick ersparen. Trotzdem sei sie bereit, sich von der Polizei befragen zu lassen. Ihre Telefonnummer war am Ende der Mail unter »P.S.« notiert. Das Detail gefiel Lüthje. Diese Hoyer hatte Stil.

Danach eine Mail von Vehrs mit der Liste der Besitztümer, die der Mantelmann bei sich hatte, und der Mitteilung »Blutgruppe von Mantel mit Opfer identisch, Rhesus positiv, DNA-Abgleich folgt«. Letzteres war doch eigentlich nur noch Formsache.

Vehrs hatte noch gestern Abend beim Hausmakler angerufen. Es hätten sich einige, der Stimme nach, ältere Männer gemeldet, die das Haus besichtigen wollten. Die hatten im Übrigen alle ziemlich lebhaft gesprochen und keinen senilen Eindruck gemacht. Senil? Wer hatte Vehrs gesagt, dass der Mantelmann senil gewesen sei?

Lüthje druckte sich die Mail aus und fuhr nach einem Becher Tee mit dem Rad ins Dorf. Er hatte schlecht geträumt und war wieder in gekrümmter Körperhaltung aufgewacht. Im Traum hatte man ihn Raskolnikow genannt, obwohl er ständig betont hatte, dass er Lüthje heiße. Mehrere Männer zerrten ihn an einen Strand und zogen ihm ein Frauenkleid an. Nach einem heftigen Kampf gelang es ihm, ins Ehrenmal zu flüchten. Plötzlich war er im Treppenhaus, weit oben. Panik stieg in ihm auf. Das Kleid flatterte im Wind, der durch ein zerbrochenes Fenster im Treppenhaus heulte. Das Kleid wurde länger und länger, wie eine Fahne, glitt über das Treppengeländer in die Tiefe und riss ihn mit. In diesem Moment war Lüthje aufgewacht.

Als er den Hafenvorplatz entlang Richtung Strandstraße radelte, war der Schmerz verschwunden. Der Nerv war wieder an die richtige Stelle gerutscht. So musste es wohl sein.

Er stellte das Fahrrad vor dem Drübbisch-Haus ab. Auf der gegenüberliegenden Straßenseite, direkt an der Promenade, stand ein Streifenwagen mit zwei Laboer Kollegen.

»Würden Sie bitte auch auf mein Fahrrad aufpassen?«, rief er ihnen zu. »Es ist neu, und ich habe den Schlüssel verlegt. Außerdem gehört es mir nicht.« Er ging zum Strand hinunter.

Als die Beamten ihre Sprache wiedergefunden hatten, rief einer von ihnen: »Herr Steffens ist auch da, hinter dem Haus!«

Lüthje hob lässig die Hand, zum Zeichen, dass er verstanden hatte.

Er fand einen flachen Stein im Sand und holte weit aus. Er titscherte den Stein fünfmal über die von kleinen Wellen gekräuselte Wasseroberfläche, bevor er versank. Er spürte, wie sein Adrenalinspiegel stieg, aber widerstand der Versuchung, sich für den Rest des Tages dem Spiel zu ergeben.

Ein kleiner Junge erschien neben ihm und machte es ihm nach. Er schaffte es, zweimal zu titschern. Die jungen Eltern und die ältere Schwester standen etwas abseits und klatschten. Allerdings war die Schwester deutlich zurückhaltender. Lüthje kannte die Konstellation. Seine Schwester Rita war auch heute noch gegenüber allem, was ihr kleiner Bruder tat, kritisch eingestellt. Wie gut, dass sie auf der Insel Sylt lebte und fast nie aufs Festland kam.

»Super!« Lüthje klatschte begeistert.

Die Schwester sah ihren Bruder an wie eine Qualle und lief mit trotziger Miene ihren Eltern nach, die schon weitergegangen waren. Sie redeten mit fahrigen Handbewegungen aufeinander ein. Als die Tochter sie eingeholt hatte, erstarben ihre Bewegungen.

»Dranbleiben, immer dranbleiben«, sagte er zu dem Jungen. »Aber du musst mit der Hand tiefer ausholen. Ich hab so angefangen wie du.«

Der Junge richtete sich auf und sah Lüthje abschätzend an. Und das ist aus dir geworden?, sagte sein Blick. Er suchte sich einen neuen Stein, obwohl seine Eltern nach ihm riefen.

Lüthje wandte sich zur Strandstraße. Auf der Promenade gab es zwar noch kein Gedränge, wie so oft während der Kieler Woche, aber man konnte es schon »belebt« nennen. Man genoss den Blick auf den blauen Himmel und die Förde, die sich jeden Tag dichter mit Seglern aller Größen füllte. Niemandem fielen die beiden Polizisten auf, die von Haus zu Haus gingen und Handzettel in die Briefkästen warfen oder einem Hausbewohner an der Tür in die Hand drückten und dabei versuchten, ihm sachdienliche Hinweise zu entlocken. Wahrscheinlich dachten die Spaziergänger, dass sie Werbung für die Polizeisportschau in der Ostseehalle machten. Die würde erst im November stattfinden, aber wer wusste das hier schon. Und selbst wenn jemand das wusste: In der Kieler Woche gab es alle möglichen Veranstaltungen. Warum nicht diesmal auch die Polizeisportschau?

Genauso funktionierte für Lüthje das »Zeugengehirn«. Selbst dem Auffälligen wird vom Verstand in einer gewohnten Umgebung eine Erklärung untergeschoben, die der Warnzentrale im Gehirn signalisiert: Alles im grünen Bereich, Adrenalinausschüttung nicht notwendig. Was waren Zeugenaussagen nach seiner Theorie nach ein paar Tagen noch wert? Was sollte denn zum Zeitpunkt des Mordes einem Anwohner oder zufällig vorbeikommenden Spaziergänger aufgefallen sein, dass es auch nach ein oder zwei Tagen in seinem Gedächtnis haften blieb?

Wie hatte die Szenerie vorgestern am frühen Abend ausgesehen, kurz vor der Dämmerung? Das Wetter war ähnlich, die Sicht gut, weniger Spaziergänger, weniger Verkehr, ein paar Radfahrer. Eine Person geht ins Drübbisch-Haus, schneidet im Flur des Hauses einem Mann die Kehle durch. Es gab keinen Kampf, bei dem Schreie nach draußen auf die Straße oder bis zur Strandpromenade gedrungen sein konnten. Der Mörder tritt aus dem Haus. Er setzt sich in ein Auto und verlässt Laboe, ohne vor Aufregung einen Verkehrsunfall zu verursachen oder in eine Radarfalle zu geraten. Der Mörder war so unsichtbar und geräuschlos, wie er gekommen war, verschwunden. Oder hatte er Laboe mit demselben Bus wie Lüthje und der Mantelmann verlassen? Und war der Mantelmann deshalb starr vor Angst, als Lüthje ihn angesprochen hatte?

In der Zeit, in der der Mörder das Weite suchte, war der Mantelmann vor dem Haus stehen geblieben. Hatte er den Mörder gesehen, als er aus dem Haus trat? Nicht ausgeschlossen. Natürlich nur unter der Voraussetzung, dass der Mantelmann nicht der Mörder war.

Als einen eiskalten Mörder, der Horst Drübbisch von hinten den Hals aufgeschnitten hatte, konnte er sich den Mantelmann nicht vorstellen, obwohl er ihn nur gesehen hatte, ihn aber nicht kannte. Und wo war das Blut, das ihm in diesem Fall zumindest auf Hand und Arm gespritzt wäre? Hatte er sich danach irgendwo gewaschen und die Kleidung gewechselt? War er danach zum Tatort zurückgekehrt und hatte als perfides Täuschungsmanöver im Flur mit dem sauberen Mantel das Blut aufgewischt? Nein, das wäre absurd. Aber für die Absurditäten im Kabinett der Ermittlungen hatte Lüthje ein kleines Kämmerchen ganz hinten in seinem Kopf reserviert.

Wie war der Mantelmann nach Laboe gekommen? So wie er weggefahren war, dachte Lüthje. Mit dem Bus. Seit heute Morgen lief eine Befragung der Busfahrer, in Zusammenarbeit mit der Kieler Verkehrs AG. Lüthje ahnte, wie das Ergebnis aussehen würde.

Warum hatte der Mantelmann keine Ausweispapiere bei sich? In der Mail von Vehrs stand, dass man im Futter seines Jacketts ein Loch gefunden hatte. Im Futter selbst hatte man ein altes, zerknittertes Lederportemonnaie gefunden. Drei Euro sechzig Kleingeld und einen bankfrischen Fünfzig-Euro-Schein. Und ein Schlüsselbund mit drei Sicherheitsschlüsseln, ziemlich abgeschliffen, mit dem Namen eines bundesweit bekannten Herstellers. Also nicht ermittelbar. Und so ging es weiter. Mantel und Jackett trugen das Etikett eines traditionsreichen Kieler Herrenausstatters in der Andreas-Gayk-Straße, das vor fünfundzwanzig Jahren dichtgemacht hatte. Die Schuhe waren ein edles britisches Fabrikat einer Firma, die in Hamburg seit vierzig Jahren eine Filiale hatte. Wenn die Schuhe eine Seriennummer gehabt hätten und die Filiale die dazugehörende Rechnung mit Namen und Adresse des Käufers. Hätte. Da war noch die Armbanduhr. Mit Datums- und Wochentagsanzeige. Das Fabrikat wurde vor fünfzig Jahren das erste Mal auf den Markt gebracht, wie das Landeskriminalamt schon mitgeteilt hatte. Mehrfach repariert. An der Uhr schien sein Herz zu hängen. In welchen Jahren genau diese Modellvariante verkauft worden war, konnte noch nicht ermittelt werden. Der Hersteller war vor dreißig Jahren in Konkurs gegangen.

Niemand vermisste den Mantelmann bisher. Ein Pflegeheim hätte sich schon längst gemeldet. Wohnte er allein? Ob dann jemals einem Nachbarn sein Verschwinden aufgefallen wäre? Das war eine Frage der Zeit. Ob dieser Nachbar dann die Polizei anrufen würde, war eine Frage des Glücks.

Vielleicht würde er bald im Krankenhaus die täglich wiederholte Frage der Ärzte nach seinem Namen beantworten können. Bisher brachte er nur ein Zucken der Lippen zustande.

Die Chancen, dass der Mantelmann mit den Vorgängen im Drübbisch-Haus etwas zu tun hatte, schätzte Lüthje auf fünfzig zu fünfzig. Vielleicht hatte ihn wirklich nur das Schild des Maklers angelockt. Wenn er jemand war, der sich für ein Haus in schöner Strandnähe interessierte, war er nicht dement. Dann fragte Lüthje sich, warum er auf ihn diesen Eindruck gemacht hatte.

Eine Erklärung wäre der Schock, der durch den Anblick der Leiche verursacht worden war. Lüthje hatte viele Menschen kennengelernt, die einen ermordeten Menschen aufgefunden hatten. Sie hatten noch bei der Befragung geschrien, geweint, gestammelt, gezittert oder alles zusammen. Aber keiner hatte geschwiegen und den Eindruck von Demenz vermittelt. Allerdings könnte sich Lüthje vorstellen, dass diese Symptome auf den besonderen Schock im Falle der persönlichen Betroffenheit zurückzuführen waren. Wenn der Ermordete ein Verwandter oder Lebenspartner des Mantelmannes war.

»Moin, Herr Lüthje, suchen Sie etwas?« Steffens kam von der Promenade her auf ihn zu.

Erst jetzt wurde Lüthje bewusst, dass er am Strand im Kreis umhergegangen war und dabei zu Boden gesehen hatte. Wie bei einer Dienstbesprechung.

»Erst erzählen Sie mir, ob Sie was gefunden haben«, sagte Lüthje.

»Ich habe mir den Garten noch einmal angesehen. Die Spurensicherung hat ja jeden Grashalm umgedreht, aber ich bildete mir ein, dass ich vielleicht doch die Tatwaffe entdecke oder etwas anderes Wichtiges.«

»Und ich suche einen Strandkorb. Hier auf Höhe des Tathauses. Aber hier ist der Strand wohl zu schmal geworden. Warum eigentlich?«

»Da streitet man sich im Gemeinderat drüber. Ein Gutachter hat gesagt, dass für die Aufstellung des U-Bootes Ende der sechziger Jahre der Grund ausgebaggert worden ist und sich die Strömungsverhältnisse dramatisch geändert haben. Und wenn es bei Nordweststurm so richtig zur Sache geht, so ab Windstärke acht, dann können Sie den nächsten Tag bei den Häusern an der Strandstraße das angetrocknete Meersalz von den Scheiben kratzen. Letztes Mal ist dabei der alte Strandkiosk unterspült worden. Deshalb sagen manche im Gemeinderat, dass der Klimawandel schuld ist. Sicher ist nur, dass der Strand hier langsam, aber sicher ausgewaschen wird. Nicht, dass die im Gemeinderat einen Grund suchen müssten, um sich zu streiten.«

»Alles eine Frage der Perspektive. Wie lange sind Sie eigentlich schon in Laboe?«

»Seit ich Stationsleiter wurde. Das ist knapp vier Jahre her.«

»Und aus welcher Ecke kommen Sie?«

»Aus Heikendorf. Also wirklich grad um die Ecke.«

»Und Ihre Frau?«

»Laboerin. Seit ihrer Geburt.« Steffens lachte auf.

»Haben Sie Kinder?«

»Zwei Jungens. Sechs und zehn.« Er sah Lüthje von der Seite an. Vielleicht hatte es sich unter den Kollegen hier schon herumgesprochen, dass der Ermittlungsgruppenleiter kinderlos war.

Als Lüthje nichts von sich erzählte, fuhr Steffens unvermittelt fort: »Frau Klockemann hatte gestern Abend noch einen Auftritt.«

»Hab ich was versäumt?«

»Ich glaube, ja. Der Bestatter Preller hatte mit seinem Gehilfen gerade die Trage mit dem Leichensack zum Wagen gebracht, da war sie plötzlich da. Und hat geschimpft wie eine Krähe, der man das Futter stiehlt. Entschuldigen Sie den Ausdruck, aber so sah sie auch aus dabei. Ich hatte den Eindruck, dass Herr Preller und sein Gehilfe das schon kannten. Die haben so getan, als sei sie gar nicht da.«

»Sie selbst scheinen sie auch gut zu kennen.«

»Ich habe viel Papierkrieg, in dem ihr Name auftaucht. Anzeigen. Beleidigung und üble Nachrede. Von ihr und gegen sie. Die Anzeigen *gegen* sie verteilen sich recht gleichmäßig über die Einwohnerschaft von Laboe.«

»Kommen Sie, wir gehen ein bisschen den Strand entlang. Als ich Sie vorgestern Abend anrief … erinnern Sie sich?«

Steffens nickte.

»Ich hab Ihnen meine Beobachtungen geschildert, und Sie wurden neugierig und haben mir dann ein Loch in den Bauch gefragt. Und dann hörte ich irgendwann eine weibliche Stimme im Hintergrund. Sie sagten, dass das Ihre Frau wäre, und sie hätte nur alte Dorfgeschichten erwähnt. Ich bin auch neugierig geworden. Was genau hat Ihre Frau, die gebürtige Laboerin, Ihnen zugetuschelt?«

»Sie hat gesagt, dass es vor ein paar Monaten den Selbstmord in dem Haus gegeben hat. Ich wusste im Moment nicht, dass es sich um dasselbe Haus handelt. Meine Frau erwähnte auch noch den Mord am Vater des Horst Drübbisch.« Er zögerte.

»Erzählen Sie weiter. Ich bin ganz Ohr.«

»Das war Anfang der Siebziger. Da war meine Frau knapp zehn Jahre alt. Das Drübbisch-Haus, so hieß das ja damals schon, weil der Mann Millionär war, so sagte man jedenfalls, und ein wichtiger Mann in einem Ministerium in Kiel. Er war auch im Laboer Gemeinderat und natürlich Vorsitzender des Finanzausschusses. Er wurde von einem DDR-Agenten ermordet, in seinem Haus in der Strandstraße, und zwar auch im Flur. Darüber wurde noch jahrelang geredet. Vor allen Dingen, weil die Frau dort weiter wohnte. Da wurde geklatscht und getratscht, dass sich die Balken bogen, sagt meine Frau.«

»Haben Sie Herrn Schackhaven gestern davon etwas erzählt?«

»Ja, das habe ich. Hat er Ihnen nichts …« Er sah Lüthje fragend an.

»Nein, hat er nicht. Aber jetzt weiß ich Bescheid. Danke, Herr Steffens. Sagen Sie, wie hat Herr Schackhaven reagiert, als Sie ihm die Geschichte erzählten?«

»Herr Schackhaven fragte mich, ob ich sicher bin. Als ich wahrheitsgemäß erzählte, dass meine Frau mich darauf aufmerksam gemacht hat, winkte er sofort ab und sagte, wenn da was dran ist, wird das Herr Lüthje schon prüfen.«

»Herr Schackhaven hat mir nichts gesagt, weil er Angst hatte, dass ich die Sache fallen lasse wie eine heiße Kartoffel. Aber er weiß im Moment wohl nicht, wem er diesen Fall vertrauensvoll übergeben kann.«

Steffens sah Lüthje mit offenem Mund an.

»Und Sie stecken mit drin, Herr Steffens, weil Sie so nebenbei Mitglied der Ermittlungsgruppe Friedenshügel sind«, sagte Lüthje.

»Friedenshügel?«, fragte Steffens.

»Wissen Sie was Besseres?«

Steffens grinste und schüttelte den Kopf.

»Wissen Sie, ob bei Sundermeier jemand zu Hause ist?«, fragte Lüthje und sah zur Strandstraße.

»Ich denke schon, ich hab den Herrn Oberstudienrat Sundermeier am Fenster zur Straße gesehen, als er unser Streifenfahrzeug betrachtete. Als wir bei ihm klingelten, um ihm den Steckbrief zu geben, hat er nicht geöffnet. Wir haben ihn in den Briefkasten geworfen.«

Ein Sprinter hielt vor dem Drübbisch-Haus.

»Ich glaube, der Tatortreiniger kommt«, sagte Lüthje. »Weisen Sie den mal ein.«

Steffens verzog das Gesicht, als hätte er in eine Zitrone gebissen.

2.

Das Haus von Sundermeier stand dem Ehrenmal am nächsten. Es war im Stil einer Gründerzeitvilla erbaut und weiß verputzt, obwohl die verspielten Linien nach Farbe schrien. Hinten zum Garten war eine moderne Wendeltreppe aus verzinktem Stahl angebaut worden. Auf dem Türschild stand in schwarzen verschnörkelten Schreibschriftbuchstaben: »Dr. Albert und Lambert Sundermeier«.

Als sich die Tür öffnete, hob Lüthje seine Dienstmarke, und bevor er sich vorstellen konnte, fiel Dr. Sundermeier ihm ins Wort.

»Warten Sie einen Moment, ich muss die Post holen.« Er ging an Lüthje vorbei zum weißen Postkasten, der hinter der weiß getünchten Grundstücksmauer stand, mit der Einwurfklappe zum Bürgersteig. Der Briefträger musste also das Grundstück nicht betreten. Sundermeier öffnete den Briefkasten von hinten, entnahm einen Stapel Briefe und bat Lüthje ins »Strandzimmer«.

Albert Sundermeier legte seine Brille auf einem Beistelltisch neben seinem Sessel ab und sah den Poststapel durch, als habe er vergessen, dass er einen Gast hatte. Er war etwas untersetzt und deshalb nur wenig größer als Frau Klockemann. Sein grauweißes Haar war erstaunlich dicht, ungekämmt und fiel ihm ständig ins Gesicht.

Lüthje widerstand dem Impuls, ihm zu sagen, dass er doch mal zum Friseur gehen sollte. Seltsamerweise hatte Sundermeier sich aber sorgfältig rasiert und verbreitete den Duft eines herben Aftershaves, das Lüthje selbst in seiner Jugend benutzt hatte, um Frauen zu beeindrucken, dessen Name ihm aber nicht mehr einfiel.

Schwere Gardinen und burgunderfarbene Vorhänge vor den großen Fenstern sperrten die Welt aus. Lüthje vermutete, dass sie dreifach verglast waren. Das Rascheln der Briefumschläge, die durch Albert Sundermeiers Hände glitten, erfüllte den Raum.

Albert Sundermeier hatte den Handzettel der Polizei aus dem Stapel genommen und begann ihn mit gerunzelter Stirn zu lesen. Die Zimmertür öffnete sich. Ein Mann mittleren Alters, mit einer Schale und einem Löffel in einer Hand, machte einen Schritt ins Zimmer, hielt mit gesenktem Blick inne und drehte auf der Stelle wieder um.

»Entschuldige, Lambert.« Albert Sundermeier sah auf. »Ich habe die Zeit vergessen. Das ist Kriminalkommissar Lüthje. Einen Moment, wir gehen ins Gartenzimmer.«

Albert Sundermeier nahm seine Post und bedeutete Lüthje, ihm zu folgen. Er ließ die Zimmertür offen stehen. Lambert Sundermeier stand unschlüssig im Flur und schien die beiden Männer nicht wahrzunehmen, die an ihm vorbeigingen. Wie sein Vater vermittelte er den Eindruck eines zerstreuten Privatgelehrten, der keinen Kamm besaß. Seine dunkelbraunen Haare drängten sich vor den Gläsern seiner Nickelbrille, ohne dass ihn dies zu stören schien.

In dem Moment, als Lüthje hinter Sundermeier das Gartenzimmer betrat, hörte er, wie sich die offen stehende Tür zum Strandzimmer schloss. Lambert hatte das geräumte Strandzimmer betreten.

Sie setzten sich in zwei Sessel, die sich schräg gegenüberstanden, mit Blick in den Garten. Das Gartenzimmer enthielt ebenso wie das Strandzimmer keine Pflanzen, aber gab durch einen vollständig verglasten Anbau den Blick auf einen kurz geschnittenen Rasen frei, der einem schottischen Golfplatz Ehre machen würde.

Lüthje hatte sich sorgfältig einen alternativen Gesprächseinstieg zurechtgelegt. Er wollte nach Sundermeiers Sohn fragen. Zu spät.

»Wundert es Sie nicht, dass ich noch hier wohne?«, begann Albert Sundermeier unvermittelt mit erhobener Stimme. »Macht mich das verdächtig?« Er wedelte mit dem Handzettel der Polizei herum.

»Wieso?«

»Als ich Sie gestern im Garten im Gespräch mit Ihren Mitarbeitern sah, habe ich versucht, mich in Sie hineinzuversetzen. Sie sind doch der leitende Beamte?«

»Woran kann man das erkennen? Sagen Sie jetzt bitte nicht *am Alter*!« Lüthje schmunzelte.

»Sie werden mir recht geben, dass das zumindest ein Anhaltspunkt ist. Ich habe ja nicht gehört, was Sie gesprochen haben. Aber es ist die Körpersprache, Ihre und die Ihrer Mitarbeiter, des Mannes und der Frau. Die beiden waren in gewisser Weise aufeinander abgestimmt, als ob sie ein Musikstück von einem unsichtbaren Notenblatt übten. Ich vermute, Sie kennen die beiden noch nicht so lange.«

»Interessant.«

»Ich habe mir gestern die Antwort auf die erste Frage überlegt, die Sie heute stellen würden.«

»Lassen Sie mich hören, was ich fragen will«, sagte Lüthje amüsiert.

»Ob wir dieses Haus verkaufen werden. Zwei Morde und ein Selbstmord im Nachbarhaus. Da muss man schon gute Gründe haben, um zu bleiben.«

»Ich komme darauf zurück. Sie haben unseren Handzettel bekommen. Wir fragen nach Beobachtungen, die mit dem Mord in Zusammenhang stehen und mit dem Unbekannten mit dem langen Mantel, der kurz nach dem Mord im Haus war.«

»Nein, es tut mir leid, ich kann Ihnen da nicht weiterhelfen, so gern ich das möchte. Ich habe mich nie dafür interessiert, was in dem Haus nebenan vor sich geht.«

»Waren Sie gestern Nachmittag im Haus?«

»Ja, natürlich. Wieso … ach so … ein Alibi im üblichen Sinne habe ich nicht. Mein Sohn war auch den ganzen Tag da.«

»Könnte Ihr Sohn vielleicht eine Beobachtung gemacht haben?«

»Ihre Fragestellung … Ich glaube nicht, dass er Ihnen helfen könnte. Mein Sohn sieht die Welt anders als wir. Er hat eine Behinderung. Wenn ich dieses gestellte Foto hier auf Ihrem Steckbrief, so darf ich es doch nennen, sehe, ein älterer Mann im Mantel … wissen Sie, wie viele Menschen hier täglich die Promenade entlanglaufen?«

»Nein.«

»Ich auch nicht, und mein Sohn hat sie sicher auch nicht gezahlt.«

»Was für eine Behinderung hat Ihr Sohn?«

»Ich wüsste nicht, wie das Ihre Ermittlungen weiterbringen soll.«

»Ich möchte es wissen, weil es mich interessiert, Herr Sundermeier. Ich bin ihm eben begegnet und mache mir Gedanken. Das ist alles. Erzählen Sie mir, was Sie beruflich machen.«

»Ich bin pensionierter Studiendirektor.« Er lächelte unsicher. »Der gegenwärtig einzige Studiendirektor Deutschlands mit dem Lieblingsfach Musik. Ich versuche meinen Traum von einer Katalogisierung aller gregorianischen Gesänge zu verwirklichen. Auch digital. Ich arbeite mit einigen Kollegen im In- und Ausland zusammen. Es geht dabei nicht nur um einen bestimmten Zeitabschnitt, zum Beispiel des elften Jahrhunderts, sondern um das gesamte gegenwärtig verfügbare Wissen über diese Musik. Lambert hilft mir dabei. Außerdem ist er Teilzeitkraft in der Gemeindebücherei.«

»Und wie hilft Ihnen Lambert dabei?«

»Das ist offensichtlich Ihr Lieblingsthema, Herr Lüthje. Mein Sohn Lambert.«

»Ich sagte Ihnen doch, es interessiert mich.«

»Na gut. Es gab und gibt sehr viele unschöne Vorfälle im Dorf. Es gibt für Lambert eine Grenze, die niemand überschreiten sollte. Wo die genau ist, weiß ich auch nicht. Aber indem ich das hier sage, wird mir klar, dass ich Ihnen gegenüber darüber reden kann, ohne missverstanden zu werden oder befürchten zu müssen, dass das, was ich sage, verdreht wird.«

»Sie reden immer noch in Rätseln«, sagte Lüthje lächelnd.

»Wir haben natürlich professionelle Hilfe, ich weiß, wo ich anrufen kann, wenn ich mit Lambert nicht weiterweiß. Die Ärzte haben abwechselnd die Worte Autismus, Asperger-Syndrom, Savant-Syndrom gebraucht und gestritten, welche Diagnose im Vordergrund steht und welchen Stellenwert die anderen haben. Außerdem streitet man sich, ob es eine Krankheit oder nur eine Normvariante ist. Ich kenne Lambert besser als diese Kapazitäten und weiß, dass er eine milde Form des Autismus mit den Sonderlichkeiten des Asperger-Syndroms und der Inselbegabung des Savant-Syndroms hat. Er selbst sagt dazu, dass Asperger-Autismus und Savant-Autismus eine Untermenge von Autismus sind.«

»Was heißt das?«

»In allem, was er tut, wird er von der Außenwelt als sehr sonderlich wahrgenommen. Schüchtern, eigenbrötlerisch, sonderlich, unsozial, das sind die Bezeichnungen, die da bereitgehalten werden. Er hat keine Freunde oder Bekannten. Er ist allein mit sich. Und er weiß, dass ich da bin. Solange er denken kann. Es ist, wie es ist.«

Die Haustür fiel ins Schloss. Albert Sundermeier hob den Kopf, nickte und wandte sich wieder Lüthje zu.

»Das war Lambert, er ist zum Ehrenmal gegangen. Es ist nicht immer die gleiche Zeit, er hat eine kleine Variation eingeführt, mal eine Stunde früher, dann wieder pünktlich, eine Stunde später, dann zweimal eine Stunde früher … ich würde gern wissen, was dahintersteckt.«

»Was macht er dort?«

»Er singt im Treppenhaus. Ziemlich weit oben. Er fährt mit dem Fahrstuhl hoch und steigt ein paar Stockwerke tiefer. Sonst fehlt ihm der Atem, hat er mir erzählt.«

»Seit wann macht er das?«

»Es fing an, als er zwölf oder dreizehn war. Ich habe mir oft genug darüber den Kopf zerbrochen. Vielleicht weil wir auf der Rückseite des Hauses eine Treppe haben. Allerdings eine Wendeltreppe. Ich habe sie aus Angst vor einem Hausbrand anbauen lassen. Sehen Sie, das ist *mein* Problem. So, jetzt packen Sie mal aus, Herr Kommissar.«

Er beugte sich zu Lüthje vor.

»Ich bin in Laboe geboren und aufgewachsen und finde das Treppenhaus im Ehrenmal gruselig.« Punkt. Mehr wollte Lüthje von sich nicht preisgeben. Schon gar nicht das, was er letzte Nacht geträumt hatte. »Sie wohnen hier allein mit Ihrem Sohn?«

»Seine Mutter hat vor über dreißig Jahren das Weite gesucht.«

»Haben Sie oder Ihr Sohn noch Kontakt zu ihr?«

»Nein, sie meinte, es sei Lambert doch egal.« Er zuckte mit den Schultern. »Herr Lüthje, ich möchte das Gespräch jetzt beenden. Ich würde mich gern an meine Arbeit machen. Ich muss die Post durcharbeiten und …« Albert Sundermeier warf den Handzettel in einen Papierkorb, griff seinen Poststapel und erhob sich.

»Nur eine Frage noch. Hat Lambert jemals Gesangsunterricht bekommen?« Lüthje blieb sitzen.

Es wirkte. Sundermeier setzte sich wieder.

»Nein. Einer der Ärzte hatte mich auch gefragt, ob er ein paar Studien mit ihm treiben könnte. Aber ich will nicht, dass er vorgeführt wird wie ein Tanzbär. Die Leute verstehen nicht, wie er die Musik erlebt. Für uns, Sie und mich, ist Musik Gefühl. Und was sagt Lambert? Musik ist Matrix! Er analysiert sie mit einem uns fremden Sinn. Die Logik, die jedem Musikstück innewohnt – er entdeckt Bausteine, die er in einer Millionstelsekunde neu erfindet, falls es sie noch nicht gibt, und passt sie ein, wo er sie braucht, um eine ihm vorher unbekannte Komposition zu singen. Er kann ein Stück in Dur oder in Moll singen, wenn man ihn dazu auffordert oder ihm gerade danach ist. Er kann sie variieren wie ein Jazzmusiker. Wenn ich ihn frage, ob er einen gregorianischen Gesang aus dem 10. Jahrhundert rückwärts singen kann, macht er es auf der Stelle, ohne erst darüber nachzudenken. Und variiert die Melodie wie ein Komponist, aber ohne wirklich zu komponieren. Er spielt mit den Puzzlesteinen und setzt sie neu zusammen, damit neue Bilder entstehen. Na ja, eigentlich macht auch ein Komponist nichts anderes.«

»Vielleicht macht er es einfach nur, um Ihnen eine Freude zu machen«, sagte Lüthje.

»Diesen Wunsch kann er nach Meinung der Ärzte nicht fühlen. Aber ich denke darüber wie Sie, Herr Lüthje. Ich habe mit Lambert Momente erlebt, in denen er mit mir Kontakt aufgenommen hat. Aber darüber rede ich eigentlich nicht, seit es eine Kapazität mir zerreden wollte.«

»Ich verstehe. Sie möchten mit Lambert in Ruhe gelassen werden. Und jetzt kommt die Frage, auf die Sie gewartet haben. Warum ziehen Sie nicht weg von hier? Ihre Antwort lautet: Das können Sie Ihrem Sohn nicht antun. Hab ich recht?«

»Mehr noch: Es würde Lambert umbringen. Er braucht seine gewohnte Umgebung und Ordnung. Sie haben erlebt, wie ihn Ihre Anwesenheit im Strandzimmer gestört hat. Sie können sich vielleicht vorstellen, was es für ihn bedeutet, plötzlich in ein fremdes Haus oder eine Mietwohnung zu ziehen. Wissen Sie, was er vorhin im Strandzimmer wollte? Jedes Mal, wenn er das Haus verlässt, muss er sich orientieren, *verorten* nennt er das. Das tut er, indem er das Fensterkreuz im rechten der beiden Fenster dieses Zimmers mit den Händen erfühlt, mit den Füßen dabei diese Bewegung begleitet. Rechts ist das Ehrenmal, links geht es zur Ortsmitte und zur Gemeindebücherei. Danach isst er eine Schale Cornflakes mit Milch. Sie haben die Schale vorhin vielleicht gesehen.«

»Ich verstehe«, sagte Lüthje. Er erhob sich, und Sundermeier begleitete ihn zur Haustür.

»Eine letzte Frage noch«, sagte Lüthje. »Wissen Sie, wer das Kleid an der Hauswand zum Garten nebenan aufgehängt hat?«

»Nein. Ich habe das Kleid irgendwann dort bemerkt, das ist alles. Ich dachte mir, Frau Drübbisch hätte es zum Trocknen aufgehängt und vergessen, als sie ausgezogen ist. Vor einigen Monaten war das.«

»Hat sie das öfter gemacht? Ich meine, das Kleid zum Trocknen an der Hauswand aufgehängt?«

»Nicht dass ich wüsste«, sagte Albert Sundermeier. »Ich sagte Ihnen schon, dass mich die Nachbarschaft nicht interessiert. Und solche Details schon gar nicht.«

Als er die Haustür öffnete, hielt er inne und zog sie bis auf einen Spalt wieder zu.

»Ich weiß, Sie gehen jetzt ins Ehrenmal, um Lambert singen zu hören. Aber beachten Sie, wenn er merkt, dass man sich ihm nähert, verstummt er. Bleiben Sie unten. Da klingt es am besten. Und noch etwas.« Er steckte den Kopf durch den Türspalt und sah zur Strandstraße, als fürchte er, dass ihn von dort jemand belauschen könnte. »Wenn Sie Lambert wieder begegnen, müssen Sie damit rechnen, dass er Sie nicht wiedererkennt. Er kann sich fremde Gesichter nicht merken. Als Zeuge ist er für Sie deshalb unbrauchbar. Ich wünsche Ihnen viel Erfolg bei Ihrer Arbeit.«

3.

Auf dem Weg zum Ehrenmal schaltete Lüthje sein Handy von stumm auf normal. Er hatte mittlerweile zwei SMS und eine MMS von Malbek bekommen. Der platzte also vor Neugier.

»Wenn du den Rat eines erfahrenen Kollegen brauchst …«, schrieb Malbek. Vielleicht hatte er es auch Sophie diktiert. »… *Feel free to call him.* MMS folgt. Screenshot des aktuellen Luftdrucks mit Sturmfeldern. Schnellläufer. Zugrichtung noch unklar. Kerndruck 965 hp westlich Irland. Fallend. Suchen Unterschlupf für ›Skipper‹ und für uns ein stabiles Hotel. Gibt hervorragende Ales hier.«

»Skipper« war der Name seines betagten Wohnmobils. Wenn das ein Dach über dem Kopf brauchte, würde es da wohl stürmisch werden. »Schnellläufer« hieß, dass die Vorhersagen über die Zugrichtung des Unwetters erst Stunden vor dem Eintreffen sicher waren. Auf die Prognosen des Hobbymeteorologen Malbek war bisher Verlass gewesen. Beruhigend, dass das Wetter während der Kieler Woche erfahrungsgemäß entweder frühlingshaft mild und sonnig oder frühlingshaft verregnet und kühl war.

Der Parkplatz vor dem Ehrenmal war ein Fuhrpark für Beschallung und Bühnenbau. Lüthje zog es vor, sich eine Eintrittskarte im Kassenkiosk zu kaufen, statt die Dienstmarke vorzuzeigen. An der Eingangstür hing ein Plakat mit einer auf schlitzäugig geschminkten Sängerin, vor der ein ebenso schlitzäugiger Mann in rot schimmernder Rüstung schmachtete. »Turandot« in Laboe.

Lüthje musste sich in einer Warteschlange anstellen, weil die Verkäuferin im Gespräch mit einem Mann war, der dem Marinebund einen bebilderten Gedenkband über einen bedauerlicherweise im Zweiten Weltkrieg versenkten Zerstörer verkaufen wollte. Die Verkäuferin gab dem Mann schließlich eine Telefonnummer, und ein erleichtertes Raunen ging durch die Schlange.

Die Männer vom Sicherheitsdienst, die in ihren schwarzen Outfits und Headsets auch im Nebel von Weitem erkennbar waren, standen streitend am Grundstückszaun neben der Ehrenhalle zusammen und berieten wahrscheinlich, ob man den Wald rund um das Ehrenmal nicht besser roden sollte. Dann hätte man ein Stück Niemandsland, das leichter zu überwachen sein würde. Lüthje kannte diese Besprechungen, in denen sich die Hahnenkämme so hoch aufstellten, dass es die Sicht auf das gemeinsame Ziel behinderte.

»Warum so hektisch?«, fragte Lüthje einen Bühnenarbeiter, der in einem Aluminiumkoffer voller Klinkenstecker und Audiobuchsen herumsuchte.

»Die Generalprobe ist schon übermorgen, dann muss hier alles so funktionieren wie bei der Uraufführung«, sagte der Mann. Er zog eine Plastikflasche aus dem Gürtel und nahm einen tiefen Schluck. »Bisschen heiß für Juni, finden Sie nicht auch?«, fragte er. »Mögen Sie auch einen Schluck?«

Er hielt Lüthje die Flasche hin.

»Nein, danke. Wird denn schon geprobt?«

»Nö. Wieso?«

»Da singt doch jemand. Hören Sie das nicht?«, fragte Lüthje und hob den Zeigefinger zum Ohr. Vielleicht hatte der Mann bei den Soundchecks einen Hörschaden erlitten.

»Ach, das meinen Sie«, sagte er, offenbar erleichtert, dass er etwas gehört hatte. »Nein, der erste Soundcheck wird erst morgen stattfinden. Sänger und Orchester üben ja schon wochenlang irgendwo im Saal. Nee, diese Musik kommt vom Parkplatz. Da hat jemand von uns wahrscheinlich vergessen, das Autoradio auszumachen.«

»Aber kommt der Gesang nicht vom Ehrenmal?«

Der Mann sah mit ärgerlicher Miene in die Richtung. »Das Ding reflektiert doch alles. Manche Frequenzen werden unterdrückt, andere hervorgehoben. Ein völlig verrücktes Frequenzprofil. Deswegen hört man kein Orchester. Fragen Sie mal unseren Tontechniker dahinten am Mischpult. Der kann Ihnen das genau erklären. Die Akustik hier ist nämlich beschissen.«

Lüthje dankte dem Mann für seine anregenden Informationen.

Anfang des letzten Jahrhunderts war auf dem Vorplatz, auf dem jetzt Zuschauertribüne, Bühne und Technik aufgebaut wurden, ein großes Schiffsgeschütz im Erdreich verankert worden, das bis zum Baubeginn des Ehrenmals Mitte der zwanziger Jahre die Außenförde und die Kieler Bucht im Visier hatte.

Unter dem Vorplatz lag die kreisrunde Gedächtnishalle, die Lüthje als Kind für ein unterirdisches Mausoleum gehalten hatte. An der Wand hingen Trauerkränze mit beschrifteten Schleifen, die Lüthje als kleiner Junge nicht lesen konnte. Damals glaubte er, dass im Gemäuer hinter jedem Kranz ein im Krieg getöteter Soldat begraben lag.

Das Opern-Event und die Sicherheitsvorkehrungen interessierten Lüthje nicht.

Er war hier, um den Mann zu sehen und zu hören, der laut Frau Klockemann mit seinem Gesang Unglück über das Dorf und den Fluch über das Drübbisch-Haus gebracht hatte und Menschen in den Tod treiben konnte. Und nach Ansicht seines Vaters kein geeigneter Zeuge war, weil er sich schlecht oder gar nicht an Gesichter erinnern könne.

Lüthje stand direkt auf dem Fuße des Ehrenmals vor der Eingangstür und sah zur »Skischanze« hoch. So nannten sie in der Schulzeit die zur Landseite schwungvoll gebogene Rückseite des achtzig Meter hohen Bauwerks. In der Schule hatte er erfahren, dass die Biegung die »Anmutung« der Bugpartie der Kriegsschiffe darstellte, wie sie im Kaiserreich gebaut worden waren.

Lüthje hörte Lambert Sundermeiers Gesang aus wechselnden Richtungen, weil der Wind an den Wänden des Turmes durch Steig- und Fallwinde verwirbelt wurde. Für Sekunden konnte er hier Sturmstärke erreichen, obwohl in hundert Metern Entfernung fast Windstille herrschte. »Kamineffekt« nannte man das. Vielleicht wusste Lambert Sundermeier von dieser Wirkung, die seinen Gesang große Entfernungen überwinden ließ.

Lüthje erkannte Melodie und Text des »Nessun dorma«, der Arie des Kalaf aus der Oper »Turandot«. Zufall? Wahrscheinlicher war, dass Lambert Sundermeier auf dem Plakat am Eingang den Namen der Oper gelesen hatte und natürlich sofort die bekannteste Arie aus dem Gedächtnis abgerufen hatte.

Sie war die erste und einzige Opernarie, die Lüthje beim ersten Hören im Kopf hängen geblieben war, in der Interpretation von Beniamino Gigli. Als Teenager hatte Lüthje mit Hilly die Schallplatte seiner Eltern immer wieder aufgelegt und dazu einen feierlich schmachtenden Walzer getanzt. »Nessun dorma« war immer ein geheimer Hit, der sich sogar in den letzten Jahren einmal in die Hitparade eingeschlichen hatte. Bei einem Rockkonzert in der Ostseehalle in Kiel hatte eine englische Rockgruppe es bei einer Zugabe gebracht. Das Publikum hatte getobt, und Lüthje und Hilly waren dabei gewesen.

Lüthje öffnete die schwere Stahltür und trat in den ersten Vorraum.

Der Gesang schien aus allen Wänden zu dringen, wie aus weiter Ferne und doch tausendfach verstärkt. Die schmalen Fenster tauchten den Raum in das trübe Licht tiefer Wasser, kurz vor dem Beginn der unendlichen Schwärze. An den Wänden hingen Trauerkränze, Gedenktafeln und üppige Gemälde von Seeschlachten, aufgeschlagene Bücher in gläsernen Vitrinen. Alles erzählte vom Tod auf See.

Es musste weit über fünfzig Jahre her sein, dass Lüthje hier gewesen war. Bevor man in das eigentliche Treppenhaus kam, musste man zwei Stockwerke auf Niedergänge, wie man die Treppen auf einem Schiff nannte, hinaufsteigen. Sie waren so schmal, dass nur ein Mann Platz hatte, und mit hohem Geländer ausgestattet, damit einen auf einem Schiff nicht der Seegang über Bord kippte.

Im nächsten Stockwerk lag rechts ein Raum ohne Licht und Fenster, so schwarz wie der Eingang ins Nichts. Als Lüthje die letzte Treppe hinaufstieg, umfing ihn ein kalter Luftstrom. Dann kam die letzte Stufe, und er stand in dem Stockwerk, wo das eigentliche Treppenhaus anfing. Über Lüthje erhoben sich ungefähr sechzig Meter. Hier gab es keinen Stockwerkabsatz, der den Blick vor der Höhe schützte. Die Treppen waren an die Nordwand »geklebt«. An den Geländern oder im Treppenhaus waren keine Fangnetze gespannt. Vielleicht war der Bodenbelag hier nicht nur wegen eindringenden Regenwassers aus abwaschbarem Kunststoff.

Er sah nach oben und suchte Lambert Sundermeier. Lüthje wusste nicht einmal, ob er es war, der dort sang. Als die Worte »Vincerò! Vincerò!«, »Ich werde siegen, ich werde siegen«, sekundenlang nachhallten, glaubte Lüthje, ihn zu sehen. Lamberts Hände umschlossen das Treppengeländer, das Gesicht war zur gegenüberliegenden Wand des Treppenhausschachtes gewandt. Das war in etwa vierzig Metern Höhe, dort, wo die Treppen in der Dunkelheit der fensterlosen Höhe verschwanden.

Lüthje trat weiter zurück in Richtung der gegenüberliegenden Wand, ohne den Kopf zu senken, um mehr von Lamberts Gestalt zu sehen. Aber er wusste plötzlich nicht mehr, ob er nach oben oder nach unten sah. Die Wände begannen sich um ihn zu drehen. Lüthje wankte zurück, griff zum Treppengeländer, das neben ihm auftauchte, setzte sich auf eine Stufe und atmete tief durch.

Als er endlich wieder draußen war, wischte er sich mit dem Ärmel den kalten Schweiß von der Stirn. So fühlt man sich eben, wenn man fast nichts zum Frühstück gegessen hat, dachte Lüthje, als er das Drübbisch-Haus erreichte. Wahrscheinlich war ihm deshalb eben der Kreislauf abgestürzt. Es ging ihm wieder besser. Das Fahrzeug der Tatortreiniger stand noch vor dem Haus, und von drinnen hörte Lüthje ein staubsaugerähnliches Geräusch.

Er schwang sich aufs Fahrrad und bedankte sich bei der Streifenwagenbesatzung auf der gegenüberliegenden Seite der Strandstraße mit einem Tippen an die Stirn. Er stieg auf das Damenfahrrad und trat etwas unsicher in die Pedale.

4.

In Laboe konnte man Strandkörbe an einer Strandbude mieten. Und solange es in den Strandbuden alles gab, was sonst noch zum Strandleben gehörte, war das Leben in Ordnung. Damals waren es Speiseeis, Segelflieger aus buntem Plastik mit Drehflügeln, extra lange Kaugummis, die Ur-Coca-Cola, Micky Maus und Fix und Foxi, Sigurd, der ritterliche Held, Illustrierte mit schönen Frauen auf dem Cover, nur zum Anschauen, Muschelschatzkästen und getrocknete Seesterne, Seepferdchen und Flundern. Als Teenies hatten Lüthje und Hilly tote Seesterne am Strand gesammelt und im Backofen seiner Mutter zu trocknen versucht. Das Haus stank eine Woche lang.

Ein Rundgang um die großen Fenster der Bude zeigte Lüthje, dass sich seit seinem letzten Kontrollgang vorigen Sommer nicht viel geändert hatte. Drei Colasorten mehr, aber immer noch kein Fix und Foxi und kein Sigurd.

»Ich möchte einen Strandkorb mieten«, sagte Lüthje.

»Wir haben nur noch hinten beim Ehrenmal zwei frei«, sagte der Vermieter.

»Wunderbar!«, rief Lüthje begeistert. »Genau da will ich sitzen.«

Der Mann holte ein Formular unter dem Tresen heraus. »Wenn Sie bitte Ihren Namen und Ihre Heimatadresse eintragen. Unterschreiben Sie bitte da, wo das Kreuz ist.«

Es war kein Kreuz, sondern ein X. Glück gehabt, dachte Lüthje. Die Ecke am Ehrenmal schien unbeliebt zu sein. Ob das etwas mit dem Fluch zu tun hatte?

»Nummer sieben und Nummer dreizehn sind frei, das ist ungefähr hundert Meter vor dem Hundestrand!«

»Ich wollte nur *einen* Strandkorb«, sagte Lüthje schmunzelnd.

»Also die Nummer dreizehn«, sagte der Vermieter und legte den Schlüssel entschlossen auf den Tresen.

»Ich möchte lieber die Sieben«, sagte Lüthje.

Der Vermieter zuckte mit den Schultern und tauschte die Nummer Dreizehn gegen die Nummer sieben aus. »Mann, gut, dass ich das nicht schon in das Formular eingetragen hatte«, sagte er.

»Oh hauja, hauha, ha«, sagte Lüthje bitterernst.

»Haben Sie Ihren Ausweis dabei?« Der Vermieter nahm den Kugelschreiber und hielt ihn in Position über der Zeile auf dem Formular.

Lieber nicht den Dienstausweis, dachte Lüthje und legte seinen Personalausweis auf den Tresen.

»Eric Lüthje?« Der Vermieter sah Lüthje das erste Mal ins Gesicht.

»Ist das schlimm?«

»Sie sind doch der Kommissar, der im Drübbisch-Haus die Morde aufklären soll. Was wollen Sie denn mit einem Strandkorb?«

»Ich …« Lüthje suchte nach Worten. Der Strandkorb hatte Flügel bekommen, die ihn weit weg über das Meer trugen.

»Na, dann …« Der Kugelschreiber stürzte sich auf das Papier wie die hungrige Möwe auf den unvorsichtigen Stichling. »Die Nummer sieben. Wie viele Tage sagten Sie?«

»Erst mal vier Tage«, sagte Luthje. »Verlangern kann ich doch, oder?«

»Ja, klar. Sie wissen ja vorher nicht, wie lange Sie ihn brauchen«, sagte er. »Macht zweiundzwanzig Euro.«

»Hab ich klein.« Lüthje zählte das Geld auf den Tresen.

»Bitte schön!« Der Vermieter reichte ihm den Schlüssel.

»Danke.« Lüthje umschloss den Schlüssel in seiner Faust und fragte: »Woher wissen Sie, dass ich der Kommissar Lüthje bin?«

»Meine Schwägerin hat die Boutique in der Reventloustraße, und ihre Vermieterin, das ist eine Freundin von ihr. Und die sagte, dass da ein gebürtiger Laboer den Mord im Drübbisch-Haus untersucht.«

»Woher will die das wissen?«, fragte Lüthje.

»Meine Schwägerin sagte, dass ihre Freundin eine Freundin aus Kiel hat, die hier eine Buchhandlung eröffnet hat.«

»Und woher weiß die das?«

»Gute Frage, wie war das denn noch?«, sagte der Vermieter und kratzte sich lange am Hinterkopf.

Lüthje wartete.

»Also ... Ja, die Buchhändlerin hat der Freundin meiner Schwägerin erzählt, dass eine Frau Jasch von Ihnen erzählt hat, als sie heute ein Buch bei ihr bestellt hat. Die hat gesagt, dass ihr Kommissar Lüthje, bei dem sie Haushälterin ist, in einem Buch von Dosto... Dosto...«

»...jewski«, half Lüthje.

»Ja, das war's. In so einem liest der Kommissar Lüthje, hat sie gesagt. Vielleicht hilft ihm das Buch. Und deshalb wollte sie das jetzt auch lesen. Weil sie denkt, dass der Kommissar sich etwas dabei denkt, wenn er so ein Buch liest. Ja, daher weiß ich, dass Sie der Kommissar sein müssen, der den Mord untersucht.« Der Strandkorbvermieter nickte mehrfach zur Bekräftigung.

»Und? Hat sie das Buch bekommen? Die Haushälterin Jasch?«

»Äh, davon hat meine Schwägerin nichts erzählt.«

»Woher wissen Sie diese Geschichte?«

»Meine Frau hat mich vorhin angerufen.«

»Und die Frau Jasch soll heute in dem Buchladen gewesen sein?«

»Ja.«

»Wie heißt der Buchladen?«

»Ja, das weiß ich jetzt auch nicht so genau. Eine neue Filiale von so einer Bücherkette. Gucken Sie mal im Hafenpavillon am Rosengarten.«

Frau Jasch hatte also heute schon in seinem Zimmer geputzt und dabei das Buch auf dem Tisch gesehen. Und verbreitete jetzt Details aus dem Privatleben ihres Arbeitgebers, nachdem sie ihm doch hoch und heilig versprochen hatte, es nicht zu tun. Sah ihr so gar nicht ähnlich.

Lüthje radelte zum Hafen und kaufte sich im Fischrestaurant zwei panierte Schollenfilets mit Salzkartoffeln in der Styroporbox zum Mitnehmen und Tea to go im Pappbecher. Er sicherte alles im Lenkerkorb und radelte zum Strand.

Lüthje musste einige Strandkörbe umkreisen, bis er endlich die Nummer sieben fand. Er drehte den Strandkorb in Richtung Förde.

Da Strandkörbe sehr schwer sind, musste man einen Trick anwenden, um sie allein drehen zu können. Man zog den Strandkorb an einem seitlichen Griff auf einer Ecke einen Zentimeter hoch, hielt den Griff gut fest und drehte den Strandkorb mit der gegenüberliegenden Korbecke im Sand so weit, wie man wollte. Es war ganz leicht. Danach klappte Lüthje den schmalen Seitentisch raus, den sie früher »Bierklappe« genannt hatten, und genoss den Fisch und den Blick auf die glitzernde Förde voller Segel und Containerfrachter. So hatte er sich das immer gewünscht: das Büro im Strandkorb, den Tatort im Rücken.

Als er sich dem zweiten Schollenfilet widmen wollte, klingelte sein Handy. Er sah vorsichtig aufs Display und erkannte erleichtert, dass es nicht Hilly war. Sie hätte wahrscheinlich an seiner Aussprache bemerkt, dass sein Fischfilet paniert war, seine Lippen von Fett glänzten und dass er gleichzeitig Kohlenhydrate in Form von Kartoffeln zu sich nahm.

Es war Dr. Brotmann, der Gerichtsmediziner.

»Was isst du, Eric?«

»Ich esse Fisch.«

»Paniert!«, behauptete Brotmann.

»Woher weißt du das?«, fragte Lüthje mit vollem Mund.

»Weil schon geringste Mengen Fett an den Lippen beim Sprechen ein hörbares Schmatzen verursachen. Und dein voller Mund spricht dafür, dass es keine Pommes sind, sondern Kartoffeln.«

»Moment.« Lüthje kaute und schluckte. »Glaub ja nicht, dass du mir den Appetit verdorben hast.«

»War auch nicht meine Absicht. Ich habe übrigens mein Leberwurstbrot vor dem Telefonat abgelegt.«

»Von wo telefonierst du?«

»Sei beruhigt, ich sitze an meinem Schreibtisch.«

»Schön. Was hast du für mich?«

»Ich habe keine Spuren von Abwehrverletzungen gefunden, weder Abwehrgreifverletzungen noch Deckungsverletzungen. Also …«

»… war das Opfer arglos bis zum Angriff«, schlussfolgerte Lüthje. »… hat den Täter nicht kommen sehen und ihn wahrscheinlich an der Stimme erkannt, sich deshalb nicht umgedreht oder gleich wieder abgewandt, als es seinen Besucher erkannt hat.«

»Ganz meine Meinung. Das Tatwerkzeug habt ihr noch nicht gefunden?«, fragte Dr. Brotmann.

»Ich hätte dich doch sofort informiert.«

»Ich tippe auf ein Küchenmesser.«

»Ach was!«

»Höre ich da etwa eine messerscharfe Ironie in der Bemerkung, Eric? Gut, ich versuche zu präzisieren. Ich glaube, die Schneide war teilweise stumpf. Zwar gibt es den typischen Auszieher, die seicht auslaufende Oberhautanritzung, die durch die Schneidseite eines Messers hervorgerufen wird. Aber der Wundrand ist nicht gradlinig glattrandig. Es gibt Variationen des Wundrandes bis hin zu einem Schürf- oder Quetschsaum. Gleichzeitig ist aber ein messertypisches, kräftiges Zuschneiden durch gleich tiefe Weichteildurchschneidungen erkennbar. Es ist wie immer: Zeige mir das Mordwerkzeug, und ich sage dir, ob es das wirklich ist.«

»War der Schnitt die Todesursache?«

»Todesursache war ein sogenannter Volumenmangelschock, hier durch Öffnung der Halsschlagader. Die Blutmenge am Auffindungsort, die Blutdurchfeuchtung der Kleidung. Ich habe das alles vor Ort gesehen, dazu die Blutmenge in den oberen Körperhöhlen, die ich auf dem Tisch hatte … Der Mann ist ausgeblutet im buchstäblichen Sinne. Ich hoffe, ich habe dir nicht den Appetit verdorben. Sicher ist der Fisch jetzt kalt.«

»Der schmeckt mir kalt genauso gut. Bis dann.«

Lüthje wollte eigentlich noch etwas wegen seiner Verspannung nach dem Aufwachen fragen. Aber wozu? Er war entspannt, und seinem Ischiasnerv ging es gut. Er stand auf und drehte den Strandkorb so, dass er Richtung Laboer Hafen und Kiel blickte und, wenn er sich ein bisschen nach links vorbeugte, zum Drübbisch-Haus und seinen Nachbarn sehen konnte. Er war zufrieden und aß weiter.

Er zerschnitt mit dem Plastikmesser das vorletzte Stück des Schollenfilets, hielt inne und betrachtete die geriffelte Schneide des Messers. Er schnitt damit vorsichtig über den Handballen. Nichts.

Vielleicht war seine Haut schon verhornt oder lederartig. Er beugte sich etwas vor. Wie viele stumpfe Küchenmesser lagen in diesen Häusern herum? Hatte nicht jeder zu Hause mindestens ein Küchenmesser, das geschärft werden müsste? Stattdessen kaufte man sich ein neues, nein, gleich ein ganzes Set extra scharfer japanischer Messer im Holzblock, aus dem man genussvoll bei einem Glas altem Wein oder edlem Bier die geeignete Mordwaffe aussuchen könnte. Das stumpfe Messer warf man nach getaner Arbeit in den Mülleimer. Wenn der Täter sich nun auf der Suche nach einer geeigneten Mordwaffe aus einem Mülleimer oder einer Mülltonne bedient hatte? Und sich dabei etwas Originelles gedacht hatte?

Als Lüthje den letzten Bissen Schollenfilet aß, klingelte sein Handy wieder. Auf dem Display las er »Hoyer«. Er kaute sorgfältig, schluckte und spülte mit Tee nach. Er hatte das Gefühl, dass alle Frauen und Gerichtsmediziner hörten, dass der Gesprächspartner am Telefon etwas Fettiges gegessen hatte.

»DNA-Analyse ist positiv«, meldete Kommissarin Hoyer. »Also stammt das Blut am Mantel vom Opfer.«

»Hab ich nicht anders erwartet. Wie geht es unserem Mantelmann?«, fragte Lüthje.

»Ich hab vorhin angerufen, er stabilisiert sich. Der Stationsarzt hat mir noch mal versprochen, dass sie sich melden, sobald er ansprechbar ist. Oder eine Verschlechterung des Zustandes eintritt.«

»Hat sich das Labor gemeldet?«

»Die sind noch nicht so weit«, fuhr Hoyer fort. »Aber wollen Sie meine Meinung über das Kleid hören?«

»Ich bitte darum.«

»Größe achtunddreißig. Rocklänge und Taille sprechen für die siebziger Jahre, aber die Farben, das ist kultiges Design der Sechziger. Die Siebziger waren sowieso nur ein Abstieg aus den Sechzigern!«

»Nett, dass Sie das sagen.«

»So meine ich das nicht, Herr Lüthje! Ich hätte gern die Sechziger erlebt.«

»Welche Musikrichtung?«

»Pink Floyd … Deep Purple … Moody Blues …«

»Weiß Herr Malbek das?«, fragte Lüthje.

Zwischen Malbek und Kommissarin Hoyer lagen mindestens zwanzig Jahre. Also die Spanne zwischen Mitte zwanzig und Ende vierzig. Soweit Lüthje wusste, hatte Malbek noch nie eine Frau kennengelernt, die seinen musikalischen Geschmack teilte. Und im Moment war er Single. Und weit weg in England.

»Äh, nein, wieso?«

»Dann ist ja gut. Aber wir kommen vom Thema ab. Können Sie etwas über die Trägerin des Kleides sagen?«

»Es wurde wahrscheinlich oft getragen und oft gewaschen«, sagte Hoyer. »Die Farben sind wahrscheinlich nur noch so leuchtend, weil das Kleid sehr lange im Dunkeln gelegen hat. Dafür spricht, dass es Stockflecken hat, die es bei langer, feuchter Lagerung bekommt. Eine Aussage darüber, wie lange es an der Hauswand gehangen hat, kann das Labor vielleicht mit einer Pollenanalyse näher eingrenzen. Ich erwarte, dass die Analyse der Stoffstruktur meine Einschätzung des Alters bestätigt. Die Frage ist also, warum hängt jemand ein altes Kleid aus den siebziger Jahren an eine Hauswand? Moment, Herr Vehrs tritt vor Ungeduld schon von einem Bein aufs andere. Ich geb Sie mal rüber.«

»Hallo, Herr Lüthje«, sagte Vehrs. »Die Befragung der Busfahrer, die die letzten Tage die Linie 100 nach und von Laboe gefahren sind, war negativ. Keiner konnte sich an einen älteren Mann mit langem Mantel zwischen den Haltestellen Laboe Hafen und Kiel Hummelwiese erinnern.«

»Hab ich mir gedacht«, sagte Lüthje.

»Aber ein Fahrer konnte sich an dem relevanten Abend an einen Kripomann, so steht es hier, einen Kripomann erinnern, der, ich lese mal vor, ›in einer gefährlichen Kurve nach der Haltestelle

Hummelwiese den Halt und das Öffnen der Tür zum Zwecke des Aussteigens mit Drohungen erzwungen hat‹.«

»Unglaublich. Was es alles gibt! Noch was?«, sagte Lüthje.

»Das will ich meinen. Stellen Sie sich vor, Herr Schackhaven hat uns vorhin besucht.«

»Und? Was hat er gesagt?«

»Frau Hoyer meinte auch, das war das erste Mal, dass er unser Dienstzimmer betreten hat.«

»Es geschehen Zeichen und Wunder. Und was passierte dann?«

»Er sagte, dass das Polizeiauto vor dem Tathaus in Laboe durch ein Zivilfahrzeug ausgetauscht werden muss. Das Fahrzeug der Schutzpolizei zieht nur die Gaffer und die Presse an. Und er fragte, ob wir weiterkommen, heiße Spur und so. Wir wollten es ihm erzählen, aber er ist mittendrin rausgegangen. Hat einfach so vor sich hingenickt, während wir redeten. Und die Tür hat er auch nicht hinter sich zugemacht. Er hatte sie nämlich offen stehen lassen, als er reinkam.«

»Ist ja auch einfacher für ihn. Ich denke, wir müssen uns keine Sorgen um ihn machen. Ich kenne ihn schon ein paar Jahre länger. Er ist so, wie er ist.«

Lüthje fragte sich, wo er diesen blöden Spruch aufgeschnappt hatte.

5.

Ursula Drübbisch wohnte in einem mehrstöckigen Terrassenhaus am Niemannsweg.

Sie war eine attraktive Frau, mit glattem blondem Haar und silbergrauer Strähne, mit einer angenehmen Stimme. Sie sah Lüthje nur flüchtig an, als sie die Tür öffnete, als wäre er ein ihr bekannter, aber nicht gern gesehener Gast.

Sie bot ihm Tee an. Sie habe nur chinesischen Oolong und einen Earl Grey. Ein guter Anfang, dachte Lüthje.

Vom Wohnzimmer aus konnte er sie in der Küche hantieren sehen. Ihre Bewegungen hatten etwas Vertrauenerweckendes. Sie goss den Tee in zwei kleinen Kannen auf, rührte darin herum und zog schon nach einer halben Minute große Teebeutel heraus. Danach nahm sie etwas aus einem Wandschrank und drückte aus einer Folie zwei Tabletten in die Hand. Als sie innehielt und langsam aufsah, sah er weg und ging schnell auf den Balkon.

Auf dem großen Balkon standen dunkle, dick gepolsterte Holzstühle und der passende Tisch. Darüber schwebte eine ausgefahrene Markise, die auch das Wohnzimmer in das Licht eines hochsommerlichen Nachmittags tauchte. Die Wohnung lag im fünften Stock, sodass man über den Wipfeln des Düsternbrooker Gehölzes auf dem gegenüberliegenden Fördeufer die Schwentinemündung, die Portalkräne der Werft und das Kohlekraftwerk mit seinem hohen weißen Schornstein sehen konnte, dessen weiße Rauchfahne von leichtem Wind Richtung Nordosten getrieben wurde.

»Man kann den Balkon von allen Zimmern aus betreten«, rief sie ihm vom Wohnzimmer aus zu, während sie den Tisch deckte. »Er geht dort hinter der Ecke noch weiter, fast um das ganze Haus herum.«

Von jedem Zimmer ein Fluchtweg nach draußen, dachte Lüthje. Er sah über die Balkonbrüstung nach unten. Der Balkon im unteren Stockwerk stand etwa einen Meter weiter nach außen, so wie das bei Terrassenhäusern üblich war. Wenn dort jemand säße, hätte er ihm bequem auf den Kopf spucken können.

»Schön haben Sie es hier«, sagte Lüthje. Er betrat wieder das Wohnzimmer. Auf einem Fensterbrett stand eine gläserne Bonbonniere, gefüllt mit Muscheln.

»Ich würde auch lieber draußen sitzen«, sagte sie und schloss hinter ihm die Balkontür. »Aber es ist dort sehr hellhörig.«

Sie hatte so gedeckt, dass sie sich an einer Ecke des sehr niedrigen gläsernen Tisches in den Sesseln der hellblauen Sitzgarnitur schräg gegenübersaßen.

Sie servierte ihm den Tee in einem kleinen Kännchen und einer dünnwandigen Tasse. Er trank die Tasse in einem Zug aus. Sie schien es nicht zu bemerken, während sie vorsichtig an ihrem Oolong nippte, der ihr Lieblingstee sei, wie sie ausdrücklich betonte, bevor sie die Tasse zum Mund hob.

Lüthje zog sich kommentarlos das Cordjackett aus, stellte den Rucksack neben sich und dankte ihr, dass sie sich trotz des schweren Schicksalsschlages schon zu einem Gespräch mit ihm bereit erklärt hatte.

»Meine Therapeutin meinte, meine Seele braucht jetzt eine Pharmakrücke, um nicht auszurutschen«, sagte sie. »Sonst könnte ich die Tasse nicht ruhig halten.« Sie hob die Tasse demonstrativ hoch. »Sehen Sie? Na ja, einigermaßen.« Als sie die Tasse wieder absetzte, schwappte der Tee etwas in die Untertasse.

»Sie sind in Behandlung?«, fragte Lüthje, als habe er sie nicht verstanden.

»Seit dem Tod meines zweiten Mannes.« Sie hielt einen Moment inne und sah Lüthje dann überrascht an, als sei ihr etwas längst Vergessenes eingefallen. »Wann wird eigentlich Horsts Leiche freigegeben?«

Lüthje war über die »professionelle« Wortwahl erstaunt. Aber sie hatte ja Erfahrung.

»Ich nehme an, dass es nicht mehr lange dauern wird. Wir warten noch auf den Bericht der Gerichtsmedizin.«

»Hat die Firma Klockemann ihn abgeholt?«

»Nein, ein anderer Bestatter von der Bereitschaftsliste.«

Sie nickte, als ob sie es verstanden oder nachträglich zugestimmt hätte. Nach einer kurzen Pause, in der sie ins Leere sah, fragte sie: »Wie ist er gestorben?«

»Der Mörder hat ihm von hinten die Kehle durchgeschnitten. Man hat keine Kampfspuren an Ihrem Sohn feststellen können. Die Spurenlage spricht dafür, dass er den Täter kannte und sich deshalb nicht umgedreht hat.«

»Im Flur?«

»Ja, Ihr Sohn wurde in der Abstellkammer im Flur gefunden. Er muss dort irgendetwas gesucht haben. Ein Haufen Papiere lag unter ihm. Wir haben sie aber noch nicht sichten können. Wissen Sie, worum es sich dabei handeln könnte?«

»Er hat mir nichts davon gesagt, dass er etwas im Haus suchen wollte.«

Lüthje nahm sein Notizbuch aus dem Rucksack und blätterte darin. »Wir haben einen Hausschlüssel bei ihm gefunden.«

»Er hatte einen, falls noch was zu regeln ist.«

»Wer hat noch einen Hausschlüssel?«

Sie dachte nach. »Der Makler.«

»Den Schlüssel des Maklers habe ich mir aushändigen lassen. Der Schlüssel Ihres Sohnes ist von der Spurensicherung beschlagnahmt.«

»Also kann der Makler jetzt gar nicht ins Haus?«

»Nein, wir haben den Tatort durch Beschlagnahme gesichert. Ich werde Sie anrufen, sobald die Freigabe erfolgt. Ach ja, dabei fällt mir ein, Kommissarin Hoyer hatte Sie wegen des Kleides an der Hauswand angerufen. Es gehöre Ihnen nicht, sagten Sie. Haben Sie eine Ahnung, wer es dort hingehängt haben könnte?«

»Ich …« Sie schüttelte mehrfach den Kopf. Plötzlich sah sie Lüthje an und sagte: »Aber es gehört mir doch!«

»Ach! Und wieso haben Sie …«

»Ich war nicht bei mir. Ich weiß nicht, warum ich das gesagt habe.«

»Wieso haben Sie das Kleid an die Hauswand gehängt? Und wann?«

»Als ich auszog, habe ich es auf dem Boden wiedergefunden. Ich habe es gewaschen und zum Trocknen rausgehängt. Und dann vergessen. Wo ist es jetzt?«

»Wir haben es beschlagnahmt, um Spuren zu sichern.«

»Was für Spuren?«

»Wenn es so ist, wie Sie sagen, werden wir es Ihnen bald aushändigen können. Bei uns ist es jedenfalls sicherer als an der Hauswand.«

»Wenn Sie meinen …«

»Können Sie mir etwas über Ihren Sohn erzählen?«, fragte Lüthje. »Etwas über seine Persönlichkeit, wer er war, über seinen Beruf, seine Freunde, seine Hobbys. Es kann uns helfen, den Mörder zu finden.«

»Mein Gott!« Sie vergrub das Gesicht in ihren Händen. »Warum muss ich in meinem Leben immer nur Nachrufe formulieren!«

Lüthje wartete.

Langsam zog sie die Hände vom Gesicht nach unten weg, als

wolle sie die fehlenden Tränen ersetzen. »Jeder hat Freunde und Feinde in seinem Leben. Horst hat ein ziemlich ruhiges Leben geführt. Das wurde beruflich von ihm verlangt. Ich meine damit, er musste unauffällig und geräuschlos seine Arbeit tun.«

»Was war seine Arbeit?«

»Er war Referent im Innenministerium.«

»Was bedeutet das?«

»Er war Mädchen für alles«, sagte sie.

Lüthje sah sie das erste Mal lächeln. Eine schöne Frau, dachte Lüthje. Bewunderung und Stolz lagen plötzlich in ihren Augen. »Ausputzer, Diplomat, Zauberer. Er hatte die Kompetenz eines Staatssekretärs und mehr.«

»Und mehr?«, fragte Lüthje.

»Er hat mir nichts erzählt. Da waren nur manchmal so beiläufige Bemerkungen.«

»Was für Bemerkungen?«

»Ich habe es nicht verstanden. Das wollte er wohl auch nicht. Mein Sohn war noch verschlossener als sein Vater. Was vielleicht auch etwas mit dem Tod seines Vaters zu tun hatte. Aber darüber will ich wirklich nicht reden!« Sie sah ihn mit schmalen Augen an.

»Wie ist Ihr Sohn in die Position gekommen?«

»Ganz einfach. Er ist in die Fußstapfen seines Vaters getreten. Leider auch was Frauen betrifft. Entschuldigung, aber er war da etwas … bindungsunfähig, so würde ich es bezeichnen.«

»Was meinen Sie damit?«

»Seine Beziehungen dauerten nic schr lange.«

»Hatte Ihr Sohn Feinde?«

»Ich weiß es nicht.«

»Mit welcher Frau war Ihr Sohn zuletzt zusammen?«

»Ich weiß es nicht«, sagte sie mit hilflosem Gesichtsausdruck.

»Hat Ihr Sohn noch eine Wohnung im Haus gehabt?«

»Die Mansardenwohnung. Aber er war schon lange nicht mehr da gewesen. Er wollte nicht mehr mit mir sprechen. Vielleicht war er zu sehr mit sich selbst beschäftigt. Wie ich schon sagte, er hat mir nie etwas von sich erzählt.«

»Wie war das Verhältnis Ihres Sohnes zu seinem Stiefvater?«, fragte Lüthje und blätterte beiläufig in seinem Notizbuch.

»Die beiden konnten sich nicht ausstehen. Ein Hundezüchter mit Spaß am Abenteuer. Ich bitte Sie! Das war nichts für ihn. Aber das war es gerade …« Sie schien den Faden verloren zu haben, ihre Lippen arbeiteten. Dann sagte sie schnell: »Sie gingen sich aus dem Wege. Mehr war da nicht.«

»Wenn es niemanden im Freundes- oder Bekanntenkreis gegeben hat, mit dem Ihr Sohn Probleme hatte … Gibt es jemanden, der in letzter Zeit in sein Leben getreten sein könnte? Ich meine nicht unbedingt eine Frau, es könnte doch auch ein Mann gewesen sein.«

»Das könnte der Mörder sein, meinen Sie?«

»Nein, aber es könnte eine Spur sein. Hat er sich in letzter Zeit verändert? Denken Sie in den nächsten Tagen darüber nach.«

»Nein, da ist nichts. Aber … könnte es nicht auch eine Täterin gewesen sein?«, fragte sie.

»Ist nicht ganz ausgeschlossen. Aber lassen Sie mich der Einfachheit halber bei der männlichen Grammatik bleiben«, sagte Lüthje.

Sie lachte. »Sie meinen den männlichen Kasus Nominativ?«

»Sie sind Deutschlehrerin?«

»Ich war es. In einem anderen Leben. Aber ich bin selbst erstaunt, wieso ich das noch weiß. Es war einfach da. Sie haben verstanden, was ich meinte?«

»Dass ich mit Mörder auch eine Mörderin meine?«

»Richtig.«

»Sie haben also keinen Verdacht.«

»Nein, das trau ich keinem zu.« Sie versank wieder in leere Nachdenklichkeit.

Was war Tablette und was war Wahrheit?, fragte sich Lüthje.

Wie kriegte er sie wieder an seinen roten Faden? Hatte sie überhaupt die Tabletten in der Küche genommen? Oder war das nur Theater?

»Sie rufen mich doch sofort an, wenn Sie den Mörder gefunden haben?«, sagte sie und sah ihn bittend mit großen Augen an.

»Natürlich. Allerdings wird das nicht so schnell gehen. Geben Sie mir dann besser noch Ihre Handynummer«, sagte er, um ihren Blick loszuwerden.

Sie diktierte ihm die Nummer, und er speicherte sie in seinem Handy.

»Sie wissen, dass kurz nach dem Täter noch jemand im Haus war?«

Lüthje zog den Steckbrief aus dem Rucksack und gab ihn ihr.

»Vielleicht war es ein Kaufinteressent?« Sie überflog den Steckbrief. »Ja, das kenne ich. Ich kann Ihnen aber nicht weiterhelfen.«

»Wer hat Ihnen von dem Steckbrief erzählt?«

»Meine ehemalige Nachbarin, Frau Klockemann, hat mich heute angerufen und ihn mir vorgelesen. Ich fand das sehr nett von ihr.«

Ausgesprochen fürsorglich, diese Klockemann, dachte Lüthje.

»Sicher war das nett von ihr«, sagte Lüthje. »Und was sagte Frau Klockemann noch?«

»Sie meinte, es könnte der Mörder gewesen sein.«

»Ach?«, machte Lüthje.

»Sie hatte so ein komisches Gefühl.«

»Hat sie ihr Gefühl näher beschrieben?«

»Na ja … Sie hat in einer Zeitung von Männern gelesen, die einfach in Häuser gehen und sich ein Opfer suchen. Einfach so. Sagen Sie, stimmt das? Gibt es so was?«

»Es gibt alles Mögliche. Deshalb ermitteln wir ja in alle Richtungen. Das können Sie Frau Klockemann ruhig erzählen. Wohnen Sie allein hier?«

»Ja. Wieso?«

»Es ist so ganz anders als in der Strandstraße. Aber auch so weitläufig. Mit vielen Zimmern.«

»Ich bin aus dem Haus in Laboe geflohen. Ich wollte nach dieser Ehe ein neues Leben anfangen. Ich hatte es fast geschafft. Und jetzt ist alles wieder da. Durch Horsts Tod fühle ich mich wieder zurückgeworfen. Ich habe das Gefühl, ich bin keinen Schritt weitergekommen. Entschuldigen Sie, was rede ich da, das interessiert Sie doch gar nicht.« Sie zog die Beine hoch und kauerte sich im Sessel zusammen.

»Haben Sie einen Käufer für das Haus gefunden?«, fragte Lüthje.

»Vielleicht. Das Haus hat eine gute Lage. Aber man wollte mich abspeisen mit einem Almosen. Und hat mich zappeln lassen. Der Makler redete mir zu. Aber ein Freund riet mir ab. Du musst Geduld haben, hat er gesagt. Was die Käufer interessiert, ist nicht das Haus, sondern das Grundstück. Unverbaubarer Seeblick, zwanzig Meter zum Strand. Dafür zahlen sie gern noch drauf. Er hat recht gehabt. Ein zweiter Interessent hat sich gemeldet. Und siehe da, jetzt überbieten sie sich gegenseitig. Bald sind sie da, wo ich sie haben will!« Sie breitete die Arme aus. Ihre Augen leuchteten. »Außerdem habe ich einen Anwalt beauftragt. Ich will im Strafprozess als Nebenklägerin auftreten. Ich sage das nur, damit Sie Bescheid wissen.«

»Worüber?«

»Dass ich Ihnen alles sage, um den Mörder meines Sohnes zu finden.« Plötzlich sah sie ihn einfach treuherzig an, als ob sie ihre Verwandlung in eine eiskalte Geschäftsfrau ungeschehen machen wollte.

»Ich habe noch eine Frage zu Ihrem zweiten Mann«, sagte Lüthje. »Stimmt es, dass Sie nach Ihrem Auszug aus dem Haus die beiden Hunde Ihres Mannes haben töten lassen?«

»Mein Gott, diese Sache ist doch abgeschlossen, warum fangen Sie davon an?«

»Ich muss mir ein Gesamtbild machen.«

»Ich sollte wirklich alles meinen Anwalt machen lassen«, murmelte sie zu sich selbst. Nach ein paar Sekunden der Stille fuhr sie mit gehobener Stimme fort. »Es ist doch nur eine Sachbeschädigung gewesen, das mit den Hunden. Ich hatte mich vorher erkundigt. Ich hatte Holger deutlich gemacht, dass ich das Haus verkaufen wollte und dass auch er ausziehen muss.« Sie betonte jedes Wort mit einem trotzigen Nicken.

»Holger?« Es musste sich um den Selbstmörder handeln, dachte Lüthje.

»Mein zweiter Mann. Holger Lamm. Ich habe diesem Mann nicht nachgeweint. Ich hatte einfach nicht richtig hingesehen, als ich ihn kennenlernte. Und ich habe keine Lust, das alles wieder aufzusagen!«, sagte sie trotzig, mit Tränen in den Augen und in der Stimme.

»Bei wem hatten Sie sich erkundigt? Ich meine, wegen der Sachbeschädigung.«

»Frau Klockemann hat sich angeboten, diese Frage zu klären.«

»Warum haben Sie nicht Ihren Anwalt gefragt?«

»Der hätte es mir doch nur ausgeredet.«

»Und wie hat Frau Klockemann das geklärt?«

»Sie hat den Anwalt ihrer Firma gefragt. Natürlich ohne Namen zu nennen.«

»Sie hatten immer einen guten Kontakt zu Ihrer Nachbarin?«

»So kann man das nicht sagen. Sie ist mir manchmal ziemlich auf die Nerven gefallen. Aber sie hat mir immer beigestanden, wenn es mir schlecht ging.« Sie begann zu kichern. »Na ja, eigentlich ist sie nur ein anhängliches Quasselweib.« Sie nahm die leere Teetasse vom Tisch, drehte sie in ihren Händen und schien großen Gefallen daran zu finden.

»Haben Sie noch Kontakt zu Frau Klockemann?«

»Sie ruft ab und zu an.«

»Von wem stammte die Idee, die Hunde zu töten?«, fragte Lüthje in härterem Ton als beabsichtigt.

Sie sah erschrocken auf. »Das hab ich doch schon damals erzählt!«

»Ich bitte Sie einfach, mir zu helfen, das erspart mir, die Akte noch mal zu lesen. Zeit, die ich dringend brauche, um den Mörder Ihres Sohnes schnell zu finden.«

»Ich weiß es nicht mehr so genau. Ich habe mit Frau Klockemann geredet. Und dann war es plötzlich klar. Es war nur noch die Frage, ob ich die Hundeleinen beim Tierarzt mitnehme und vor meine Haustür lege.«

»Und wer hat die Antwort gegeben?«

»Wir haben es beide gesagt. Das war ja das Schöne.«

»Wen meinen Sie mit ›wir‹?«

»Frau Klockemann und ich.«

6.

»Moin, ich wollte nur mal reinschauen!«, sagte Lüthje, als er den Kopf durch die Tür des Dienstzimmers von Hoyer und Vehrs steckte. Vehrs saß auf der Kante ihres Schreibtisches.

»Herr Lüthje!«, sagten sie beide gleichzeitig. Vehrs hüpfte vom Schreibtisch, Hoyer erhob sich.

»Setzen!«, befahl Lüthje. »Ich wollte wirklich nicht stören. Tun Sie einfach so, als ob ich nicht da wäre.«

»Möchten Sie einen Kaffee, Herr Lüthje?«, fragte Hoyer. »Ich brüh den immer frisch auf.« Sie wies auf die Isolierkanne auf einem Aktenschrank.

»Danke, ich trinke nur Tee, und den habe ich mitgebracht. Aber wenn Sie eine Porzellantasse für mich hätten, wäre alles perfekt.« Er nahm seine Thermosflasche aus dem Rucksack und goss sich den Tee in die Tasse, die Hoyer ihm eilig aus dem Aktenschrank geholt hatte.

»Was Neues aus der Klinik?«

Hoyer und Vehrs schüttelten beide den Kopf.

»Er liegt nicht mehr auf der Intensivstation«, sagte sie und goss sich und Vehrs eine Tasse Kaffee ein. »Aber das ist ja eigentlich nichts Neues. Ich hab gleich heute Morgen angerufen, als ich hier war. Vernehmungsfähig ist er noch nicht. Alle in Frage kommenden Ärzte und Schwestern wissen inzwischen Bescheid, das hat uns die Stationsschwester versichert. Sie würden uns sofort anrufen. Hier Station und Zimmernummer.« Hoyer reichte ihm einen Zettel.

»Sie denken an alles. Danke«, sagte Lüthje.

Vehrs sah krampfhaft aus dem Fenster.

»Vielleicht wird er uns überhaupt nichts sagen können.« Lüthje sah auf den Zettel, ohne ihn zu lesen. »Vielleicht war er durch Zufall im Haus, weil er das Verkaufsschild gesehen hatte. Dann der Schock. Aus«, sagte Lüthje. »Oder er hat eine Geschichte, die er uns erzählen will.«

»Was für eine Geschichte?«, fragte Hoyer.

»Wenn ich das wüsste«, sagte Lüthje.

Hoyer hielt einen kleinen Schlüsselbund hoch. »Herrn Malbeks Schlüssel für sein Dienstzimmer.«

»Den können Sie behalten. Mein Dienstzimmer ist in Laboe, und dabei bleibt es. Den Papierkrieg kann ich nach Laboe mitnehmen oder gleich hier in Ihrem Zimmer erledigen.« Er blätterte durch den Stapel Papier, den er aus seinem Eingangsfach genommen hatte.

»Wollen Sie sich nicht wenigstens setzen, Herr Lüthje?«, sagte Hoyer und schob ihm ihren Schreibtischsessel hin.

»Danke, aber hier ist doch ein Platz frei«, sagte Lüthje, setzte sich hinter Vehrs' Schreibtisch, ließ sich die Dienstpost von Hoyer herüberreichen. Er sah sie schweigend durch. Im Zimmer hörte man nur sein Geraschel mit dem Papier. Im Augenwinkel sah er, wie Vehrs ab und zu beiläufig aus dem Fenster sah und Hoyer nachdenklich irgendwelche wichtigen Gedächtnisprotokolle notierte.

Lüthje spürte ihre Unsicherheit und entschloss sich, ihnen später ein wenig über seinen Kurs zu verraten.

»Sie dürfen sich wieder setzen«, sagte er ohne aufzusehen.

»Aber nicht auf meinen Schreibtisch, das mag ich nämlich nicht so gern«, sagte Hoyer und sah Vehrs giftig an.

»Nehmen Sie das Fensterbrett, Vehrs«, schlug Lüthje vor.

Vehrs rückte zwei Blumentöpfe beiseite und setzte sich mit Schwung auf das Fensterbrett.

»Gibt es sonst was Neues?«, fragte Lüthje.

Hoyer und Vehrs holten gleichzeitig Luft und sahen sich unsicher an.

»Vehrs zuerst«, entschied Lüthje amüsiert.

»Im Laboer Seglerhafen liegt ein Motorboot, das Horst Drübbisch gehörte«, sagte Vehrs. »Der Hafenmeister hat vorhin angerufen. Er hätte gerade von dem Mord gehört. Die Spurensicherung ist schon unterwegs.«

»Haben die schon Ergebnisse aus dem Drübbisch-Haus?«

»Nichts! Absolut nichts!«, sagte Vehrs trotzig.

»Na ja, die haben ja auch gerade erst ausgepackt im Labor. Was ist das für ein Motorboot?«, fragte Lüthje.

»Liegt links vor Ihnen«, sagte Hoyer zu Lüthje.

Als Lüthje sich den Zettel griff, sah er, dass Hoyer Vehrs die Zunge rausstreckte.

»Ein Innenborder, um und bei zweihundertfünfzig PS, Baujahr 2007, circa vier Komma fünf Tonnen«, las Lüthje laut. »Eine große Achterkabine und Ruderhaus.« Er legte den Zettel beiseite. »Ich verstehe was von Röhrenradios und, dank unserem Hobbymeteorologen Malbek, auch vom Wetter. Aber was hat man sich

101

unter diesen Zahlen vorzustellen? Ich meine, auf einer gedachten Skala von lahme Ente bis Rakete?«

»Er bezeichnete das Boot als einen Cruiser«, sagte Vehrs. »Das stärkste Boot, das momentan im Laboer Seglerhafen liegt, sagte der Hafenmeister.«

»Hört sich schnell an. Ermitteln Sie mal, ob der Drübbisch seinen Liegeplatz in Kiel hatte.«

»Wollte ich gerade machen, als Sie kamen«, sagte Vehrs. »Wann wollen Sie es sich am Liegeplatz ansehen? Ich frage nur, weil die Laboer Werft es aus dem Wasser nehmen und auf Trailer in die Halle bei der Wasserschutzpolizei bringen soll.«

»Sagen Sie denen, dass ich mir den Liegeplatz heute noch ansehe. Also kann die Werft das Boot gleich morgen abholen«, sagte Lüthje. »Ich habe mich heute von Frau Drübbisch zum Tee einladen lassen. Ich hab dabei immerhin herausgehört, dass sie öfter mit Frau Klockemann telefoniert. Auch in der Zeit der Trennung von ihrem letzten Mann, der sich auf so tragische Weise das Leben genommen hat, hat die Klockemann ihr mit gutem Rat zur Seite gestanden.« Und zu Hoyer gewandt: »Frau Klockemann hat mir übrigens versichert, wie nett sie Sie findet.«

»Weil ich so harmlos aussehe«, antwortete Hoyer.

»Das ist wohl nicht der richtige Ausdruck, was meinen Sie, Vehrs?«, sagte Lüthje.

»Nach allem, was ich über Frau Klockemann gehört habe, merkt die genau, wenn ihr jemand die Harmlose nur vorspielt«, sagte Vehrs.

»Solche Frechheiten muss ich mir den ganzen Tag anhören, Herr Lüthje«, schmollte Hoyer.

»So, Kinder, jetzt ist genug. An die Arbeit!« Lüthje klappte die Mappe mit dem Papierkrieg zu. »Den Hafenmeister besuch ich.« Und an Hoyer gerichtet: »Die stark angegilbte Akte, die schon vor Ihnen auf dem Schreibtisch liegt, sagt mir, dass Sie jemanden in der Archivabteilung um den Finger gewickelt haben.«

»Richtig, Euer Ehren, die Sache Klockemann senior!« Sie deutete eine Verbeugung in Richtung Lüthje an.

»Aber fassen Sie sich bitte kurz, Frau Kollegin!«, sagte Lüthje.

»Kein Problem. Friedhofsarbeiter hatten Klockemann senior in

102

einem tags zuvor frisch ausgehobenen Grab tot aufgefunden. Die Obduktion ergab, dass er sich ein paar Rippen, ein Bein, das Becken und einen Arm gebrochen hatte. Das war natürlich nicht die Todesursache. Tagsüber hatte es bei minus drei Grad geschneit. In der Februarnacht hatte es nach Auskunft des Deutschen Wetterdienstes noch einen Temperatursturz bis minus zehn Grad gegeben. Der Tod durch Erfrieren ist wahrscheinlich schon gegen Mitternacht eingetreten. Ein Gutachter hat festgestellt, dass die Grabumrandung aus künstlichem Rasen auf dem Stahlgitter wegen des plötzlichen Frosteinbruches abrutschte, als der Bestatter Klockemann sie betrat, und ihn deshalb in das ausgehobene Grab mitriss. Seine Frau, Ingrid Klockemann, hat ausgesagt, dass ihr Mann regelmäßig am Vorabend einer ›wichtigen Beerdigung‹, so stand es in ihrer Aussage, nach dem Rechten sehen müsse. Sein Sohn, Jochen Klockemann, hat in seiner Befragung zu Protokoll gegeben, dass seine Mutter seinen Vater immer zu dieser ›Grabkontrolle‹, so hat er sich ausgedrückt, getrieben hätte. Damit gibt er indirekt seiner Mutter die Schuld am Tod seines Vaters. Strafrechtlich nicht relevant, weil es ja ein Unfall war.«

»Ein bemerkenswerter Unfall«, sagte Lüthje nachdenklich.

»Frau Klockemann sagte«, fuhr Hoyer fort, »dass sie ihren Mann in der Nacht nicht vermisst habe, weil er zu einem Treffen seiner Loge wollte. Meist habe er dann auch im Logenhaus übernachtet. Eine Versammlung der Loge an diesem Abend hat tatsächlich stattgefunden. Die Staatsanwaltschaft begründete den Einstellungsbeschluss mit einem Zusammentreffen unglücklicher Umstände. Das war's. Ich hab Ihnen meine Zusammenfassung ausgedruckt und in den Papierkriegsordner gelegt.«

»Frau Klockemann hat also sinngemäß ausgesagt: ›Das hat mein Mann immer so gemacht‹ und ›Deshalb musste es ja so kommen‹«, sagte Lüthje. »Hat sie nicht zufällig noch gesagt, dass sie ihren Mann davon abhalten wollte, an diesem Abend bei dem Schietwetter die übliche Grabkontrolle zu machen?«

»Ja, richtig, etwas Ähnliches steht in ihrem Protokoll. Soll ich es Ihnen raussuchen?« Hoyer begann in der Akte zu blättern.

»Nicht nötig«, sagte Lüthje. »Habt ihr sonst noch etwas über Jochen Klockemann herausgefunden?«

»Moment.« Hoyer suchte auf ihrem Computermonitor und klickte mit der Maus. »Seit zehn Jahren geschieden. Zwei schulpflichtige Kinder aus erster Ehe. Er ist unterhaltspflichtig und zahlt. Vor dem Familiengericht Kiel wurde ein Vergleich wegen der Umgangsregelung geschlossen. Seit vier Jahren ist er wieder verheiratet. Seine Frau ist fünfzehn Jahre jünger als er. Gegen ihn lief 2003 ein Ermittlungsverfahren wegen Betruges. In den Bestattungsrechnungen, die seine Firma dem Sozialamt über Jahre hinweg berechnete, hatte sich regelmäßig eine unberechtigte Kostenposition gefunden. Und zwar seit 1997. Es handelte sich um einen Betrag von ungefähr sechsundfünfzigtausend Euro. Zu wenig, um aufzufallen, hat er sich wohl gesagt. Das Geld hat er zurückgezahlt, und das Verfahren wurde eingestellt. Er hatte argumentiert, es sei ein betriebsinternes Versehen gewesen.«

»Wieso?«

»Weil die Buchhalterin eine Arbeitsanweisung falsch verstanden hatte.«

»Ah ja.«

»Wollen Sie auch einen Ausdruck des Ermittlungsverfahrens?«, fragte Hoyer.

»Das behalt ich auch so«, sagte Lüthje. »Wie laufen Klockemanns Geschäfte?«

»Harder vom Kommissariat 4 erzählte, dass seit etwa drei Jahren mehrere Investoren auf dem Bestattungsmarkt einen immer härteren Kampf um Marktanteile austragen. Das Ganze ist professionell und nach außen sehr seriös aufgezogen. Man bietet Bestattern attraktive Franchiseverträge an, wie es bei Modeboutiquen oder der Bahnhofsgastronomie üblich ist. Damit werden den Bestattern die Einkaufsmöglichkeiten beim Großhandel für Bestattungsbedarf, also Särge, Kerzen, Desinfektionsmittel, Sargträgermäntel und so weiter, abgeschnitten. Das wird dann teuer. Ach ja, das Neueste soll die überregionale Vermietung von Sargträgern sein, hat mir Harder erzählt. Das sind unterbezahlte Männer aus dem Osten. Ohne Krankenversicherungsschutz und Sozialbeiträge für drei Euro fünfzig pro Einsatzstunde. Die Männer werden dem Bestatter für je zwanzig Euro vermietet, vier Mann braucht der. Damit sind die Rentner und Sozialhilfeempfänger, die sich mit dem Job ein Zubrot verdient haben, raus aus dem Geschäft. Die dazugehörigen Sargträgermäntel mit Handschuhen und Fußschuhen werden dem Bestatter für je zwanzig Euro vermietet. Der Bestatter setzt dem Auftraggeber der Beerdigung diese Posten durchschnittlich für dreihundertfünfzig Euro in Rechnung.«

»Gefühlte Mehrwertabschöpfung heißt das, glaube ich«, sagte Lüthje. »Sagen Sie mal, dieser Harder, war der nicht mal bei Ihnen und ist ins Betrugsdezernat gewechselt, um einem Rausschmiss durch Malbek zuvorzukommen?«

»Stimmt. Sie sind gut informiert, Herr Lüthje«, sagte Vehrs schmunzelnd.

»Manchmal. Gehört Klockemann auch in die Sparte Bestattungsmafia?«

»Hier ist die Website.« Hoyer zeigte auf ihren Monitor. »Das Layout gibt dafür nichts her. Aber das heißt nichts. Inzwischen ist nach außen oft nichts von den wirtschaftlichen Abhängigkeiten zu erkennen, sagte Harder.«

Lüthje und Vehrs stellten sich hinter sie, um auf ihren Monitor sehen zu können.

»Klockemann Bestattungen und Grabpflege«, sagte Hoyer. »Er ist innovativ, heißt es da weiter unten. Bietet Trauerkurse an. Hat Anteile an einer Modefirma, die auch Trauerkleidung ›der anderen Art‹ anbietet. Lässig, bequem und ökologisch. Helle Farben, Blumen. Bemalte Särge in allen Stilrichtungen. Hier Planungen für ein eigenes Trauerhaus.«

»Sieht mehr nach innovativem U-Bahnhof aus.«

»Na, das passt doch«, sagte Vehrs.

»Okay, das reicht fürs Erste«, sagte Lüthje. »Weiter. Wieso heißt die Witwe Drübbisch eigentlich noch so? Das ist doch der Name ihres ersten Ehemannes, oder nicht? Ich hab den Namen in fruher Jugend auch mal in Laboe gehört. Da klingelt irgendetwas, aber nicht laut genug.«

Vehrs suchte auf seinem Schreibtisch in den Unterlagen. »Ich hab Ihnen auch eine Notiz von mir dazu ausgedruckt … Hier!« Er legte sie Lüthje vor. »Ihr Mädchenname ist Schedelgarn.«

»Den Namen hätte ich aber auch so schnell wie möglich abgelegt.« Hoyer schüttelte sich.

»Sie meinen, sie hat nur geheiratet, um den Namen loszuwerden?«, fragte Lüthje.

»Können Sie das nicht verstehen?«, fragte Hoyer.

»Und wie hieß noch der zweite Mann, der Hundenarr?«, fragte Lüthje, ohne auf Hoyers Gegenfrage zu antworten. »Frau Drübbisch hat ihn mir genannt, aber ich hab's vergessen. Hat was mit Ostern zu tun … Irgendein ein Tier, das gut schmeckt …«

»Bis zur Heirat mit Ursula Drübbisch hieß er Holger Lamm«, antwortete Vehrs schmunzelnd. »Er hat den Namen seiner Frau angenommen.«

»Weiß man etwas über seine Eltern?«, fragte Lüthje.

»Soll ich da tiefer graben?«, sagte Vehrs.

»Nee, lieber nicht. Sonst finden Sie noch ein Grab. Ich finde, es reicht für den Moment.«

Vehrs sah Lüthje irritiert an.

»Sie haben manchmal eine so plastische Sprache, Vehrs. Verstehen Sie das bitte als Kompliment. Weiter im Text. Sie haben sich ja mit der Selbstmordakte befasst. Geht daraus hervor, was dieser Holger Lamm für ein Mensch war?«

»Er hatte eine Huskyzucht in der Nähe von Schleswig. Also Schlittenhunde. Er hat den Betrieb mit einem Partner geführt. Mit dem er auch eine sexuelle Beziehung hatte. Vor der Ehe und nach der Eheschließung mit Ursula Drübbisch. Sie soll die beiden beim Geschlechtsverkehr ertappt haben, als sie ohne Ankündigung in den Büroräumen der Hundezucht erschien. Sie hat noch am selben Tag eine Scheidungsanwältin beauftragt.«

»Er war also bisexuell und hat es seiner Frau verschwiegen. Davon scheint Frau Klockemann nichts zu wissen. Sonst hätte sie es uns genüsslich erzählt. Und warum hat der Mann sich umgebracht, als Ursula Drübbisch sich von ihm scheiden lassen wollte?«

»Sein Partner hat ausgesagt, dass er sich gerade von Holger trennen wollte. Wegen der maroden Finanzen des Betriebes. Holger wollte seine Frau eigentlich deshalb um einen Kredit bitten.«

»Was nach dem Stand der Dinge niemand mehr von ihr erwartete. Verständlich. Hat man sie gefragt, warum sie sich in Holger verliebt hat?«

»Nein, aber wo sie sich kennengelernt hatten. Auf einer Party einer Freundin auf dem Lande, irgendwo bei Damp. Das waren Kunden von Holger. Er hatte so nett mit den Hunden der Gastgeberin gespielt. Da seien sie ins Gespräch gekommen.«

»Verständlich. Mal ganz was anderes als dieser geheimnisvolle Ministerialbeamte. Komisch, alles, was diese Frau macht, finde ich irgendwie nachvollziehbar. Wie denken Sie beide darüber?«, fragte Lüthje.

»Ja, geht mir genauso. Sie hat wohl einfach Pech gehabt«, sagte Vehrs. »Die falschen Männer kennengelernt.«

»Oder nie richtig hingeguckt, in wen sie sich verguckt hat!«, entgegnete Hoyer und sah Vehrs und Lüthje mit hochgezogenen Augenbrauen an.

»Irgendwie kommen wir vom Thema ab«, sagte Lüthje. »Ehe ich's vergesse: Guckt mal ein bisschen in Horst Drübbischs Arbeitsumgebung rein. Er müsste dem Minister direkt unterstellt gewesen sein. Oder höher. Stationsleiter Steffens aus Laboe hatte mir erzählt, dass der erste Ehemann der Drübbisch von einem DDR-Agenten ermordet worden sein soll. Versuchen Sie noch mal, Ihre Verbindungen zum Aktenarchiv spielen zu lassen, Hoyer. Der Name war Hermann Drübbisch.«

»Wird gemacht«, sagte Hoyer.

»Worüber wird im Haus, ich meine, in dieser verehrten Dienststelle geklatscht und getratscht?«, fragte Lüthje.

Vehrs und Hoyer sahen sich an und bliesen die Backen auf.

»Sagen Sie mir einfach, dass hier niemand über mich und Malbek redet!«, sagte Lüthje.

»Okay. Das Gerücht geht um, dass Sie hier in Kiel bleiben, Herr Lüthje, wenn die Sache in Laboe aufgeklärt ist. Malbeks Urlaub sei nur vorgeschoben. So als Übergang. Was mit ihm wird, wisse man nicht«, sagte Hoyer.

»Was heißt das, ›was mit ihm wird‹?«

Sie zuckten beide mit den Schultern.

»Wir glauben, dass jemand Malbek weghaben will«, sagte Vehrs, und Hoyer nickte zustimmend.

»Jetzt verstehen Sie vielleicht, warum ich Malbeks Dienstzimmer nicht nutze. In dem Moment, wo mich jemand dort antrifft oder ich dort einen Anruf annehme, breitet sich das Gerücht aus wie ein bösartiges Geschwür. Malbek passt eben in keine Schublade. Allein dass er in einem alten Wohnmobil wohnt, macht ihn höchst verdächtig. Und seine Methoden … na ja, Sie kennen ihn.«

»Gerade das schätzen wir so an ihm«, sagte Vehrs.

Hoyer nickte zustimmend. »Was ist eigentlich mit Blumfuchs und Husvogt in Flensburg?«, fragte sie. »Die gehören doch auch zur Ermittlungsgruppe?«

Jetzt war der richtige Zeitpunkt für die Kursinformationen gekommen, dachte Lüthje.

»Wenn Schackhaven über dem Text für eine Pressemitteilung Blut und Wasser schwitzt«, sagte Lüthje, »wird er mich fragen, wie viele Beamte ich in der Ermittlungsgruppe habe. Die natürlich *er* eingesetzt hat. So wird das der Presse vermittelt. Obwohl er mir bei der Organisation der Ermittlungsgruppe freie Hand gelassen hat.«

Lüthje war aufgestanden und begann, im Raum hin und her zu gehen. »Hier die offizielle Sprachregelung: Die besten zehn Frauen und Männer, die Schleswig-Holsteins Kriminalpolizei hat, sind in dieser Ermittlungsgruppe. Namen werden wie immer aus ermittlungstaktischen Gründen nicht genannt.«

Hoyer und Vehrs nickten zustimmend.

»Hier meine, unsere interne Version: Wir drei in diesem Raum sind der harte Kern«, sagte Lüthje. »Blumfuchs und Husvogt in Flensburg schieben Bereitschaft und machen ansonsten ihre Flensburger Arbeit. Und die Kollegen der Polizeistation Laboe mit allen Urlaubs- und Krankheitsvertretern gehören auch dazu. Genauso wie alle übrigen Kieler Kollegen, die wie ein Mann und natürlich wie eine Frau …«, er verbeugte sich zu Hoyer gewandt, »… hinter uns stehen. Da Diensträume in diesem Haus Mangelware sind, wäre es bei Hinzuziehung der Flensburger Kollegen unvermeidlich, dass Sie, Kollegin Hoyer, mit drei Männern in diesem winzigen Raum arbeiten. Wollen Sie das, Frau Hoyer?«

»Niemals!«

»Und Sie, Herr Vehrs?«

»Niemals!«

»Sie wissen, dass Schackhaven sich wegen der hohen Gäste bei der Opernaufführung am Ehrenmal in die Hosen macht?«, fragte Lüthje.

»Das ist das zweite Gerücht, was hier rumläuft: Wenn der Mord an Horst Drübbisch von der Presse hochgespielt wird oder sonst was schiefläuft, ist er fällig«, sagte Hoyer.

»Also hat hier jemand was gegen beide. Malbek und Schackhaven«, sagte Lüthje und unterbrach seinen Tigerkäfiggang.

»Wir werden es Malbek nach seiner Rückkehr aus dem Urlaub erzählen.«

»Schackhaven tut mir das erste Mal leid. Er ist so schrecklich naiv«, sagte Lüthje. Und nach einer kleinen Pause fügte er noch leiser hinzu: »Aber es ist wie immer eine Frage der richtigen Perspektive …«

»Darf ich das Fenster ein wenig öffnen?«, fragte Vehrs. »Es ist ziemlich stickig hier drin, und jetzt scheint die Sonne hier auch noch rein.«

Lüthje und Hoyer nickten. Vehrs rutschte vom Fensterbrett und kippte das Fenster auf.

»Da unten steht schon wieder der Dienstwagen von Schackhaven in Startposition!«, sagte Vehrs.

Neben der Dienstlimousine stand der Chauffeur und rauchte eine Zigarette.

»Da kommt er!«, rief Hoyer.

Schackhaven lief die Eingangstreppe hinunter und eilte mit schnellen Schritten zum Wagen. Der Chauffeur drückte verstohlen seine Zigarette aus und hielt die hintere Wagentür auf.

»Das ist doch nicht Schackhaven!«, sagte Vehrs.

»Die Jacke spannt nicht mehr über dem Bauch«, stellte Hoyer fest.

»Weil er sich einen neuen Anzug gekauft hat, der passt«, sagte Lüthje ungläubig. Der Elbsegler fehlte. Aber die Kieler-Woche-Krawatte war wieder dabei.

Hoyer drängte sich zwischen die beiden Männer ans Fenster, um besser sehen zu können. »Maßgeschneidert. Marineblau. Leinen, vermute ich. Bei der warmen Witterung eine kluge Entscheidung seiner Frau.«

»Was glauben Sie, was passiert ist?«, fragte Vehrs.

»Mit seinem Bauch?«, fragte Lüthje.

»Nein, warum er sich in Schale geschmissen hat«, sagte Hoyer.

Die Dienstlimousine fuhr mit hohem Tempo zum Ausgang und ordnete sich mit einem gewagten Manöver in den fließenden Verkehr Richtung Förde ein.

»Er fährt vermutlich an einen Ort …«, antwortete Lüthje in salbungsvollem Tonfall, »… an dem sich uniformierte Männer gehobener Dienstgrade in eleganten Ausgehuniformen treffen. Und da ein Kriminalrat keine Uniform hat, ist der Leinenlappen die einzige Möglichkeit, aufzufallen.«

7.

Lüthje wollte Klockemann in seiner ureigensten Umgebung befragen. Das war nicht sein Bestattungsinstitut, sondern der Friedhof.

Er rief im Bestattungsinstitut an. Er hatte Glück. Die Dame am Telefon sagte ihm mit gequälter Stimme, dass Herr Klockemann eine Überführung hätte, so als ob das eine Krankheit wäre.

»Wohin überführt er?«, fragte Lüthje.

»Geht es um einen Trauerfall?«, fragte die Dame.

»Ja. Ich bin Kriminalhauptkommissar Lüthje und muss dringend mit ihm sprechen.«

»Sie können hier auf ihn warten. Er müsste in … ungefähr dreißig Minuten wieder hier sein. Oder darf ich Sie mit Herrn Singer verbinden?«

»Ich fragte Sie, wohin Herr Klockemann überführt.«

»Äh, auf den Friedhof Eichhof. Eine Einbettung, glaube ich.«

»Glauben Sie? Keine Trauerfeier?«

»Äh. Ich verstehe Sie nicht.« Die junge Frau bekam ein Zittern in der Stimme. »Aber ich sehe gerade, er war noch beim Standesamt. Totenscheine abholen. Ich weiß gar nicht, ob er schon in der Leichenhalle ist. Soll ich ihn anrufen?«

»In der Leichenhalle anrufen? Nicht nötig. Ich melde mich später noch einmal.«

Der Friedhof Eichhof lag am Olof-Palme-Damm, zehn Minuten Autofahrt von der Bezirkskriminalinspektion in der Wilhelminenstraße. Lüthje fand einen Leichenwagen der Firma Klockemann mit geöffneter Heckklappe vor der Leichenhalle, parkte ein paar Meter dahinter und ging zum Eingang. Er sah zwei Männer im Dunkel des Flures hantieren.

»Suchen Sie jemanden?«, rief einer der Männer. Sie trugen beide die übliche Berufskleidung der Bestatter: schwarze Anzüge, weißes Hemd, schwarzer Schlips und weiße Einmalhandschuhe.

»Ich nehme an, Sie sind Herr Klockemann. Ich bin Kriminalhauptkommissar Lüthje«, rief Lüthje zurück. »Hat Ihre Empfangsdame mich nicht bei Ihnen angekündigt?«

»Warten Sie bitte draußen, wir sind hier noch nicht fertig«, sagte Klockemann und schob mit seinem Gehilfen einen Sarg in die Leichenkammer.

Lüthje ging ihnen hinterher. Eiskalte Luft schnitt ihm in die Gesichtshaut. Unter der Decke rauschte ein Ventilator der Klimaanlage. Ein großes Thermometer an der Wand zeigte zwei Grad plus. In der Luft hing der unverkennbare säuerliche Leichengeruch. Der Raum war ungefähr acht mal acht Meter groß. An den Wänden standen Särge und Leichensäcke auf fahrbaren Scherenwagen.

»Ich hab schon ganz andere Dinge gesehen, Herr Klockemann«, sagte Lüthje und beobachtete die beiden bei ihrer Arbeit.

Sie öffneten einen Leichensack, der auf einer Bahre mit Rollenfüßen lag, und hoben die Leiche in einem Tuch in den Sarg, der danebenstand. Klockemann warf seine Einmalhandschuhe schnell in den Sarg, so als ob er sie vor Lüthje verbergen wollte, sein Gehilfe ließ sich damit mehr Zeit. Sie legten den Sargdeckel auf. Klockemann befestigte ihn mit einem Tacker, der mit lautem Knallen Nägel in das Holz schoss.

Ein Nagel saß zu hoch. Klockemann setzte neu an und verriss das Gerät. Wieder zu hoch. Lüthje hielt sich die Ohren zu, da die kahlen Wände des Raumes die Schüsse schmerzhaft verstärkten. Erst beim dritten Schuss saß der Nagel richtig. Die Männer gingen zurück in den Flur, entnahmen aus einem Spender neben einem Waschbecken Desinfektionsflüssigkeit und wuschen sich die Hände.

»Sie müssen die Tür zum Kühlraum schließen!«, sagte Lüthje.

»Wir haben draußen fast fünfundzwanzig Grad, oder wollen Sie die Insassen hier durch Sonnenbaden zum Leben erwecken?«

Klockemann gab seinem Gehilfen ein Zeichen. »Ich dachte, Sie machen hinter uns zu.«

»Ohne Handschuhe?«, fragte Lüthje.

Der Gehilfe schlenderte betont lässig zur ungefähr zwanzig Zentimeter dicken Kühlhaustür, schlug sie mit beiden Händen heftig zu und ging zum Ausgang.

»Er hätte sich wieder die Hände waschen müssen«, sagte Lüthje.

Klockemann zuckte mit den Schultern, ließ zum zweiten Mal Desinfektionsflüssigkeit über Hände und Unterarme fließen.

»Wollen Sie sich nicht auch waschen?«, fragte Klockemann.

»Warum?«, fragte Lüthje.

»Wissen Sie noch so genau, was Sie hier angefasst haben?«

Eins zu null für Klockemann. Lüthje ging zum Waschbecken und absolvierte die Prozedur dreimal.

»Dürfen Sie die Handschuhe im Sarg entsorgen?«, fragte Lüthje, als sie sich die Hände mit einem Haufen Papiertücher abtrockneten.

»Was meinen Sie, was in den Särgen alles drin ist? Das ist nicht von Pappe.« Klockemann lachte über seinen Scherz. »Die Särge aus Polen ... na ja, Recycling ist da kein Thema. Aber Sie brauchen sich keine Sorgen zu machen. Das wird eine Feuerbestattung. Der Sarg wird in der Brennkammer mit tausendzweihundert Grad verglühen. Das verschwindet in den Filtern des Krematoriums, und die werden regelmäßig als Sondermüll entsorgt. Bleibt nur die Asche.«

»Und wenn da noch eine Metallhüfte dabei ist?«

»Die wird vor dem abschließenden Mahlgang vom Urnenabfüllgerät ausgesondert.«

»Und die Sargnägel?«

»Die werden vor dem Mahlgang an einem Magneten aus der Asche gezogen. Erst dann kommt die Asche in die Urne.«

»Und die goldenen Zähne?«

»Werden vorher rausgenommen. Der Verstorbene, den wir eben umgebettet haben, hatte keine. Sonst hätten Sie es miterleben können. Wir übergeben das Zahngold üblicherweise den Hinterbliebenen, zusammen mit den Sterbeurkunden.«

»Gab es eine Trauerfeier, oder kommt noch eine Urnenfeier oder so was?«

»Es wird eine Feuerbestattung ohne alles. Also auch ohne Trauerfeier. Aber inklusive Sterbehemd. Anonyme Bestattung.«

»Todesursache?«, fragte Lüthje.

Klockemann lächelte übertrieben. »Herzversagen steht im Totenschein. Wollen Sie eine Obduktion? Er sieht ziemlich ausgetrocknet aus. Jedenfalls als wir ihn abholten. Aber bei dem kleinen Zimmer im Pflegeheim kein Wunder. Die Sonne stand genau drauf, als wir ihn abholten. Für Juni zu warm, wenn Sie mich fragen.«

»Wie oft haben Sie solche Aufträge?«

»Kommen Sie!«

Klockemann ging mit großen Schritten zur Kühlraumtür und öffnete sie wieder. Er winkte Lüthje heran, der abwartend neben dem Waschbecken stehen geblieben war. Er drückte den Lichtschalter, und die Neonlampen gingen flackernd an, wie in einem schlechten Gruselfilm.

»Der zweite Sarg von links.« Klockemann zeigte auf einen Sarg mit barocker Formgebung. Üppig und verspielt. »Da liegt ein Ratsherr drin. Herzinfarkt nach einer Abstimmung. Eiche Natur, geeignet bis zweihundertfünfzig Kilo. Ergreifendes Design. Das wird eine Trauerfeier in der Kirche, mit Kondolenzbuch, aufwendigem Blumenschmuck, sechs Trägern, einschließlich Handschuhen, Transport zum Friedhof, einstelliger Gruft, Traueranzeigen, das ganze Programm eben. Da rechts ganz hinten, eine Orthopädin, Lungenkrebs, Kettenraucherin, wenn Sie mich fragen, ungefähr das gleiche Programm. Allerdings ohne Kirche.« Er wandte sich Lüthje zu, der neben ihm stand. »Nur damit Sie nicht denken, ich nage am Hungertuch. Wegen ›solcher Aufträge‹, wie Sie eben sagten.«

»Und das ist sicher nicht leicht für Sie, kann ich verstehen. Hat Ihnen schon mal jemand aus der Branche ein Angebot gemacht, das Sie nicht so einfach ablehnen können?«, fragte Lüthje mit unbewegtem Gesicht.

»Natürlich bekomme ich Angebote, die mich zum Angestellten meines Unternehmens machen wollen, um mich dann baldmöglichst rauszuschmeißen. So was beeindruckt mich schon lange nicht mehr. Der Tod hat immer Konjunktur. Davon leben Sie auch. Aber im Gegensatz zu Ihnen habe ich mehr Konkurrenz. Zum Beispiel Herrn Preller, den Sie ja gerufen haben, obwohl er nach der Bereitschaftsliste nicht dran war. Sondern ich.«

»Wollten Sie Ihren Jugendfreund gern einsargen?«

»Es geht ums Prinzip«, sagte Klockemann trotzig.

»Nein, es ging um Ihre Mutter«, sagte Lüthje geduldig. »Sie ist Nachbarin und deshalb Zeugin. Aber ich brauche jetzt wieder frische Luft und Sonne. Dann können wir uns weiterunterhalten.«

Lüthje wunderte sich, dass er nicht wie sonst Knäckebrotkrümel im Mund brauchte, um das Würgegefühl in der Nähe des Todes zu unterdrücken. Vielleicht lag es daran, dass er seinen toten Vater in der Leichenhalle besucht hatte. War ihm dieser Ort deshalb vertraut, auch wenn es damals die Leichenhalle auf dem Laboer Friedhof gewesen war? Er hatte ihn durch einen alteingesessenen Laboer Bestatter auf dem Laboer Friedhof begraben lassen, auf dem auch seine Mutter und seine Großeltern lagen.

»Ich wusste gar nicht, dass zwei Särge in so einen Wagen reinpassen«, sagte Lüthje, als sie auf den Bestattungswagen zugingen.

Die Hilfskraft stand neben dem Wagen und hustete fürchterlich.

»Es gibt auch Bestattungswagen für vier und mehr Särge. Denken Sie an Verkehrsunfälle und Zugunglücke.« Klockemann schien Lüthjes Erscheinen als Gelegenheit zur Geschäftsanbahnung zu verstehen.

»Wie viele liefern Sie denn so pro Tag hier ein?«, fragte Lüthje.

Die Frage ging Klockemann zu weit. »Ist das jetzt schon ein Verhör?«

»Sagen Sie bitte dem Fahrer, dass wir uns noch ein paar Minuten hier auf dem Friedhof unterhalten. Ich bringe Sie anschließend zu Ihrem Büro.«

»Ich weiß die Ehre zu schätzen.« Er ging zur Hilfskraft, sprach kurz mit ihm, der sah kurz zu Lüthje herüber, nickte, startete den Wagen und fuhr etwas zu schnell in Richtung Friedhofsausgang.

»Er hat Asthma. Und ist Kettenraucher …«, sagte Klockemann, als sie ihm nachsahen. »Stellen Sie endlich Ihre Fragen. Auf mich wartet viel Arbeit.« Plötzlich wurde er ärgerlich.

Sie wählten einen besonders schattigen Weg durch die Grabreihen.

»Wo waren Sie vorgestern Nachmittag?«, fragte Lüthje.

»Mein Alibi, stimmt's? Ich war den ganzen Tag auf unserer Verbandstagung im Hotel Wiker Förde.«

»Nennen Sie Personen, die das bezeugen können.«

»Ich kann Ihnen meine Hotelbuchung zeigen, man hat mich mehrfach an der Rezeption gesehen. Wir hatten Gesprächsrunden, Abstimmungen, Tischnachbarn, was wollen Sie haben?«

»Wo waren Sie zwischen fünfzehn und neunzehn Uhr?«

»Das kann ich jetzt so nicht sagen. Aber ich habe mir Notizen gemacht über verschiedene Gespräche. Das ist ja das wichtigste Treffen unserer Branche im Jahr. Ich muss das raussuchen.«

»Wie haben Sie das notiert? Papier oder digital?«

»Teils, teils. Im Wesentlichen ganz altmodisch in einem Notizblock. Das geht ja immer am schnellsten, nicht wahr?«

»Also gut. Den Notizblock, Namen und Adressen, Telefonnummern und Belege. Sie sollten sich für heute nichts anderes vornehmen und alles fein säuberlich zusammenstellen. Das geben Sie in der Bezirkskriminalinspektion Wilhelminenstraße im Kommissariat 1 ab.« Er reichte ihm eine Visitenkarte. »Herr Kommissar Vehrs und Frau Kommissarin Hoyer erwarten Sie. Rufen Sie an, wenn Sie verhindert sind. Es erspart Ihnen viel Ärger. Haben Sie mich verstanden?«

»Äh ja, natürlich. Es wird schwierig werden, ich habe heute noch …«

»Merken Sie sich einfach: Es gibt heute nichts Wichtigeres, als den ganzen Tag für Kriminalhauptkommissar Lüthje zu arbeiten. Davon hängt Ihr weiteres Leben ab. Haben Sie das verstanden?«

»Ja doch.«

Lüthje schwitzte. Es war nicht mehr warm, sondern heiß. Er zog sein Jackett aus.

»Sie gestatten?«, sagte Klockemann und zog seine schwarze Anzugjacke aus. Er hatte große Schweißflecken unter den Achselhöhlen, obwohl sie die kalte Leichenhalle erst vor ein paar Minuten verlassen hatten.

»Ich gestatte, Herr Bestatter«, sagte Lüthje.

Klockemann lachte. »Untertänigsten Dank, Herr Kommissar.« Das war knapp, dachte Lüthje. Klockemann hätte auch gekränkt reagieren können. Oder er hatte sich gut im Griff.

Irgendwie kam ihm Jochen Klockemann bekannt vor. Aber es lag wahrscheinlich nur daran, dass er gestern seine Mutter kennengelernt hatte. Dabei waren die spitze Nase und die dünnen Haare das Einzige, was Jochen Klockemann von seiner Mutter hatte. Seine Haare waren von einem satten Dunkelbraun. Wahrscheinlich hatte eine Tönung nachgeholfen. Ab vierzig störte schließlich das eine oder andere graue Haar plötzlich die dynamische Erscheinung, der man jeden Morgen vor dem Spiegel mühsam auf die Sprünge half. Der regelmäßige Sargtransport verhalf ihm zwar zu einer muskulösen Erscheinung, aber einen leichten Haltungsschaden glaubte Lüthje schon zu sehen, als Klockemann seine Jacke ausgezogen hatte. Seine goldene Armbanduhr glänzte penetrant.

»Ich nehme an, Sie haben von der Pike auf im elterlichen Betrieb gelernt?«, fragte Lüthje.

»Ja, natürlich. Jetzt bin ich Bestattungsmeister, wird manchmal auch *Funeral Master* genannt. Ich habe drei Wagen laufen, aber ich bin immer noch im Außendienst tätig. Das gehört einfach dazu.«

»Ich habe mich mit Ihrer Mutter unterhalten, und sie sagte, Sie hätten noch ein Zimmer im elterlichen Haus, das Sie gelegentlich nutzen.«

»Das ist typisch. Es ist mein Kinderzimmer. Das ist alles.«

»Auf dem Türschild Ihrer Mutter stand ein Firmenschild, ›Klockemann Bestattungen aller Art‹. Haben Sie da eine Filiale?«

»Nein. Aber meine Mutter meint, es würde Todesfälle bringen.«

»Todesfälle bringen?«

»Entschuldigen Sie, aber das ist so eine alte Redewendung. Besser, man redet von Kundschaft und nicht von Tod.«

»Und? Hat es Kundschaft gebracht? Das Schild mit dem Hinweis auf die Bestattungen aller Art?«

»Als sie sich aus dem Geschäft zurückgezogen hatte, gab es noch ein paar alte Kunden aus Laboe. Als noch jeder wusste, dass sie in Kiel mit meinem Vater das Bestattungsinstitut Klockemann betrieb. Das hat jetzt aufgehört. Übrigens machen wir natürlich auch Seebestattungen.«

»Wieso arbeitet sie nicht mehr im Geschäft? Sie machte auf mich einen sehr umtriebigen und interessierten Eindruck.«

»Mag sein. Aber sie konnte mit Computern nie etwas anfangen. Ich glaube, sie hat Angst davor. ›Das ist Teufelszeug‹, hat sie mal gesagt. Dabei geht es doch nicht mehr ohne. Buchhaltung und Textverarbeitung, E-Mail, überhaupt alles. Sehen Sie sich mal unseren neuen Bestattungskostenrechner auf unserer Website an. Die Gebührensätze der Friedhöfe im Umkreis von fünfzig Kilometern sind eingearbeitet. Alle Bestattungsvarianten, auch die Anzahl der Sargträger zum Beispiel, können Sie sich zu Hause bequem rund um die Uhr aussuchen. Gerade für die Vorsorge ist das attraktiv, wenn man sich mit Vorsicht und in aller Stille dem Thema nähern will.« Er sah Lüthje mit hochgezogenen Augenbrauen an.

»Im Moment muss ich mich mental der nächsten Vorsorgeuntersuchung bei meinem Hausarzt nähern. Das reicht. Sagen Sie, könnte es sein, dass Sie sich mit Ihrer Mutter nicht besonders verstehen?«

»Wie kommen Sie denn darauf?«

»In der Akte über den Unfall Ihres Vaters stand die Aussage Ihrer Mutter, dass er regelmäßig am Vorabend einer wichtigen Beerdigung am Grab kontrollierte, ob die Friedhofsarbeiter alles ordentlich vorbereitet hätten. Sie hatten damals ausgesagt, dass Ihre Mutter Ihren Vater immer zu dieser Grabkontrolle getrieben hätte. Das klingt doch nicht nach großer Harmonie zwischen Mutter und Sohn, oder?«

»Was stand da? Das habe ich nie gesagt! Wenn das da so steht, muss das raus aus der Akte. Natürlich wusste ich von den Eigenheiten meines Vaters. Wieso wird das eigentlich jetzt wieder ausgegraben?«

»Beruhigen Sie sich. Vielleicht hat man Sie damals missverstanden. Die Sache ist abgeschlossen. Aber ich habe mir die Akte angesehen, weil Ihre Mutter bei meinem Besuch von diesem Unfall

117

anfing. Und ich muss doch Bescheid wissen, wenn mich jemand darauf anspricht.«

Klockemann nickte, ohne Lüthje anzusehen.

»Wann haben Sie Horst Drübbisch das letzte Mal gesehen?«, fragte Lüthje.

»Ungefähr vor zwei Wochen. Auf seinem Motorboot, mit ein paar alten Freunden. Wir wollten die Welcome-Race-Kiel nach Eckernförde am ersten Tag der Kieler Woche begleiten, am Samstag. Da sind auch Profis und tolle Boote dabei. Anschließend wollten wir in Eckernförde feiern. Aber er hat letzte Woche abgesagt.«

»Wie hat er das begründet?«

»Berufliche Verpflichtungen. Wegen der Kieler Woche.«

»Näheres hat er nicht gesagt?«

»Er hat immer sehr geheimnisvoll getan, was seinen Beruf betraf.«

»Und was war sein Beruf?«

»Er hat sich als Ministerialbeamten bezeichnet, manchmal auch als Referenten. Er hatte Beziehungen.«

»Was für Beziehungen?«

»In andere Ministerien und mehr. Sagt man in der Bekanntschaft. Wenn man ihn kennt, könne es viele Dinge einfacher machen.«

»Möchten Sie nicht darüber reden?«

»Was? Worüber denn?«

»Welche Dinge konnte Horst Drübbisch für Sie zum Beispiel einfacher machen?«

»Sie haben mich missverstanden. Ich habe nur gehört, wie andere Leute darüber redeten.«

»Wer ist ›andere Leute‹?«

»Ich hab das gehört, als man sich auf dem Boot bei ein paar Gläsern Sekt oder Bier darüber äußerte. Ich kannte die Leute doch gar nicht. Es waren doch immer andere.«

»Und Sie waren Stammgast«, stellte Lüthje fest.

»Nein, aber ich war für Horst eine Kindergartenfreundschaft aus Laboe. Ein alter Freund, den er etwas aus den Augen verloren hatte.«

»Noch mal: Gab es Dinge, die Horst Drübbisch für Sie regeln konnte?«

»Wenn ja, weiß ich jedenfalls nichts davon«, antwortete Klockemann trotzig.

»Sie und Horst Drübbisch haben sich etwas aus den Augen verloren, sagten Sie. Was meinten Sie damit?«

»Wir waren Nachbarskinder. Er war drei Jahre älter als ich, deshalb waren wir nicht in derselben Klasse, aber wir haben mit anderen Jungen aus der Nachbarschaft gespielt, meistens am Strand.«

»Und als Sie älter wurden?«

»Ging jeder seine eigenen Wege, wie das so im Leben ist. Aber wir haben den Kontakt nie ganz verloren«, sagte Klockemann.

»Aber das verbindet doch fürs Leben. Kindergarten, Nachbarskinder. Sie haben die Umgebung erkundet, hatten Geheimnisse vor den Eltern oder den Freunden –?«

»Es reicht, Herr Lüthje! Nur weil wir Nachbarskinder waren … Man entwickelt sich völlig verschieden. Was sollen ein höherer Beamter und ein Bestattungsunternehmer für Gemeinsamkeiten haben? Doch nur die Mütter, die immer sonderlicher werden. Und ein paar Jugenderinnerungen. Mehr ist da nicht, Herr Kommissar.«

»Und trotzdem haben Sie sich manchmal gesehen.«

»Kennen Sie das nicht? Alte Bekannte sehen sich von Zeit zu Zeit. Vielleicht wollte er nur sein Geld vorführen, ich meine das Boot, so wie er es auch den anderen vorführen wollte. Sie kennen ja diesen Spruch, mein Haus, mein Auto und so weiter, na ja, auch mein Boot«, sagte Klockemann.

»Was waren das für Freunde oder alte Bekannte, die auf dem Boot eingeladen waren?«

»Es waren jedenfalls nicht meine Freunde. Ich kannte die nicht. Meine Frau auch nicht.«

»Haben Sie Horst Drübbisch nie zu sich eingeladen?«

»Zu den Geburtstagen der Mütter haben wir uns gesehen. Immer im Juli. Die sind nur zwei Tage auseinander. Das feierten die immer gemeinsam am darauffolgenden Samstag. Die wollten uns dann immer zusammen sehen, wie sie es von früher gewohnt waren.«

Er sah auf die Uhr. »Können wir jetzt Schluss machen? Mehr kann ich wirklich nicht sagen.« Die Schweißflecken unter seinen Achselhöhlen waren noch größer geworden.

»Na gut. Aber vergessen Sie die Schulaufgaben für Ihr Alibi nicht. Ich fahr Sie zu Ihrem Büro.«

»Nicht nötig. Ich rufe mir ein Taxi.«

Er wandte sich ab, holte sein Handy aus einer Hosentasche und ging in eine Richtung, die Lüthje nicht erwartet hatte. Klockemann kannte sich auf dem Friedhof eben besser aus als Lüthje.

8.

Lüthje fuhr den Olof-Palme-Damm nach Süden bis zur Abzweigung in den Kronshagener Weg. Schon nach zehn Minuten fand er einen Parkplatz vor dem Städtischen Krankenhaus in der Chemnitzstraße. Ein Glücksfall.

Neben der Tür zum Krankenzimmer saß ein Polizist, so wie Malbek es vor seinem Urlaub angeordnet hatte. Malbek hatte offensichtlich allen Gerüchten zum Trotz auch während seines Urlaubs genügend Gefolgsleute.

Der Mann war in ein Buch vertieft und sah erschrocken auf, als Lüthje vor ihm stehen blieb.

»Ich bin Kriminalhauptkommissar Lüthje. Was lesen Sie da?«

Der Beamte zeigte ihm das Cover. Die Bibel. Das Alte Testament.

»Sind Sie religiös?«, fragte Lüthje.

»Eigentlich nicht. Aber Kriminalhauptkommissar Malbek hat es uns vor seinem Urlaub als Lektüre während der Schutzmaßnahme empfohlen.«

»Und? Wie wirkt es?«

»Ich dachte, es müsste einschläfernd wirken. Aber ich bin tatsächlich hellwach.«

»Seien Sie vorsichtig. Es gibt ja die sogenannte Wirkungsumkehr bei Medikamenten. Warum soll es das nicht auch bei Büchern geben.«

Lüthje ging zum Stationszimmer, das vom Flur durch eine offen stehende Glastür zu betreten war. Er traf die Stationsschwester an, zeigte seinen Dienstausweis und stellte sich als leitenden Ermittlungsbeamten vor, der für den bewachten Patienten vor ein paar Tagen den Notarzt gerufen hatte.

»Man sagte mir, dass der Patient noch nicht ansprechbar ist. Ich wollte mich nur ein paar Minuten an sein Bett setzen und nachdenken. Ich hoffe, Sie verstehen das.«

Schwester Monika schien es nicht gleich zu verstehen, dachte einen Moment nach und sagte dann zögernd: »Dr. Janz müsste in einer Viertelstunde zurück sein …«

»Ja, den möchte ich auch kurz sprechen«, sagte Lüthje. »Das passt ja gut, ich gehe ein paar Minuten ins Krankenhauszimmer und warte dann im Flur auf ihn.«

»Na gut«, sagte sie und begleitete Lüthje zum Zimmer. Als der Polizist aufstand und Lüthje freundlich ansah, schien die Krankenschwester beruhigt zu sein und ging voraus in das Krankenzimmer. Sie sah prüfend auf den Patienten und die Geräte, bedeutete Lüthje, auf einem Stuhl Platz zu nehmen, der neben dem Bett stand, und verließ das Zimmer.

Der Mantelmann lag in einer Art Nachthemd, dessen Schleife am Hals verriet, dass es keine Rückseite besaß. Er schien zu schlafen. Merkwürdigerweise hing sein Kopf nicht zur Seite, und sein Mund stand nicht offen. Schläuche und silberne Drähte schienen aus Geräten mit flimmernden Monitoren in seinen Kopf und Körper gekrochen zu sein. Ein Tropf stand neben ihm.

Eine Klimaanlage hielt die Temperatur im angenehmen Bereich. Die Sonne gab dem Zimmer die Atmosphäre eines sorgenlosen Nachmittags. Wenn sich da nicht die mehr oder weniger gleichmäßigen Herztöne in das lebhafte Vogelgezwitscher aus den Bäumen vor dem Krankenhaus eingemischt hätten.

Lüthje setzte sich auf den Stuhl, beugte sich nach vorn.

»Ich hatte Sie an der Bushaltestelle angesprochen«, sagte er leise. »Ich hatte Sie nach der Abfahrtszeit gefragt. Sie haben mir das Schild mit dem Fahrplan gezeigt. Ich hab es einfach nicht gesehen. Ich hab mich im Bus nach Kiel schräg hinter Sie gesetzt. Nicht Ihretwegen, nein, ich sitze im Bus immer so, ein paar Bänke hinter dem vorderen Einstieg. Ich hatte mir Sorgen um Sie gemacht. Und bin Ihnen gefolgt, als Sie an der Station Hummelwiese ausstiegen.«

Die Geräte signalisierten keine Reaktion.

Das Gesicht des Mantelmannes sah verändert aus. In Lüthjes Erinnerung war es ein glatt rasiertes, aber verschattetes Gesicht, das im Schock erstarrt war. Jetzt trug das Gesicht einen Dreitagebart. Das ließ ihn jungenhaft erscheinen, die Haut wirkte faltenloser, glatter, aber blasser, die Nase spitzer.

Kannte der Mantelmann mindestens einen der Menschen, die Lüthje seit gestern kennengelernt hatte? Ingrid Klockemann, Ursula Drübbisch, Jochen Klockemann? Horst Drübbisch? Albert Sundermeier, Lambert Sundermeier? Wenn Lüthje nun diese Namen hier laut aufzählen würde, einen nach dem anderen, und nach jedem Namen eine Pause machen würde, in der Hoffnung auf eine Reaktion des Mantelmannes … Vielleicht würde eines der Geräte ansprechen. Würde wenigstens sein Unterbewusstsein reagieren? Oder war der richtige Name nicht dabei? Aber wenn dann bei einem Namen der Herzstillstand eintreten würde?

Die Tür öffnete sich, und ein Mann in Arztkleidung trat ein. Lüthje stand auf.

»Janz«, stellte sich der Arzt vor, gab Lüthje die Hand und wandte sich dem Patienten und den Geräten zu.

»Hallo, Herr Schulz«, sagte Dr. Janz in normaler Lautstärke. »Wie geht es Ihnen?« Er ergriff die schlaffe Hand des Patienten und sah ihm prüfend ins Gesicht. »Herr Lüthje hat Sie eben besucht. Ich gehe jetzt mit ihm in mein Zimmer und unterhalte mich mit ihm. Ich komme nachher wieder.«

Dr. Janz nickte Lüthje zu, und sie gingen über den Flur in das gegenüberliegende Arztzimmer. Dr. Janz setzte sich hinter seinen Schreibtisch, Lüthje nahm ihm gegenüber auf dem Besuchersessel Platz.

»Wieso haben Sie ihn mit ›Herr Schulz‹ angeredet?«, fragte Lüthje erstaunt.

»Haben Sie inzwischen einen besseren Namen für ihn? Vielleicht sogar den richtigen?«, fragte Dr. Janz.

Lüthje schüttelte den Kopf. ›Mantelmann‹ war ein Arbeitsname innerhalb der Ermittlungsgruppe, mit dem er ihn nie anreden würde.

»Wir mussten ihm einen Namen geben«, sagte Dr. Janz. »Wir können nicht von ihm als Patient Nummer 17 sprechen. Schon gar nicht, wenn wir ihn ansprechen. Und das nicht nur, weil er heute Morgen einmal zumindest auf Ansprache reagiert hat. Es ist nicht auszuschließen, dass er inzwischen alles, was um ihn herum gesprochen wird, versteht, allerdings ohne darauf angemessen reagieren zu können. Wenn er nicht Schulz heißt, wird er sich Mühe geben, uns irgendwann darauf hinzuweisen, dass er einen anderen Namen hat, ja, ihn vielleicht sogar nennen. Auf jeden Fall fordert es ihn in diesem Stadium und unterstützt seine Selbstheilungskräfte. Selbstverständlich müssen Sie vorsichtig sein mit dem, was Sie ihm sagen.« Er lächelte. »Nicht dass Sie denken, Sie könnten gleich mit der Befragung beginnen. Das ist nicht absehbar. Für heute sollten Sie es genug sein lassen.«

»Das hört sich gut an«, sagte Lüthje. »Wir sind noch keinen Schritt weitergekommen, was seine Identität angeht. Ich habe noch eine andere Frage. Wieso ist der Patient … Herr Schulz, vom Notarztwagen erst in die Neurologie im Niemannsweg gebracht worden und dann erst zu Ihnen? Warum hat man ihn nicht in der Neurologie aufgenommen? Stattdessen wurde er transportiert, vom Niemannsweg zur Metzstraße, also quer durch die Stadt. Ich kann mir nicht vorstellen, dass das in seinem Zustand die richtige Therapie war.«

»In der Notaufnahme der Neurologie wurde ein CCT gemacht, ein Bett war allerdings dort nicht frei. Aber zufällig hier im Städtischen Krankenhaus. Also ist er hier in der internistischen Aufnahme eingeliefert worden. Der Notarztwagen hatte die CCT-Aufnahmen dabei.«

»CCT?«, fragte Lüthje.

»Eine radiologische Methode, mit der scheibenartige Schnittbilder vom Gehirn gemacht werden. So können wir zum Beispiel schnell entscheiden, ob eine Operation notwendig ist. Das war hier nicht notwendig.«

»Und wenn hier auch kein Bett frei gewesen wäre?«

»Hätten wir einen anderen Patienten, bei dem es aus medizinischen Gründen vertretbar wäre, auf dem Stationsflur unterbringen müssen.«

»Womit wir dann beim Thema Bettennotstand angelangt wären.«

»Was gerade jetzt in der Kieler Woche schon manchmal Thema sein kann. Dann müssen die Patienten mit Schnittverletzungen, Knochenbrüchen oder Alkoholvergiftung mit ihren Betten in den Fluren untergebracht werden.«

»Nächste Frage: Kann man einem Menschen ansehen, was den Schlaganfall hervorgerufen hat?«

»Sie haben den Patienten von Laboe bis Kiel beobachtet?«

»Ich hatte keinen konkreten Anlass. Da war nur so ein Bauchgefühl.«

»Haben Sie mit ihm gesprochen?«

»Ich habe ihn an der Bushaltestelle nach der Abfahrtszeit gefragt. Er hat nicht gesprochen, nur mit dem Arm zum Fahrplan gezeigt.«

Der Arzt nickte. »Haben Sie seine Augen gesehen?«

»Es war zu dunkel, er stand im Lichtschatten. Ich kann Ihnen nur bestätigen, dass er Augen hatte.«

Der Arzt schmunzelte. »Was ist Ihnen sonst aufgefallen an ihm?«

»Er hat im Bus sehr oft auf seine Armbanduhr gesehen. Wieso fragen Sie das alles?«

»Ein Schlaganfall kündigt sich an. Minuten, Stunden, Tage oder Wochen vorher. Wenn der Patient etwas Schreckliches gesehen hat, könnte es den Schlaganfall ausgelöst haben. *Könnte.* Die Therapie wird davon nicht beeinflusst. Der Schlaganfall wird durch einen Gefäßverschluss im Kopf ausgelöst. Es gibt Risikofaktoren, die das beeinflussen. Aber ob auch nur einer dieser Risikofaktoren hier besteht, weiß ich nicht, weil ich fast nichts über diesen Patienten weiß, außer, dass er einen recht guten Allgemeinzustand und akzeptable Laborwerte hat. Ich schätze ihn auf Ende sechzig bis Mitte siebzig. Positiv ist, dass er kein Übergewicht hat.«

Lüthje hob die Augenbrauen und wollte etwas sagen, aber Dr. Janz kam ihm zuvor.

»Sie sollten sich auch mehr bewegen, das wissen Sie sicher selbst«, sagte er, wieder lächelnd.

»Hat mein Hausarzt schon gesagt. Ich habe nach einer längeren Pause wieder angefangen, Fahrrad zu fahren.«

»Sehr löblich. Bleiben Sie dran!«, sagte Dr. Janz. »Noch mal zu unserem Herrn Schulz. Er hat in den Halsarterien einige Ablagerungen, aber auch die sind nicht zwangsläufig die Ursache.«

»Er hat einen ermordeten Menschen im Blut gesehen. Reicht das nicht?«

»Vielleicht.« Dr. Janz zuckte mit den Schultern. »Jeder Mensch reagiert anders.«

»Und wenn während des Schocks über den Anblick des Blutes gleichzeitig ein zweiter Schock stattgefunden hätte? Könnte das für Sie auslösend sein?«

»Was für ein *gleichzeitiger zweiter* Schock sollte das denn gewesen sein?«

»Das weiß ich noch nicht. Aber ich arbeite daran«, antwortete Lüthje.

9.

Als Lüthje den Wagen vor seinem Haus in Laboe geparkt hatte und in die Waschküche kam, wechselte Frau Jasch gerade den Staubsaugerbeutel.

Lüthje sehnte sich nach Ruhe und hätte sie am liebsten nach Hause geschickt, aber er hatte mit ihr noch ein Hühnchen zu rupfen.

»Sagen Sie nicht, dass ich nach einem Tag nennenswerten Staub hinterlassen hätte«, sagte Lüthje.

»Nein, es ist nur für morgen gleich mit, dann brauch ich mich nicht damit aufzuhalten. Außerdem bin ich fertig. Ich hab Ihnen Magerquark, Magermilch und Vollkornbrot mitgebracht. Ihre Frau hat mich heute Morgen angerufen.«

Frau Jasch stellte die Milchprodukte in den Kühlschrank. Lüthje hatte schnell sein Handy aus der Tasche gezogen und fotografierte sie.

»Nein, bitte nicht, ich sehe furchtbar aus!«, rief sie entsetzt.

»Ich schicke es meiner Frau per Handy nach London. Damit sie sieht, wie Sie für mich sorgen.«

»Na gut. Aber bitte niemand anderem zeigen«, jammerte sie.

»Versprochen!«, sagte Lüthje und steckte das Handy wieder ein.

»Und hier ist noch eine Terrine Salzwiesenlamm mit grünen Bohnen und Kartoffeln.« Frau Jasch hob vorsichtig einen kleinen Kochtopf aus einem Korb. »Das war *meine* Idee.«

»Sie meinen, dass ich das meiner Frau lieber nicht sagen sollte?«, fragte Lüthje.

»Herr Lüthje, Sie wissen doch, dass man seiner Frau nichts verheimlichen soll.«

»Ich bin manchmal vergesslich. Das kommt davon, wenn man so viel im Kopf haben muss.«

»Hatten Sie einen guten Tag?«, fragte Frau Jasch. Sie wischte Kühlschrank und Kochplatten ab.

»Es hätte schlimmer kommen können.«

»Schön, dass Sie bei Ihrer Arbeit noch Humor haben. Kommen Sie mit meinem Fahrrad klar?«

»Bestens. Ich fahr auch gleich noch ein bisschen durchs Dorf. Haben Sie schon in dem Dostojewski gelesen?«

»Was? Das dicke Buch, das heute Morgen auf dem Teppich lag? Wieso?«

»Nein, ich meine das Buch, das Sie heute in dem Buchladen im Dampferweg gekauft haben?«

Frau Jasch sah ihn prüfend an. »Herr Lüthje, ist Ihnen nicht gut?«

»Sie waren heute also nicht in dem Buchladen?«

»Herr Lüthje, nun setzen Sie sich erst mal ruhig hin!« Sie ging ins Zimmer und winkte ihn heran. »Sie kriegen da irgendwas durcheinander! Mich meinen Sie bestimmt nicht. Überlegen Sie mal!«

»Ist schon gut, Frau Jasch. Kennen Sie den Strandkorbvermieter? Den im Kiosk neben dem Strandspielplatz?«

»Den Herrn Lage?«

»Der erzählte mir, dass eine Frau heute unter dem Namen ›Jasch‹ versucht hat, dieses Buch zu bestellen, weil ich es in meinem Zimmer auf dem Tisch habe. Die Frau Jasch hätte nämlich erzählt, dass

sie Haushälterin bei dem Kommissar Lüthje ist, der in der Strandstraße den Mord aufklären soll.«

»Ich hab seit Monaten weder mit diesem Strandkorbvermieter
noch mit seiner Frau gesprochen! Wie kommt der darauf! Das ist
doch unerhört! Dem werd ich was erzählen!« Sie fuchtelte mit dem
Finger vor Lüthjes Nase herum, als sei er der Schuldige. »Hat er sich
denn bei Ihnen überhaupt mit Namen vorgestellt? Vielleicht war
es ein Hochstapler!«

»Seinen Namen hat er nicht gesagt. Ich hab auch nicht danach
gefragt«, sagte Lüthje matt.

»Sehen Sie, der hatte Angst, dass ich ihn haftbar mache, wenn
Sie mir die Geschichte erzählen! Ich werde ihn zur Rede stellen.
Jawohl!«

»Beruhigen Sie sich, Frau Jasch, ich glaub Ihnen doch. Aber
der Strandkorbvermieter hat es über zwei Ecken von seiner Schwägerin gehört. Er ist völlig unschuldig. Ich glaube nicht, dass er sich
das ausgedacht hat. Die Frage ist, woher jemand weiß, dass das
Buch hier bei mir im Zimmer liegt.« Er sah nachdenklich auf den
Tisch.

»Es lag heute Morgen auf dem Boden. Ich hab es aufgehoben
und auf den Tisch gelegt«, sagte Frau Jasch mit fester Stimme.

»Entschuldigung, ich war damit eingeschlafen.«

Hätte sie es bloß auf dem Boden neben dem Bett liegen lassen,
dachte Lüthje. Niemand hätte es dann vom Fenster aus sehen können, da der Tisch davorstand. Das kam von diesem täglichen Her-
umgeputze. Wie konnte Lüthje ihr das nur abgewöhnen?

»Gucken Sie mal, hier kann doch jeder ins Zimmer gucken,
wenn Sie die Vorhänge nicht zuziehen«, sagte Frau Jasch vorwurfsvoll.

Lüthje hatte also selbst Schuld. Frauen hatten die natürliche Be-
gabung, Männern die Schuld an allem zu geben, was ihnen, den
Frauen, widerfuhr.

»Vorhin hat der kleine Olaf vom Ehepaar aus Krefeld mir hier
durchs Fenster beim Saubermachen zugesehen und Fratzen ge-
schnitten. Süß, der Kleine. Sie glauben nicht, wie viele Leute hier
einfach aufs Grundstück gehen, weil vorne das Schild steht ›Feri-
enwohnungen zu vermieten‹.«

127

»Darunter hängt aber das Schild ›belegt‹.«

»Aber das hindert die Leute nicht, sich das Haus von draußen anzusehen! Und in Ihr Souterrainfenster sieht sowieso jeder rein!«

Er hatte das Buch morgens auf dem Teppich neben dem Bett vorgefunden und gedacht, dass es dort gut liege, damit er es abends beim Ins-Bett-Gehen in Reichweite hätte. Gardinen hasste er. Von der Straße in den Garten waren es knapp fünf Meter. Dann noch zwei Meter bis zu seinem Fenster. Sollte er die Vorhänge beim Verlassen des Zimmers zuziehen? Er würde es vergessen. Und wenn er sich im Zimmer aufhielt, wäre es ihm bei zugezogenen Vorhängen zu dunkel. Es war schließlich ein Souterrainfenster. Nein, er hatte alles richtig gemacht, und es gab keine andere Möglichkeit.

»Mir ist schon klar, dass es sich im Dorf herumgesprochen hat, dass ich hier ein Zimmer habe. Aber wer steckt dahinter?«, fragte Lüthje.

»Überlegen Sie doch mal, wem Sie davon erzählt haben. Ich war es bestimmt nicht.«

»Ich sagte Ihnen doch, ich glaube Ihnen.«

Die Frage ist, wer davon wusste, dass Frau Jasch hier für ihn arbeitete. Wer das herumerzählte, wollte zwei Dinge erreichen. Erstens: Frau Jasch dem falschen Verdacht aussetzen, dass sie über Lüthjes Privatleben und Berufsleben im Dorf oder sonst wo herumerzählte. Damit sollte erreicht werden, dass Lüthje der richtigen Frau Jasch kündigen würde. Zweitens: Was war besser geeignet, als ein Buch mit dem Titel »Verbrechen und Strafe« zu erwähnen, dass im Zimmer seines Hauses auf dem Tisch lag. Womöglich enthielt dieses Buch wertvolle Hinweise auf die Verhörmethoden des Kommissars. Oder sogar Hinweise auf die Motive des Täters.

Außerdem würde sich die unbekannte Frau den Besitz dieses Buches ganz legal im Buchhandel verschaffen und konnte sich damit auf die Dinge vorbereiten, die der Kommissaar plante. Das war, zusammengefasst, die »Denke« dieser Unbekannten.

»Ich werd mich dann mal vom Acker machen«, sagte Frau Jasch und sah Lüthje enttäuscht an, der in Gedanken versunken dasaß.

»Nein, machen Sie doch das Zimmer und die Waschküche noch

mal sauber, damit es wirklich für morgen reicht«, sagte Lüthje, sprang auf, griff nach seinem Rucksack und lief zur Tür. »Ich fahr noch ein bisschen Fahrrad. Tschüss!«

Er holte sich seine Taschenlampe aus dem Kofferraum, fuhr mit dem Fahrrad zum Heikendorfer Weg und ließ sich den Hang hinunterrollen. Er genoss den Fahrtwind in der Nachmittagsluft nach der drückenden Schwüle des Tages.

Nachdem er die Kreuzung zur Mühlenstraße und zum Kiebitzredder passiert hatte, ging es wieder bergauf. Er schaltete herunter, um die Steigung zu schaffen. Im ersten Gang hatte er die Höhe an der Abzweigung zum Steinkampberg so gerade eben geschafft. Er keuchte, trat weiter in die Pedale, bis es wieder abwärtsging, nach links in die Dorfstraße und auf den kleinen Parkplatz vor der Polizeistation.

Lüthje wartete am Tresen der Wache, bis ein Beamter aus dem danebenliegenden Dienstraum kam.

»Guten Tag, Herr Lüthje«, sagte der Beamte überrascht. »Polizeiobermeister Stoltenberg ist mein Name.«

»Ich wollte nur hören, wie es läuft«, sagte Lüthje. »Brauchen Sie mehr Unterstützung?«

»Nein, wir haben ja noch die Neuen aus den umliegenden Stationen. Wir sind mit zehn Leuten jetzt in der Strandstraße und den umliegenden Straßen unterwegs gewesen. Da haben immer mehr Anwohner über Beobachtungen berichtet. Das geben wir ja alles weiter an Sie nach Kiel.«

»Also keine heißen Spuren oder wenigstens interessante Hinweise?«, fragte Lüthje.

»Kann man so noch nicht sagen.«

»Und sonst?«, fragte Lüthje.

»Die Szene, so will ich mal sagen, verhält sich ruhig. Denen ist wohl der Schreck in die Glieder gefahren. Keine Einbrüche, Überfälle, Sachbeschädigungen, Beleidigungen und keine Verkehrsunfälle. Das ist das Tollste.«

»Schön«, antwortete Lüthje und griente. »Umso mehr Zeit haben Sie für die Ermittlungsgruppe Friedenshügel.«

»Wer hat sich den Namen eigentlich ausgedacht?«

»Ich.«

»Find ich gut«, sagte Stoltenberg. »Das ist ja bei uns oft, Frieden, aber unter dem Hügel lauert das doch.«

»Wie ist die Stimmung im Dorf?«, fragte Lüthje. »Was reden die Leute über den Mord?«

»Die Angst geht um.« Er sah misstrauisch auf den Rucksack, den Lüthje mit den Händen festhielt. »Das sehen Sie sogar im Supermarkt. Dieser Blick von unten nach oben. Wissen Sie, was ich meine?«

»Oh ja, ich verstehe Sie sehr gut. Aber gibt es mehr als diese Blicke? Etwas Konkretes. Vermutungen? Gerüchte? Klatsch?«, fragte Lüthje.

»Na ja.«

»Na, spucken Sie es aus«, drängte Lüthje.

»Wissen Sie, da hat mal jemand im Dorf vor einiger Zeit eine Geschichte geschrieben, die war abgedruckt. Ich glaub, in der Kreiszeitung. Das war ziemlich gruselig. Meine Frau hörte, wie darüber wieder beim ›Topmarkt‹ an der Kasse geredet wurde.«

»Na, nun erzählen Sie schon. Worum geht es in der Geschichte?«

»Na ja. Also, das spielt hier in der Polizeistation. Ein Polizist muss einen Schwachsinnigen vernehmen, der ein paar dumme Sachen gemacht hat.«

»Was für dumme Sachen?«

»Na, er hat im Supermarkt Spielzeug geklaut. Und dann einer Frau in die Hand gebissen. Den Tag vorher ist er in einen Bus gestiegen und hat versucht, Fahrkarten zu klauen. Direkt vor dem Fahrer! Darüber sollte der Polizist nun ein Protokoll machen. Man wusste nicht, wie man mit dem Mann umgehen soll.«

»Warum nicht?«

»Weil der noch nie solche Sachen gemacht hat. Er war einfach nur der Dorftrottel.«

»Und weiter?«

»Der Polizeibeamte fragt ihn also aus. Und der Mann sitzt schräg vor ihm am Schreibtisch und spielt dabei immer mit seiner Puppe herum, die auf seinem Schoß sitzt. Und zieht plötzlich ein Skalpell aus der Puppe heraus und sticht es dem Polizisten in die Kehle!«

»Ein Skalpell?«, fragte Lüthje. Skalpelle würde Brotmann als Tatwaffe ausschließen. Die waren zu scharf.

»Das ist natürlich alles ausgedacht«, sagte Stoltenberg und griente verlegen. Er wusste wohl nicht, wie er Lüthjes betroffene Miene deuten sollte.

»Und darüber reden die Leute hier im Supermarkt?«, fragte Lüthje.

»Ja! Verrückt, nich?« Stoltenbergs rechtes Augenlid zuckte.

Die Gemeindebücherei war schräg hinter der Polizeistation und in zwei Klassenzimmern eines ehemaligen Schulgebäudes aus den achtziger Jahren untergebracht, das man Beeke-Sellmer-Haus nannte. Lüthje ließ sich auf dem Fahrrad nur ein paar Meter den Hang der Dorfstraße hinunterrollen, bog in einem eleganten Schlenker nach links ein und kam direkt vor dem Eingang zum Stehen.

Beeke Sellmer war eine für ihre Zeit ungewöhnliche Frau und Laboerin, die Lüthje wegen der über sie überlieferten Geschichten insgeheim immer bewundert hatte. Sie segelte 1857 im Alter von neunundfünfzig Jahren in einem acht Meter langen Boot von Laboe nach Kiel und begründete damit die erste Fährverbindung. Mittwoch und Samstag. Bei Flaute ruderte sie. Ihr Reetdachhaus stand bis vor ein paar Jahren an der Ecke Dorfstraße/Dellenberg und gehörte für Lüthje zum Dorfbild. Obwohl es als Kulturdenkmal geschützt war, ließ man es in den letzten Jahrzehnten leer stehen, bis es verfiel. Dann brannte die Hälfte des Hauses ab. »Dat hett e'm brennen musst«, hatte Lüthje im Oberdorf gehört. Es hat eben brennen müssen. Man machte die Brandruine dem Erdboden gleich. Auf dem Grundstück baute man einen Wohnblock mit Eigentumswohnungen. Als jemand im Gemeinderat mit großem Zuspruch an Beeke Sellmer erinnerte, machte man sich auf die Suche nach einer würdigen Gedenkstätte. Der schicke Wohnblock, der inzwischen auf dem geschichtsträchtigen Grundstück stand, wurde mehrheitlich abgelehnt. So schmückte man schließlich ohne eine einzige Gegenstimme das ehemalige Schulgebäude und ein Zimmer darin mit dem Namen Beeke Sellmers.

Die Türen zu den Leseräumen der Gemeindebücherei standen

offen. Ein Luftzug kühlte die von der Sonne aufgeheizten Räume. Im Flur zwischen den beiden Klassenzimmern stand der Empfangstresen.

»Ist das immer so ruhig bei Ihnen?«, fragte Lüthje die Bibliothekarin, die vor einem Computermonitor saß.

»Normalerweise ist um diese Zeit Hochbetrieb. Die Berufstätigen haben Feierabend, und die Kinder sind mit den Schularbeiten fertig. Aber bei dem Wetter sind sie alle am Strand. Wie kann ich Ihnen helfen?« Sie stand auf und kam zum Tresen.

»Haben Sie eine Laboer Chronik?«

»Mehrere.« Sie ging in den Leseraum links neben dem Tresen, blieb vor einem Regal stehen und suchte. »Hier finden Sie Bücher zur Laboer Ortsgeschichte …«

»Die Ausgabe von 2005 hab ich auch zu Hause stehen«, sagte Lüthje. »Ich hörte, dass es eine erweiterte Auflage mit mehr Fotos geben soll.«

»Sie haben Glück, sie ist nicht ausgeliehen.« Sie zog das schwere Buch aus dem Regal und gab es ihm.

»Haben Sie ein kühles Plätzchen für mich, wo ich mal in dem Buch blättern kann?«

»In der Kinderbücherei auf der anderen Seite des Flures. Die Fenster gehen nach Norden und sind leicht angekippt. Da scheint die Sonne nie rein. Nehmen Sie sich einen Stuhl mit, da drüben stehen nur Kinderstühle.«

Als Lüthje mit Buch und Stuhl in die Kinderbücherei kam, sah er auf der gegenüberliegenden Seite des halb leeren Raumes ein paar Schultische, auf denen Bücher gestapelt waren. Ein Mann ging mit einem Bücherstapel zwischen mehreren halb leeren Regalen hin und her. Es war Lambert Sundermeier. Lüthje stellte den Stuhl an ein Fenster, legte das Buch ab und ging zurück zur Bibliothekarin.

»Ich möchte Herrn Sundermeier nicht stören«, sagte Lüthje.

»Sie kennen ihn?«, fragte sie erstaunt.

»Flüchtig. Was genau macht er da?«, fragte Lüthje.

»Er versieht Bücher mit Signaturen und ordnet sie in die neuen Regale ein. Außerdem sieht er regelmäßig alle anderen Regale in der Bücherei durch, ob etwas falsch zurückgestellt wurde. Diese Bücher wären ja sonst für uns fast nicht mehr auffindbar. Wir haben immerhin über achttausend Bücher. Es macht Herrn Sundermeier offensichtlich Freude. Woher kennen Sie ihn?«

»Ich habe neulich mit seinem Vater gesprochen.«

»Ach so, ja. Dann …«, sagte die Bibliothekarin zögernd.

»Verraten Sie mir Ihren Namen?«, fragte Lüthje.

»Entschuldigung.« Sie hob ein kleines Faltkärtchen hoch, das auf dem Tresen umgefallen war. »Iris Sternberg.«

»Ich muss mich entschuldigen, Frau Sternberg. Ich habe Ihr Namensschild übersehen. Was ich fragen wollte … Wie kommen Sie denn so miteinander klar, Sie und Herr Sundermeier?«

»Oh, sehr gut. Wenn ich zum Beispiel einen Gesichtsausdruck der Unsicherheit zeige, kann er das nicht erkennen. Aber wenn ich ihm alles genau beschreibe, was ich warum denke, funktioniert es. Irgendwie ist es schon selbstverständlich für mich.« Sie lächelte unsicher.

»Ich ziehe mich dann mal zu meinen Studien zurück. Ich werde mich ruhig verhalten«, sagte Lüthje und ging zurück in die Kinderbücherei.

»Wir schließen um achtzehn Uhr«, rief sie ihm nach.

Er setzte sich auf seinen Stuhl am Fenster. Lambert Sundermeier sah kurz zu ihm hinüber, schien ihn aber nicht wiederzuerkennen.

Lüthje suchte sich aus der Laboer Chronik das Kapitel »Die Schule« heraus. In den Text eingestreut waren Fotos von den Anfängen um 1900 bis in die Neunziger. Er fand Fotos der Lehrerschaft aus den fünfziger Jahren, auf denen er einige Lehrer aus seiner Zeit als Volksschüler um 1960 wiedererkannte. Einige der älteren Lehrer hatten sich immer noch die stramme Körperhaltung bewahrt, die man ihnen als junge Männer im Krieg beigebracht hatte; die rechte Hand im nicht mehr vorhandenen Koppelschloss der Uniform, den linken Arm angewinkelt hinter dem Rücken.

Auf einem Foto aus den Siebzigern hatte sich das Bild gewandelt. Lange Haare, bunte Kleider, geschminkt die Damen, die Herren teilweise in Anzügen mit Schlaghose. Und immer in Reihen auf einer Treppe aufgestellt, vor der Schule oder im Treppenhaus.

Unter einem Farbfoto des Lehrerkollegiums von 1972 fand er sie in der dritten Reihe. Sie war etwas verdeckt von einem groß gewachsenen Kollegen in der zweiten Reihe, aber da sie auf den Zehenspitzen zu stehen schien, konnte Lüthje sie gut erkennen. Die dick geschminkten Augen unter dem Pony voller Lebenshunger und die blonden Haare bis über die Schultern. Ihr Name stand, wie der der anderen Lehrer, unter dem Foto. Sie stand in der »3. Reihe von links nach rechts«. Ursula Schedelgarn.

Lüthje klappte das Buch zu und sah auf. Lambert Sundermeier hatte den Raum verlassen. Aus dem Flur hörte Lüthje leise Stimmen. Er ging vorsichtig zur Tür und blieb im Türrahmen mit dem geöffneten Buch in den Händen stehen, als hätte er etwas sehr Interessantes gefunden. Er beugte sich gerade so weit nach vorn, dass er hinter dem Tresen Frau Sternberg und Lambert Sundermeier leise miteinander reden sah.

Sie stand dicht vor ihm und suchte seinen Blick. Er schien ihr etwas Kompliziertes zu erklären. Lüthje fielen seine roten Wangen auf. Ob er Frau Sternberg schon einmal etwas vorgesungen hatte?

Lüthje trat vorsichtig einen Schritt in den Raum vor und ließ das Buch fallen. Er murmelte ein »So was Blödes«, und während er zum Tresen ging, sah er auf das Buch und wischte immer wieder mit dem Ärmel kopfschüttelnd auf dem Cover herum. Lambert Sundermeier ging an ihm vorbei wieder in die Kinderbücherei.

»Tut mir leid«, sagte Lüthje. »Ich war eingeschlafen. War wohl noch nicht ganz wach geworden.«

»Die Ruhe und die Wärme waren das«, sagte Frau Sternberg verständnisvoll lächelnd. Sie hatte einen rosigen Schimmer auf den Wangen.

»Was sind das eigentlich für Bücher, die Herr Sundermeier ordnet?«, fragte Lüthje.

»Eine Schenkung. Eintausenddreihundertundfünfzig Bücher über die Holsteiner Probstei und Laboe. Liedgut, plattdeutsche Anekdoten und Gedichte, Reiseberichte mit alten Fotos, teilweise unbekannte Ausgaben, unglaublich«, sagte sie schwärmerisch. »Das wird mehr als eine ganze Wand füllen. Wir müssen überlegen, wie wir das in der Erwachsenenbücherei unterbringen. Dann müsste aber etwas aus der Erwachsenenbücherei in die Kinderbücherei kommen. Wir überlegen gerade, wie wir das nutzerfreundlich präsentieren können. Vielleicht kriegen wir noch einen Raum in diesem Gebäude. Dabei ist es noch lange nicht so weit.«

»Was meinen Sie mit ›wir‹?«, fragte Lüthje.

»Äh, Herr Sundermeier und ich. Er hat einen Blick für diese Dinge. Obwohl er es nicht gelernt hat wie ich. Aber er versteht mich.« In ihrem Gesicht arbeitete es für einen Augenblick, dann hatte sie sich wieder gefangen.

»Von wem wurden die Bücher gestiftet?« Lüthje hatte so eine Ahnung.

»Von Herrn Dr. Sundermeier, Lamberts Vater. Er hat auch Mittel bereitgestellt, um die mit der Katalogisierung verbundenen Kosten zu decken.« Sie sah Lüthje plötzlich an, als ob sie ihn das erste Mal sehen würde. »Sagen Sie, wer sind Sie überhaupt? Sind Sie aus Laboe?«

»Ja. Lüthje. Eric Lüthje. Kriminalhauptkommissar Lüthje.«

»Oh«, machte Frau Sternberg und hielt eine Hand vor den Mund. »Äh, das tut mir leid, ich …«

»Macht nix, ich liebe meinen Beruf. Ich hoffe, die Chronik hat keine Kratzer bekommen. Darf ich ein paar Seiten kopieren und das Buch trotzdem ausleihen?«

10.

Draußen rief Lüthje im Büro an. Er gab die Namen der ehemaligen Lehrerkollegen von Ursula Drübbisch durch, die unter dem Foto genannt waren. Vehrs und Hoyer sollten alle bisherigen und gegenwärtigen Wohnsitze ermitteln.

Vehrs informierte ihn darüber, dass Horst Drübbisch im Kieler Jachthafen tatsächlich einen Liegeplatz hatte. Lüthje ließ sich die Adresse des Maklers des Drübbisch-Hauses geben und beendete das Gespräch.

Er verstaute die Chronik im Rucksack und brauchte die Dorfstraße nur zweihundert Meter weiter hinunterzufahren. Das Büro des Maklers Norbert Striedel befand sich in einem Wohnblock auf dem ehemaligen Grundstück der Beeke Sellmer. Lüthje erschien das irgendwie folgerichtig. Ein Schild am Grundstückseingang erinnerte an ihren Namen.

Das Büro war in einer der Eigentumswohnungen im Erdgeschoss. »Norbert Striedel Immobilienberatung«, stand in goldfarbener Schreibschrift auf einem durchsichtigen Plastikschild.

Auf sein Klingeln öffnete eine ältere Dame, die Lüthjes Dienstmarke und Rucksack mit einem pikierten Blick quittierte. Sie führte ihn in ein Zimmer, in dem sich bei Lüthjes Eintreten ein älterer Mann schwerfällig hinter seinem mächtigen Eichenschreibtisch erhob. Er gab Lüthje mit sanftem Druck die Hand und sagte zu der Frau: »Danke, Ute.«

Sie verließ das Zimmer.

Das Arbeitszimmer machte einen sehr privaten Eindruck. Dicke Perserteppiche, dunkle, schwere Vorhänge und noch dunklere Eichenmöbel ließen in Lüthje ein beklemmendes Gefühl aufsteigen.

Der weiche Besuchersessel hielt ihn umschlossen wie eine Riesenhand. Das Zimmer war offensichtlich klimatisiert. Es war kühl. Zu kühl. Aber vielleicht schwitzte der übergewichtige Herr Striedel leicht. Er klemmte sich ächzend hinter seinen Schreibtisch. An der Wand hinter ihm hing ein Kreuz.

»Sie haben mich erwartet?«, fragte Lüthje.

»Ich habe damit gerechnet. Ich bin ja ein Zeuge oder so was Ähnliches.«

»War das ein Schock für Sie?«

»Was denken Sie denn? Sie haben es doch sicher auch gesehen. Überall Blut. Ich darf überhaupt nicht mehr daran denken.«

»Aber Sie tun es trotzdem?«

»Wie machen Sie das bloß? So was gehört ja zu Ihrem Beruf!«

»Ich weiß, dass der Anblick die erste Spur ist, die zum Täter führt. Das hilft.« Und meine Knäckebrotkrümel, dachte Lüthje.

»Wie lange waren Sie im Haus?«

»Ich weiß es nicht. Ich bin rein und wieder raus.«

»Und Sie haben die Tür hinter sich nicht abgeschlossen.«

»Ich war wohl zu sehr mit mir selbst beschäftigt«, sagte er giftig.

»Sie haben sich übergeben?«

»Ja.« Er tupfte sich mit dem Taschentuch die trockene Stirn und danach die Mundwinkel. »Als ich draußen war.«

»Besser als drinnen. Wegen der Spurensicherung. Haben Sie etwas bemerkt, woraus man schließen könnte, dass außer Ihnen gleichzeitig noch jemand im Haus war?«

»Sie meinen den Täter?«

»Vielleicht aber auch jemand anders.«

»Ich habe Gott schon tausendmal gedankt, dass ich dem Täter nicht begegnet bin.«

»Was wollten Sie im Haus?«

»Das habe ich doch schon Ihren Beamten gesagt«, antwortete er gequält.

»Dann sagen Sie es mir noch mal.«

»Ein Interessent wollte das Haus besichtigen, und ich wollte nachsehen, ob alles in Ordnung ist.«

»Es stand doch schon seit sechs Monaten leer. Was sollte da nicht in Ordnung gewesen sein?«, fragte Lüthje.

»Na, da steht noch einiges herum. Es ist zwar besenrein, aber das ist alles. Außerdem kann schon eine zerbrochene Fensterscheibe auf einen potenziellen Käufer einen schlechten Eindruck machen.«

Striedel verhält sich ähnlich wie Klockemann senior mit seiner Grabkontrolle am Vorabend einer Beerdigung, dachte Lüthje.

»Wann kann ich wieder in das Haus?«, fragte Striedel.

»Das entscheidet die Staatsanwaltschaft.«

Striedel notierte sich etwas auf seiner Schreibtischunterlage.

»Sie entscheidet auf meine schriftliche Anregung hin«, setzte Lüthje hinzu.

Striedel strich das Notierte wieder durch und wirkte plötzlich sehr aufmerksam.

»Frau Drübbisch sagte mir, dass es zwei Interessenten gibt, die sich gegenseitig überbieten«, sagte Lüthje.

»Ja …« Striedel sah wieder auf seine Schreibtischunterlage. »Es sieht so aus … dass sich die Sache zugunsten eines Interessenten entschieden hat.«

»Weiß Frau Drübbisch davon? Sie muss sich doch entscheiden.«

»Ich werde Frau Drübbisch nach vollständiger Prüfung des Angebotes unterrichten. Aber dass der Interessent den höheren Preis bietet, dürfte auch für Frau Drübbisch das Wichtigste sein.«

»Wie viel bietet er? Wie heißt er?«

»Ich weiß nicht, ob Frau Drübbisch …«

»Ich ermittle in einem Mordfall, Herr Striedel. Wir müssten also jetzt die Unterhaltung in meinem Kieler Büro fortsetzen. Das wäre praktisch, weil wir von Ihrer Aussage gleich ein Protokoll aufnehmen können.« Lüthje erhob sich. »Ich hole meinen Dienstwagen. In zehn Minuten hol ich Sie ab.«

»Nein, warten Sie! Setzen Sie sich doch!« Er lächelte gequält. »Es ist nur … meine Nerven …«

»Was ist?«, fragte Lüthje streng.

»Ich bin der Interessent.«

»Ach!« Lüthje machte es sich wieder im Sessel bequem.

»Es brauchte seine Zeit, bis ich das Konzept entwickelt hatte. Frau Drübbisch hätte es in der Anfangsphase womöglich abgelehnt. Aber schließlich mach ich das nicht zum ersten Mal.«

»Es gab also keinen fremden Interessenten. Sie selbst sind es. Warum waren Sie am Tatort?«

»Ich wollte prüfen, ob man nicht aus Kostengründen ein paar tragende Wände stehen lassen könnte. Ich plane ansonsten einen Abriss.«

»Was planen Sie? Nun mal Butter bei die Fische! Spucken Sie endlich alles aus, Mann!«, polterte Lüthje.

»Ein Mehrgenerationenhaus.«

»Was ist das?«

»Mehrere Generationen unter einem Dach. Das alte Haus wird abgerissen und ein passgenaues für den ermittelten Bedarf der zukünftigen Eigentümergemeinschaft an seine Stelle gesetzt.«

»Wusste Horst Drübbisch von Ihren Plänen?«

»Ja, er wollte sich daran beteiligen.«

»Hinter dem Rücken seiner Mutter?«

»Ich weiß nicht, was er ihr gesagt hat.«

»Das glaube ich Ihnen nicht. Ich weiß von ihr, was Sie ihr gesagt haben. Sie haben ihr offensichtlich verschwiegen, dass Sie mit ihrem Sohn, dem inzwischen ermordeten Horst Drübbisch, eine Gesellschaft gegründet haben, die das Drübbisch-Haus für einen vermeintlich guten Preis seiner Mutter abkauft, es abreißt und an seiner Stelle einen Wohnblock mit Eigentumswohnungen und vielen Balkons baut und dabei einen satten Gewinn macht. Genau das entnehme ich Ihren blumigen Worten. Wie viel wird das für Sie abwerfen? Auf jeden Fall das Doppelte, weil Horst Drübbisch nicht mehr dabei sein kann. Wie viel bleibt für Frau Drübbisch über?«

»Das weiß ich noch nicht genau. Ich habe bisher acht Vorverträge. Senioren, Paare mit und ohne Kinder, Junge, Alte, Singles …«

»Kann so eine Eigentümergemeinschaft funktionieren?«

»Natürlich kann es immer mal Streit geben, gerade in der Planungsphase. Aber für so was haben wir einen Mediator, einen professionellen Streitschlichter aus dem kirchlichen Bereich. Für alles gibt es eine Lösung.«

»Schön. Wie sind Sie auf die Idee gekommen, so ein Mehrgenerationenhaus zu bauen?«

»Es war nicht meine Idee«, gestand er beschämt. »Niemand weiß, wer diese Idee hatte. Dieser Markt boomt im Moment. Das Interesse ist einfach da.«

»Sie schwimmen also auf einer Welle?«

»Verstehen Sie bitte. Wir erfüllen den Menschen den Wunsch nach einem sinnerfüllten Leben. So wie es schon im Neuen Testament verkündet wird.«

»Sind Sie religiös?«

»Ich weiß nicht, was Sie darunter verstehen. Ich bin gläubig, ja. Ich bekenne mich ganz offen dazu.«

»Hat Jesus nicht etwas gegen Zinswucher gehabt?«

»Was hat das damit zu tun?«

»Sie werden doch bei der Abwicklung Ihres gottgefälligen Projektes nicht ohne Bank auskommen!«

»Für mich verrichten Banken Gotteswerk.«

»Amen«, sagte Lüthje und verließ das Haus.

139

Lüthje fuhr den Dellenberg hinunter und hielt am Supermarkt. Er suchte eine ruhige Ecke auf dem kleinen Parkplatz und rief wieder im Büro an. Diesmal meldete sich Vehrs. Er erzählte von seinem Besuch bei Makler Striedel.

»Zusammengefasst, es hörte sich alles sehr alttestamentarisch an.«

»Hoyer lässt fragen, ob es heute Überstunden gibt.«

»Gegenfrage: Hat Klockemann die Unterlagen für sein Alibi bei euch abgegeben?«

»Vor einer halben Stunde. Er sah blass aus. Wir sehen sie uns gerade an.«

»Wenn ihr damit fertig seid, könnt ihr von mir aus ruhig ins Kino gehen. Aber nicht das Handy auf stumm schalten! Morgen überprüft ihr Klockemanns Alibis«, sagte Lüthje und beendete das Gespräch.

Er ging in den Supermarkt und kaufte sich, Hilly zuliebe, ein paar Vollkornbrötchen und, sich zuliebe, zwei Flaschen seines Lieblingsbieres Probsteier Herold.

Als er zur Kasse ging, sah er Frau Sternberg und Lambert Sundermeier vor dem Kühlregal dicht zusammenstehen. Er schien ihr wieder etwas Wichtiges zu erklären, und sie blickte ihm dabei ernst in die Augen. Plötzlich erkannte sie Lüthje und nickte ihm verlegen lächelnd zu. Auch Lambert Sundermeier sah zu Lüthje herüber, allerdings ohne erkennbare Regung. Sie näherte sich Lamberts Ohr, und jetzt schien sie ihm etwas zu erklären, während er Lüthje betrachtete. Ab und zu nickte er verstehend.

11.

Lüthje fuhr zum Hafen und ließ sich von den Düften der mobilen Fischräucherei verführen. Auf einem großen Schild stand: »Geöffnet bis alle«. Und »alle« waren die Köstlichkeiten noch nicht, wie Lüthje mit einem Blick in den geöffneten Räucherofen feststellte, der mitsamt dem Verkaufstresen auf der Ladefläche eines Kleinlastwagens montiert war.

»Hat die Polizei immer noch keine heiße Spur?«, fragte die Kundin vor Lüthje, die sich gerade eine große Tüte ofenwarmen Räucherfisches einpacken ließ.

»Ich habe hier heute von der Kundschaft schon alles Mögliche gehört«, sagte der Verkäufer. »Der Täter soll in dem Hotel in der Strandstraße, gleich hinter dem Drübbisch-Haus, ein Zimmer gehabt haben. Nur für die Nacht davor. Soll schon alles blutverschmiert gewesen sein, obwohl der Mord noch gar nicht geschehen war. Wahrscheinlich liegt hier noch ein Toter im Dorf.«

»Hören Sie bloß auf!«, sagte die Kundin. »Ich habe meinen Kindern jedenfalls verboten, in die Strandstraße zu gehen. Tschüss!« Sie ließ sich die Tüte über den Tresen herunterreichen und stolzierte mit entschlossenen Schritten zum Parkplatz.

Lüthje wählte zwei Heilbuttschnitten und fünf Schillerlocken, die der Verkäufer sorgfältig in einer Plastiktüte verstaute.

»Ich hab ein paar Pappteller mit eingepackt«, sagte er.

»Was für ein Service! Danke!« Lüthje legte die Tüte in den Korb am Lenker.

»Ich hab mir heute Morgen in Kiel eine Pistole gekauft«, sagte der Verkäufer.

»Was?«

»Schreckschusspistole. Haben Sie schon eine heiße Spur?«, fragte der Verkäufer.

»Wie?«

»Sie sind doch der Kommissar Lüthje. Oder etwa nich?«

»Wie kommen Sie darauf?«

»Weil Sie ein Fahrrad und einen Rucksack haben.«

»Damit hab ich heute schon drei Fahrradfahrer gesehen. Auch mit Cordjacke«, sagte Lüthje, zog sein Cordjackett aus, drückte es in den Rucksack und fuhr über den Hafenplatz zum Strand.

Die Sonne stand tief und warf lange Schatten. Ein sanfter, auflandiger Wind wehte.

Lüthje drehte den Strandkorb mit seinem Trick am Seitengriff in Richtung Strandstraße. Als er sich aufrichtete, sah er, dass jemand vor die Sieben zwei zackige Nullen gesprüht hatte. Null null sieben.

Er hob das Fahrrad aus dem Sand, lehnte es gegen die Strandkorbrückseite. Im Korb richtete er den Seitentisch, mit Plastikbesteck und Pappteller, schnitt sich eine dünne Scheibe vom Heilbutt ab und legte sie in das aufgeschnittene Vollkornbrötchen. Es war der beste Räucherfisch seines Lebens. Das Bier wollte er erst später trinken. Schließlich musste er noch arbeiten.

Er sah zur Strandstraße und dachte an seine Jugend, als noch erkennbar und spürbar war, dass das Dorf aus mehreren Dorfvierteln bestand. Es gab das Oberdorf der Bauern und das Unterdorf der Fischer. Seit Anfang des 19. Jahrhunderts gab es die Strandstraße. Sie bildete das Villenviertel, das Anfang der zwanziger Jahre entstanden war.

Hier begannen Kapitäne, erfolgreiche Marinemaler und adlige Offiziere, reiche Ärzte und Fabrikanten, ihr Geld in repräsentative Häuser zu investieren. Die beauftragten Architekten bauten so, wie es Geschmack und Geldbeutel des Bauherrn erlaubten. So entstand hier ein Sammelsurium von verschiedenen Baustilen der Epoche. Vom Schwarzwälder Bauernhof bis zur schwedischen Holzvilla. Erlaubt war, was gefiel. Seit den siebziger Jahren wurde ein Haus nach dem anderen abgerissen oder bis zur Unkenntlichkeit entkernt und umgebaut, Eigentumswohnungen im »modernen Stil« entstanden, um den »Bedürfnissen der modernen Zeit« zu entsprechen.

Die Häuser Sundermeier, Drübbisch und Klockemann waren die letzten, die den Stil der alten Strandstraße repräsentierten, die Lüthje in ihrer Urform noch aus seiner Jugend in den Sechzigern und Siebzigern kannte. Die Bewohner dieser Häuser hatten mit ihren Häusern, so unterschiedlich sie waren, für Lüthje etwas gemeinsam: Sie erschienen ihm wie Relikte aus untergegangenen Zeiten, bei denen die Wunden, die das Leben ihnen zugefügt hatte, schlecht oder gar nicht vernarbt waren und ihnen ewig eiternde Qualen zufügten.

Nach dem Krieg war das Dorfviertel der Flüchtlinge entstanden, das als solches leicht an den typischen Siedlungshäusern der »Neuen Heimat« zu erkennen war, in den neu angelegten Straßen östlich und südlich der Mühle. Hier war Lüthje geboren worden und aufgewachsen.

Die Bewohner der Ortsteile Unterdorf, Oberdorf, Flüchtlingsdorf und der Strandstraße verkehrten damals nur untereinander. Deshalb wusste Lüthje wenig oder nichts von den Bewohnern der Strandstraße, wie den Sundermeiers, Klockemanns und Drübbischs. Er hatte nur eine vage Erinnerung an Jochen Klockemann und Horst Drübbisch.

Lüthje packte Pappteller, Besteck, den restlichen Fisch und die Brötchen in die Plastiktüte und verknotete sie, wusch sich die Hände im Salzwasser, titscherte einen Stein über das Wasser und war stolz, dass der Stein immerhin sieben Aufschläge machte, bevor er versank. Schönes Arbeiten, dachte Lüthje. In einem Dienstzimmer konnte er weder Räucherfisch essen noch Steine titschern.

Er trank einen großen Schluck aus der Bierflasche und begann, in der Neuauflage der Laboer Chronik nach Spuren des Horst Drübbisch und Jochen Klockemann zu suchen, die als Nachbarjungen aufgewachsen waren und deren Mütter darüber so wenig erzählen konnten oder mochten.

Die Jungen mussten beide die Volksschule besucht haben, und sie waren zumindest im Fußballverein gewesen, daran hatte Lüthje eine dunkle Erinnerung, denn er war selbst Mitglied seit seiner Kindheit. Allerdings war er über fünfzehn Jahre älter als die beiden.

Aber Lüthje fand die beiden schließlich auf einem Foto, wo er es nicht vermutet hätte. Das Foto zeigte einen Ausschnitt des vollen Biergartens an einem sommerlichen Abend vor der Gaststätte Bandholz in der Dorfmitte. Lüthje konnte sich gut an den Wirt Klaus Krüger erinnern, der bekannt war für seine »Riemels un Döntjes«, seine plattdeutschen Gedichte und Anekdoten, mit denen er die Gäste zu später Stunde unterhielt. Lüthje erkannte auf dem Foto Klockemann und Drübbisch als schlaksige Teenies. Sie saßen an einem Gartentisch voller Biergläser mit Gleichaltrigen, die alle ein T-Shirt mit dem Symbol des Sportvereins trugen.

Klockemann versuchte gerade, dem neben ihm sitzenden Drübbisch eine Zigarette mit einem Feuerzeug anzuzünden. Drübbisch hatte die Zigarette im Mund und saß von Klockemann halb abgewandt. Klockemann war von seinem Stuhl aufgestanden und musste sich zu Drübbisch hinüberbeugen, um dessen Zigarette zu erreichen. Eine untertänige Geste.

Eine Erinnerung stieg in Lüthje auf.

Es war ein Sportfest, vielleicht der Sommer, in dem das Foto aufgenommen worden war. Lüthje hatte nach Langem wieder als Schiedsrichter im Fußballverein ausgeholfen. Man hatte ihn angerufen, und er hatte zufällig Zeit gehabt. Das Probsteier Fußballturnier sollte in dem Jahr in Laboe stattfinden. Nie wieder hatte der Stoschplatz am Blauen Blick so viele Zuschauer gesehen.

Anlässlich des gleichzeitig im ganzen Land stattfindenden Schleswig-Holstein-Tages gab es in Kiel ein Chortreffen. Zwei Mädchenchöre kamen nach Laboe, um in den Pausen auf dem Fußballplatz zu singen, später in der Konzertmuschel am Strand. Danach hatten die Mädchen Freizeit bis zum Abend.

Abends war das Dorf voller pubertierender Jugendlicher, die das Abenteuer und den Alkohol suchten. Lüthje lief als einer der Ordner durchs Dorf, da die örtliche Polizei überfordert war.

Bei einem Kontrollgang über das Schulgelände sah Lüthje einen Auflauf vor dem Eingang zu einem der inzwischen abgerissenen Schulgebäude. Im Keller befanden sich die Umkleideräume für die Mädchen. Auf der Treppe standen Jungen und Mädchen bis in den Keller Schlange und tuschelten.

»Der Horst Drübbisch ist da drinnen mit einer vom Chor«, sagte ihm jemand. Und alle wollten von dem Ereignis etwas mitbekommen.

Als Lüthje sich fast bis zur Tür durchgekämpft hatte, ging sie auf, und ein Pulk von Jungen und Mädchen drängte hinaus und verschwand im Gedränge nach draußen. Der Umkleideraum war leer, als Lüthje ihn durchsuchte.

Er zeigte den Vorfall bei der örtlichen Polizei an und gab alles zu Protokoll. Als er ein halbes Jahr später dort anrief, um sich zu erkundigen, was aus der Sache geworden sei, hörte er, dass ein Junge mit dem Namen Jochen Klockemann gestanden hätte, dass nicht Horst Drübbisch, sondern er das Mädchen vergewaltigt hätte. Danach hatte aber das Mädchen seine Aussage widerrufen.

Lüthje war sich sicher, dass Jochen Klockemann damals für seinen Freund Horst Drübbisch die Schuld auf sich genommen hatte. Wie sie es geschafft hatten, das Mädchen zum Gedächtnisverlust zu überreden, hatte er nie erfahren.

Jochen Klockemann hatte Lüthje bei der Befragung auf dem

Friedhof Eichhof einmal seltsam angesehen. Mochte sein, dass der Funke einer Erinnerung an Lüthjes Gesicht in ihm aufglühte … und gleich wieder verlosch. War auch besser so.

»Guten Tag, Herr Lüthje, darf ich mich ein paar Minuten zu Ihnen setzen?«

Ein Mann mittleren Alters, schlank und groß, mit ausgeprägten Wangenknochen, stand plötzlich vor ihm. Ein Ausweis hing an einem silberfarbenen Schlüsselband um seinen Hals.

»Nein!« Lüthje stand auf.

»Warum nicht?«

»Erstens: Sie tragen eine Waffe. Zweitens: Wer sind Sie, und was wollen Sie?«

»Woher wissen Sie von der Waffe?«

»Ihre Körperhaltung verrät es.«

»Was ist damit?«

»Sie ist falsch. Das muss Ihnen genügen. Sie haben ein Schulterholster unter dem linken Arm. Setzen Sie sich vor mich in den Sand. Sie haben meine zweite Frage noch nicht beantwortet.«

»Ich heiße Jörg Baginski und habe heute oben am Ehrenmal die Sicherheitsvorkehrungen überprüft.«

»Reichen Sie Ihren Plastikschmuck herüber.«

Er nahm sein Schlüsselband ab und reichte es Lüthje. Steuerungsgruppe X. Jörg Baginski. Links ein eingedrucktes Foto. Rechts ein Scancode.

»Sehr eindrucksvoll. Einigen wir uns also auf den Namen Baginski, Herr Baginski. Ich möchte aber noch Ihren Personalausweis sehen.«

Baginski zog ihn aus der Jacke seines blauen Leinenanzugs. Das schien während dieser Kieler Woche der Dresscode der Eingeweihten zu sein. Im Personalausweis stand auch der Name »Baginski«. So weit, so gut.

»Danke«, sagte Lüthje und gab ihm Schlüsselband und Personalausweis zurück.

Lüthje setzte sich wieder in den Strandkorb. »Wie ist Ihre Besoldungsgruppe, und für wen arbeiten Sie?«

»Antwort auf Frage eins: Besoldungsgruppe B 9. Antwort auf Frage zwei: für die Bundesrepublik Deutschland.«

»Dann würden Sie als Ministerialdirektor hier im Sand vor mir sitzen. Oder soll ich sagen ›Generalleutnant‹? Und die Antwort auf die zweite Frage finde ich originell. Deswegen überspringen wir das. Was wollen Sie von mir?«

»Ich bin der Nachfolger von Horst Drübbisch«, sagte Baginski.

»Interessant. Es beantwortet aber meine Frage nicht.«

Baginski griff wieder in seine Jacke und gab Lüthje ein zusammengefaltetes Blatt Papier.

»Kein USB-Stick? Keine CD? Sie enttäuschen mich«, sagte Lüthje.

»Sie müssten sonst damit rechnen, dass wir Ihnen etwas auf den Rechner laden.«

»Unserem Spezialisten im LKA? Sie kennen ihn offensichtlich nicht.«

Lüthje faltete das Papier auseinander. Es enthielt eine Liste von elf Namen. Der oberste Name lautete ›Jörg Baginski‹.

»Was ist das?«, fragte Lüthje.

»Eine Liste der Kollegen von Horst. Damit Sie nicht lange danach fragen müssen. Das sind … waren die Arbeitskollegen von Horst Drübbisch. Als wir hörten, dass Ihre Mitarbeiter danach herumtelefonierten, habe ich eine Aufstellung machen lassen.«

»Ich bin zu Tränen gerührt. Was glauben Sie, was ich von einer Zeugenliste halte, die mir der Nachfolger des Opfers gibt? Und ohne Adressen?«

»Erste Frage: Ich wollte damit Transparenz demonstrieren. Zweite Frage: Die Adressen finden Sie in Ihren Datenbanken.«

»Wann haben Sie das Opfer das letzte Mal gesehen?«

»Vor zwei Wochen. Bei einer Besprechung in Frankfurt.«

»Warum Frankfurt?«

Er zuckte mit den Schultern. »Wir wechseln die Meeting-Points.«

»Natürlich. Sie hassen Geheimniskrämerei und sind für Transparenz und Öffentlichkeit«, sagte Lüthje schmunzelnd.

»Ihr Sarkasmus gefällt mir.«

»Wie haben Sie mich observiert?«, fragte Lüthje.

Baginski deutete zum Ehrenmal.

»Dort oben haben wir unauffällig einige ›Operngläser‹ positioniert, die uns vor Überraschungen für unsere Gäste schützen. Eine Kamera war den ganzen Tag nur auf ein sensibles Objekt gerichtet«, sagte Baginski.

Er zog ein Handy aus einer Tasche. Es war eines von diesen flachen mit einem Touchscreen. Er berührte das Display und hielt es Lüthje hin. Lüthje sah den Strand von schräg oben, das Bild zoomte auf die Rückseite eines Strandkorbs mit der Nummer 007.

»Sehen Sie? Kein Trick.« Er nahm das Handy in die linke Hand und streckte den rechten Arm aus.

Auf dem Display sah Lüthje auf der rechten Seite des Strandkorbs eine Hand herausragen, die winkte.

»Ich bin beeindruckt«, sagte Lüthje. »Damit haben Sie denkbare Bedrohungen für das Gipfeltreffen bei der Prinzessin Turandot im Fadenkreuz. Aber jetzt drehen Sie bitte die Kamera in eine andere Richtung.«

Wieder berührte Baginski das Display des Handys. Er hatte die Kamera auf den Vorplatz des Ehrenmals eingestellt, die Zuschauertribüne und Bühne waren zu erkennen.

»Das sieht ja schon fertig aus«, sagte Lüthje.

»Übermorgen ist Generalprobe. Am Vormittag«, sagte Baginski und schaltete die Verbindung zur Kamera aus.

»Wieso am Vormittag?«, fragte Lüthje.

»Falls wir merken, dass aus Sicherheitsgründen noch etwas umgebaut oder umgestellt werden muss. Das braucht Zeit, die wir nicht haben. Denn am Samstag ist die Aufführung mit den geladenen Gästen.«

»Warum findet die Generalprobe dann nicht früher statt? Dann hätten Sie mehr Luft.«

»Ich möchte nicht von Ihnen vernommen werden«, sagte Baginski schmunzelnd. »Na gut, ich sag es Ihnen. Als dieses knappe Timing angeordnet wurde, war ich noch nicht Chef. Alles klar?«

Lüthje nickte. »Nächste Frage, aber nicht so schwierig. Haben Sie den Sänger im Treppenhaus schon gehört?«, fragte er.

»Hat mich sehr beeindruckt.« Baginski nickte anerkennend. »Jemand vom Marinebund hat mir von ihm erzählt. Die Besucher des Ehrenmals denken, es wäre ein Werbegag für die Aufführung. An dem Tag wird der Sänger allerdings draußen bleiben müssen.«

»Hat ihm das schon jemand gesagt?« Lüthje fragte sich, wie Lambert Sundermeier diese Abweichung in seinem Tagesablauf verarbeiten würde.

»Reicht es nicht, dass er von uns am Eingang zurückgewiesen wird?«

»Ich weiß nicht«, sagte Lüthje nachdenklich. Er überlegte, ob er es Lamberts Vater sagen müsste. Vielleicht wusste der, wie er es seinem Sohn beibringen konnte.

»Seit wann laufen Ihre Überwachungskameras oben auf dem Ehrenmal?«, fragte Lüthje mit drohendem Unterton, während Baginski nachzudenken schien.

»Seit gestern. Wir testen sie noch.«

»Schade«, sagte Lüthje.

»Ach so, Sie dachten, am Samstagnachmittag wäre eine dieser Kameras vielleicht auf die Strandstraße gerichtet gewesen, und Sie hätten sich dann gern die Aufzeichnung von uns aushändigen lassen. Tut mir leid. Hätten wir natürlich gemacht.«

»Dachte ich mir doch, dass Sie alles aufzeichnen. Wie sind Sie eigentlich der Nachfolger von Horst Drübbisch geworden?«, fragte Lüthje.

»Eine fachliche und politische Entscheidung«, sagte Baginski lächelnd. »Sie werden verstehen, dass ich ein vitales Interesse daran habe, dass der Mörder schnell gefasst wird.«

Oder auch nicht, dachte Lüthje. »Kann ich mir vorstellen«, sagte er. »Wie haben Sie es angestellt, auf Platz Nummer eins der Warteliste zu kommen?«

»Bei der Beförderung?«, fragte Baginski.

»Nein, für den Liegeplatz Ihres Vorgängers im Jachthafen Laboe.«

»Mein Kompliment. Ich habe gehört, dass Sie gut sind. Wie ich es geschafft habe? Ich habe lange gewartet. Sehr lange.«

»Warum?«

»Wer in Laboe einen Liegeplatz für sein Boot hat, gehört dazu. Hier haben Sie die Regatten der Kieler Woche vor der Tür. Hier kann man noch Eigentumswohnungen kaufen. Noch. Laboe ist *das* Ostsee-Resort der Zukunft. Irgendwann werden die Quadratmeterpreise davonlaufen.«

»Wollen Sie sagen, dass Sie zufällig der Nächste auf der Warteliste für die Liegeplätze waren?«

»Ich hab mich schon vor Jahren im Einverständnis mit Horst als Nachfolger für seinen Liegeplatz eingetragen. Das hört sich makaber an, ist bei uns aber so üblich. Mein Nachfolger steht auch schon fest. Wenn der ausfällt, folgt ihm der Nächste. Man kann sich auch für einen Liegeplatz in Monte Carlo bewerben. Das ist Geschmackssache. Mir wäre das zu schrill.«

»Waren Sie auch auf den Bootpartys Ihres Vorgängers?«

»Nein.«

»Wieso nicht?«

»Ich bin glücklich verheiratet.«

»Glückwunsch. Aber hätte Ihre Frau nicht mitkommen können?«

»Die Partys waren einfach nichts für uns.«

»Sie meinen, es war mehr was für unverheiratete Singles?«

»So kann man es ausdrücken.«

»Was war Horst Drübbisch für ein Mensch?«, fragte Lüthje.

»Er war gut im Job. Aber hatte zu wenig Bodenhaftung. Das ist alles, was ich Ihnen über ihn sagen kann.«

»Wo waren Sie Samstag?«

»Berlin und Madrid. Vorbereitungen für ein Gipfeltreffen. Abends Brüssel.«

»Haben Sie Zeugen?«, fragte Lüthje.

»Keine, die Ihnen zur Verfügung stehen würden. Wie weit sind Sie bei den Ermittlungen? Haben Sie schon eine Spur?«

»Wir ermitteln in alle Richtungen«, antwortete Lüthje.

»Natürlich. Tut mir leid, dass ich Ihnen zu nahe getreten bin, Herr Kriminalhauptkommissar.«

»Wer sagt Ihrer Steuerungsgruppe X, was Sie tun müssen?«, fragte Lüthje.

»Eine Mischung aus Politikern und Militärs. Unser Beruf ist also mit großen Risiken verbunden. Jeder für alle und alle für einen. Sie können sich bewerben. Der eigentliche Grund meines Besuches bei Ihnen ist dieser …« Er zog eine Plastikkarte mit Schlüsselband aus einer Hosentasche, ähnlich der, die er um den Hals trug. »Ich lade Sie zu einem Kieler-Woche-Empfang der Ehrengäste ein, die auch hier zur Opernaufführung erscheinen werden. Im Scancode der Karte sind alle notwendigen Angaben. Heute Nachmittag im Hotel Wave am Hindenburgufer.«

»Hätten Sie mir das nicht früher sagen können? Ihre kurzfristige Terminierung soll wohl meinen Ermittlungsplan durcheinanderbringen.«

Lüthje nahm die Karte und steckte sie unbesehen in seinen Rucksack. »Mein Chef hat mich vor ein paar Tagen angewiesen, ihn sofort darüber zu informieren, wenn ich während der Ermittlungen etwas finde, das auf eine politische Dimension hinweist.«

Baginski lachte auf. »Kein Wunder! Schackhaven hat sich schon einmal bei uns beworben.«

»Haben Sie ihn abgelehnt?«

»Wir haben nicht reagiert«, sagte Baginski. Er stand auf und wischte sich den Sand von der Hose. »Er ist ein Bürokrat, und es fehlt ihm an der notwendigen Geschmeidigkeit. Entscheiden Sie selbst, ob Sie ihm über unser Gespräch berichten. Ich erwarte Sie im Wave.«

12.

Als Baginski wieder zum Ehrenmal gegangen war, schloss Lüthje das Holzgitter vor dem Strandkorb und stellte das Fahrrad auf der Rückseite des Drübbisch-Hauses ab.

Er holte den Hausschlüssel aus der Sicherheitstasche seines Rucksackes und betrat den Flur. Die tief stehende Sonne streckte blassrote Lichtfinger durch Fenster und offen stehende Zimmertüren.

Der Tatortreiniger hatte die Spuren des Blutes nur im Farbton mildern können.

Eine blasse, aber trotzdem deutliche Verfärbung überzog die Bodenkacheln in langen Schlieren zwischen Haustür und Abstellkammer. In den bitteren zitronenartigen Geruch der Desinfektionsmittel mischte sich schwach, aber deutlich der Geruch des

Todes. Vielleicht rochen das nur Menschen, die den Toten in seinem Blut gesehen hatten.

Lüthje ertappte sich dabei, dass er auf Zehenspitzen ging, nur um das nicht mehr vorhandene Blut nicht mit der ganzen Schuhsohle zu berühren.

Am Fuß der Treppe nach oben rief er laut: »Ist da jemand?«

Das »mand« hallte aus verschiedenen Richtungen kurz nach.

Im ersten Stock sah er nur flüchtig in die Zimmer, als ob er sich vergewissern wollte, dass sich wirklich niemand außer ihm im Haus aufhielt. Helle Flecken auf den verblassenden Tapeten zeigten, wo Möbel gestanden und Bilder gehangen hatten.

Als er die Treppe zur Mansarde hinaufstieg, wurde der säuerliche Geruch stärker als die Reinigungsmittel. Lüthje griff in die linke Tasche seines Cordjacketts, legte sich einen Knäckebrotkrümel auf die Zunge und öffnete die Fenster. Es gab ein kleines Zimmer nach hinten und ein großes nach vorn zur Strandstraße, dazwischen ein kleines Duschbad.

Das Fenster zur Strandstraße öffnete den Blick über die Promenade, den Strand, die Außenförde bis Schilksee und Bülk. Im Westen standen quer über dem untergehenden Sonnenball ein paar schmale, parallel verlaufende Wolkenbänder, die in einem leicht geschwungenen Bogen den Horizont nachzeichneten.

Vom Fenster zum Hofgarten sah man links in den Garten der Sundermeiers und rechts zu Ingrid Klockemann. Hinter den Gärten verlief der Promenadenweg entlang des Hanges zum Lammertzweg und Hexenstieg.

Er ging hinunter in den Keller und schaltete seine Taschenlampe an.

Von einem breiten Flur gingen vier Kellerräume ab. Ebenso wie in den oberen Räumen standen alle Türen weit offen. Alle vier Räume hatten je ein schmales Fenster, das mit der Oberkante an die Kellerdecke grenzte. Im Kellerraum auf der Seite zu Klockemann stand ein alter Holztisch schräg zwischen dem Fenster und der rechten Wand, als habe man ihn verrücken wollen und sei dabei gestört worden. Auf dem Zementfußboden waren von der Spurensicherung mit Kreide Striche gezogen worden, die Linien von der Wand bis an die Tischbeine markierten.

Lüthje ging zum Kellerfenster und sah vom Hauseingang der Klockemanns bis zu den Treppenhausfenstern und einem kleinen Fenster, das wahrscheinlich zu einem Raum im Obergeschoss gehörte.

Er rief Prebling an.

»Lüthje hier. Ich hoffe, ich störe Sie nicht bei Ihrem Feierabend.«

»Keineswegs. Ich kann die Überwachung des Grills an meinen Schwager abgeben … So, jetzt hab ich frei. Ich bin ganz Ohr.«

»Ich stehe in einem Kellerraum des Tathauses in Laboe und sehe einen Tisch schräg und Kreidestriche am Boden. Können Sie mir dazu schon etwas sagen?«

»Ich versuche kurz zusammenzufassen. Unter Vorbehalt.«

»Okay.«

»Der Tisch muss vor … ich schätze, zwei bis vier Wochen ursprünglich direkt unter dem Fenster gestanden haben. Die Zeit haben wir aus der Staubverteilung und den Sandspuren auf dem Boden ermittelt. Aber das interessiert Sie sicher im Moment nicht.«

»Stimmt«, sagte Lüthje.

»Der Tisch ist von einer Position unter dem Fenster in Richtung der Wand rechts gerückt worden. Vielleicht ging es aber nur darum, den Platz unter dem Fenster frei zu haben. Es gibt ein paar Reste von Fußabdrücken. Mit denen konnte man aber leider nicht viel anfangen. Wir haben sie fotografiert, aber versprechen Sie sich nichts davon.«

»Weitere Spuren?«

»Ja, da wird es vielleicht interessant. Menschliche Haare auf dem Tisch und auf dem Boden. Sind wahrscheinlich im selben Zeitraum dorthin gelangt, als der Tisch verschoben wurde. DNA-Spuren auf dem Tisch. Leider massiv verunreinigt. Aber wir arbeiten daran.«

»Was für Haare? Männlein, Weiblein?«

»Beides. Mehr kann ich dazu im Moment nicht sagen.«

»Sind Sie mit dem Kleid weitergekommen?«

»Die Rückseite des Kleides zeigt zwei Phasen von Gewebeschädigungen, die durch das Aufhängen an der Hauswand hervorgerufen werden. Bei jeder noch so leichten Luftbewegung kratzt die Rückseite des Kleides an der rauen Hauswand. Das summiert sich messbar schon über einen Zeitraum von einer Stunde. Die erste Phase der Schädigung ist alt und ausgeprägt. Die zweite Phase ist sehr jung. Höchstens ein paar Monate alt. Wir haben in beiden Schichten Blütenpollen gefunden. Zwischen diesen Schichten liegt eine Staub- und Schmutzschicht. Natürlich sehen Sie das nicht mit bloßem Auge, sondern nur unter dem Mikroskop ab zweihundertfacher Vergrößerung. Ich vermute, dass das Kleid vor ein paar Jahrzehnten mehrfach an die Hauswand gehängt wurde, dann nicht mehr benutzt wurde und Anfang dieses Jahres, also vor dem Frühlingsanfang, wieder an die Hauswand gehängt wurde.«

»Also vor sechs Monaten etwa?«

»Möglich.«

»Ist das Kleid denn nie gewaschen worden?«

»Es hat eine Baumwollstruktur aus den fünfziger Jahren. Es ist nie in einer *modernen* Waschmaschine gewaschen worden. So viel kann ich sagen. Vielleicht ist es früher oft getragen worden, und es blieb nie Zeit für die Waschmaschine, die ja damals auch nicht jeder Haushalt hatte. Ich glaube, es ist überwiegend mit der Hand im Waschbecken gewaschen worden.«

»In dem Waschbecken im Bad im ersten Stock?«

»Ja, sehr gut möglich.«

»Haben Sie die blutgetränkten Ordner aus der Abstellkammer lesbar machen können?«

»Die chemischen Lösungen brauchen einige Stunden, um zu wirken. Danach fotografieren wir es. Den Rest machen wir mit Fotosoftware.«

»Sie haben doch sicher einen Eindruck von dem Material. Ist es ein fortlaufender Text, ist es ein Fotoalbum? Sie wissen, was ich meine«, fragte Lüthje ungeduldig.

»Entschuldigung. Ich bin wieder mal ins fachliche Schwafeln gerutscht. Also, es handelt sich um einen Ordner mit anwaltlichen Schreiben und um zwei Ordner mit Zeitungsausschnitten. Den Namen ›Drübbisch‹ konnte ich entziffern.«

»Danke, Prebling, ich glaube, es handelt sich um die Akten der

Ursula Drübbisch zur Ermordung ihres Ehemannes Hermann Drübbisch.«

Als er das Gespräch mit Prebling beendet hatte, stieg Lüthje noch einmal in die Mansarde und sah von dort aus dem Hoffenster. Der Blick reichte hier direkt in den Lammertzweg. Wer hatte in den Mansardenzimmern gewohnt, als Horst Drübbisch noch nicht geboren oder noch ein Kleinkind war? Hatte Ursula Drübbisch hier ihr ganz privates Reich? Oder waren es Arbeitszimmer ihres ersten Ehemannes?

Lüthje schloss die Fenster und ging wieder hinunter zum Kellerraum, in dem der Tisch stand, und sah aus dem schmalen Fenster unter der Decke nach oben auf das Nachbarhaus. Frau Klockemann schien nicht zu Hause zu sein. Oder sie zog es vor, im Dunkeln zu sitzen. Er glaubte, eine Katze im obersten Fenster zu sehen, die auf ihn hinabsah. Er leuchtete mit der Taschenlampe hoch. Es war eine weiße Porzellankatze, in deren Glasaugen sich das Licht seiner Taschenlampe brach.

Plötzlich bewegte sich hinter dem Katzenkörper ein Frauenkopf mit streng nach hinten gekämmten Haaren und tauchte hinter der Porzellankatze nach unten weg.

Lüthje verließ das Haus durch die Hoftür, um nicht wieder über die Bodenkacheln vor der Abstellkammer gehen zu müssen. Als er die Hoftür eilig abschließen wollte, entglitt ihm zweimal der Schlüssel und fiel zu Boden. Tief im Innersten fürchtete er, dass ihn der Fluch des Hauses erfassen könnte. Was immer das für ihn bedeuten würde.

Draußen beleuchtete die untergegangene Sonne die in der Atmosphäre schwebenden Wolkenbänder von unten mit blutrotem Licht.

Die Fenster seines Hauses im Bergfriede waren dunkel. Die Mieter tummelten sich wahrscheinlich auf der Kieler Woche. Es war also Ruhe im Haus. Frau Jasch schien noch einmal gründlich geputzt zu haben, das winzige Duschbad glänzte, die Doppelkochplatte sah fast wie neu aus, und der Heißwasserkocher war entkalkt.

Der Räucherfisch lag Lüthje etwas schwer im Magen, aber nach dem ersten Schluck Probsteier Herold ging es ihm besser.

Das Licht des Zimmers warf sein trapezartiges Viereck auf den Rasen vor dem Fenster. Er zog die Vorhänge zu.

Ihm fiel ein, dass er Hilly anrufen und ihr das Handyfoto »Frau Jasch füllt den Kühlschrank« senden wollte. Er entschied, zunächst das Handyfoto zu senden und sie danach anzurufen.

»Ist sie nicht süß?«, rief Hilly. »Stell dir vor, ich habe gestern Nacht geträumt, dass du dich auf der Laboer Mühle an einem Flügel festgeklammert hast. Die Flügel drehten sich, und jedes Mal, wenn du an mir vorbeikamst, versuchte ich, dich herunterzuziehen. Aber ich bekam dich nicht zu fassen. Ich habe dir zugerufen, vom Flügel abzuspringen, wenn er gerade unten war, aber du hast mich nicht gehört. Warum nicht?«

»Das weiß ich doch nicht! Es war doch *dein* Traum!«, lachte Lüthje. »Aber nächstes Mal, wenn ich da oben auf dem Flügel sitze, werde ich dran denken.«

»Mach dich nicht lustig über mich, Eric! Ich kann doch nichts für meine Träume.«

»Entschuldige bitte, Frau meiner Träume.«

Hilly schien zufrieden. Sie erzählte, dass ihre Freundin sie in ihrer Familie herumgereicht und eine Party für die ehemaligen Kollegen gegeben hatte. Hilly fühlte sich erschöpft und wollte spätestens am Donnerstag zurückkommen.

»Kannst du mich in Hamburg vom Flughafen abholen?«

»Ich kann es nicht versprechen.«

»Also nicht. Ich könnte nach Laboe kommen und Frau Jasch ablösen.«

»Vielleicht habe ich ja den Fall bis dahin gelöst. Dann kann ich dich abholen.«

»Glaubst du das wirklich?«

»Die Spurenlage ist sehr unübersichtlich. Übrigens hat das Fischrestaurant am Hafen ein Holzboot mit Sitzbänken draußen aufgestellt. Auf dem Heck steht als Name ›Hilli‹, allerdings mit i am Ende.«

»Lenk nicht ab. Wenn du noch zu tun hast und mich in Laboe nicht haben willst, musst du es sagen.«

»Lass uns übermorgen darüber sprechen«, sagte Lüthje.

»Oder morgen Abend?«

»Na gut. Ich liebe dich.«

»Ich liebe dich. Pass auf dich auf.«

»Na klar. Mach ich doch immer.«

Mittwoch

1.

Auf der Glastür stand »Hafenmeisterei Peter Hansen« und darunter »Tourist-Information«. Durch die Glastür konnte er einen Mann hinter einem Schreibtisch sehen und klopfte.

Der Mann sah mit mürrischem Blick von seinem Computermonitor auf und kam zur Tür.

»Von der Tourist-Information ist noch keiner da!«, rief er von drinnen. Und als Lüthje nicht sofort ging: »Die sind erst ab zehn da!«

Lüthje zeigte seine Dienstmarke. Widerwillig öffnete der Mann die Tür.

»Polizei? Die war doch schon vorgestern da«, sagte er.

»Sie sind der Hafenmeister Peter Hansen?«, fragte Lüthje.

Der Mann nickte.

»Das war die Spurensicherung gestern«, sagte Lüthje. »Ich bin der Ermittlungsleiter, Kriminalhauptkommissar Lüthje. Ich muss Ihnen ein paar Fragen stellen. Darf ich reinkommen?«

Hansen trat zur Seite. »Ihre Leute sagten, dass das Boot nach Kiel gebracht wird. Wissen Sie, wann das sein wird?«, fragte er und setzte sich wieder hinter seinen Schreibtisch.

»Die Laboer Schiffswerft wird es morgen früh aus dem Wasser nehmen und zu uns nach Kiel bringen.« Lüthje sah aus dem Fenster auf den Seglerhafen. »Hier ist fix was los bei Ihnen. Die Interessenten für den Liegeplatz stehen schon Schlange, stimmt's?«

»Ja, das geht hier von Boot zu Boot. Sie können davon ausgehen, dass hier jeder der dreihundertfünfundsiebzig Liegeplatzmieter darüber Bescheid weiß.«

»Dreihundertfünfundsiebzig Zeugen? Ein Geschenk des Himmels!«, sagte Lüthje.

Hansen bekam eine Sorgenfalte über der Nasenwurzel.

»Würden Sie mich bitte zum Liegeplatz begleiten?«, fragte Lüthje.

Hansen nickte widerwillig und verschloss sein Büro.

Im Seglerhafen widmete man sich Kleinreparaturen, es wurde gelacht und geflucht, man machte klar zum Auslaufen oder kam gerade zurück. Am Fähranleger machte die Fähre von Kiel fest und entlud eine volle Ladung erlebnishungriger Gäste.

»Dahinten, die letzte Mole«, sagte der Hafenmeister. »Mole E. Er wollte einen Liegeplatz ganz vorn, in den man ohne umständliches Manöver leicht mit seinem großen Boot rein- und rausfahren kann.«

»Wie lange hatte er den Liegeplatz schon?«

»Das weiß ich schon gar nicht mehr«, sagte Hansen. »Jedenfalls schon vor meiner Zeit. Er war Dauerlieger, also nicht nur für ein paar Tage oder eine Saison.«

»Gab es mit ihm irgendwelche Unregelmäßigkeiten?«

»Na ja, normalerweise sagen die Dauerlieger Bescheid, wenn sie einen Tag oder länger mit dem Boot unterwegs sind. Dann kann ich den Platz in der Zeit an einen Tageslieger vermieten, der auf einem Törn einen Halt in Laboe machen will. Die Liegegebühr kann ich dem Dauerlieger gutschreiben. Aber Drübbisch hat nie Bescheid gesagt, wie lange er weg ist. Also konnte ich seinen Platz in der Zeit auch nicht weitervermieten.«

»Warum machte er das?«

Der Hafenmeister zuckte mit den Schultern. »Entweder brauchte er nicht auf seine Groschen zu achten. Oder er wusste nie, wann er zurückkommt. Oder beides.«

»Wann haben Sie ihn das letzte Mal gesehen?«

»Vorgestern jedenfalls nicht. Es war unheimlich viel los hier. Bei der Fäkalentsorgungsstation lief es über. Jedenfalls am Einlaufstutzen. Ich hatte Schwierigkeiten, jemanden von der Entsorgungsfirma ans Telefon zu bekommen. Die Bootseigner standen hier vor der Tür und drohten mir, ihre Scheiße ... Entschuldigung, aber so war's ... in den Hafen zu kippen. Einigen hätte ich das auch zugetraut.«

»Und? Haben Sie es geschafft, es reparieren zu lassen?«

»Irgendwann nachmittags kam dann einer von den Fachleuten.«

Inzwischen waren sie am Liegeplatz angekommen. Die Liege-

158

plätze daneben schienen frei zu sein. Am Bootsheck prangte in goldener Farbe der Name.

»Golden Girl III! Hört sich bisschen nach James Bond an«, sagte Lüthje. »War er auch mit der Golden Girl II und I hier?«

»Möglich. Aber auch das war dann vor meiner Zeit.«

»Das ist also ein Cruiser«, sagte Lüthje nachdenklich. »Würde mir auch gefallen. Wie lange braucht man damit bis Kiel?«

»Ist 'ne Stahljacht. Kein Kunststoff, also verhältnismäßig schwer, aber sehr belastbar. Aber mit dem Motor … der hat mindestens zweihundertfünfzig PS. Nach dem Geräusch zu urteilen, ist der bis zum Rande des Zulässigen aufgemotzt. Wahrscheinlich sogar noch drüber. Wenn Sie es eilig hätten … mit Volllast könnten Sie es in knapp fünfzehn Minuten bis zum Jachthafen in Kiel schaffen. Bis zur Hörn, also zur Hafenspitze, allerdings noch mal zehn Minuten, weil Sie da nicht so rasen dürfen.«

»Wer kriegt den Liegeplatz jetzt?«, fragte Lüthje.

»Der Nächste auf der Warteliste für diesen Platz.«

»Und wer ist das?«, fragte Lüthje.

»Den Namen wollen Sie? Das muss ich im Computer nachsehen.«

»Dann gehen wir da doch gleich mal nachsehen«, sagte Lüthje und machte sich mit Hansen auf den Weg zurück zu dessen Büro.

»Wenn Sie Herrn Drübbisch vorgestern nicht gesehen haben, wann haben Sie ihn denn das letzte Mal gesehen?«, hakte Lüthje nach.

»Auf jeden Fall vor ungefähr drei Wochen. Da gab es wieder jede Menge Beschwerden, weil die bis in die Nacht feierten.«

»Was meinen Sie mit ›die‹?«

»Drübbisch und seine Gäste.«

»Und was waren das für Gäste?«

»Waren wohl seine Freunde. Ein paar Männer in seinem Alter. Sahen irgendwie alle gleich aus. Konnten vor Kraft kaum gehen.«

»Und Frauen?«

»Manchmal. Dabei fällt mir ein … Vor ungefähr zwei Wochen war er mal wieder allein mit einer Frau da. Und noch mal vorigen Freitag. Beide Male dieselbe Frau.«

»Können Sie die beschreiben?«

»Kann ich nicht so genau sagen. Ich seh die Mole ja von meinem Fenster nur, wenn ich mich umdrehe. Oder wenn ich grade draußen bin.«

»Sind die beiden nicht bei Ihnen am Büro vorbeigekommen, wenn sie ins Dorf gingen? Das ist doch der einzige Weg zum Dorf.«

»Stimmt nicht ganz. Von Mole E können die auch hinten den Weg zwischen der Werft und den Apartments zum Dorf gehen. Das ist zwar ein Umweg, aber da seh ich die nicht.«

»Wer sollte so was machen, wenn das ein Umweg ist?«

»Die Lieger, mit denen ich ein Hühnchen zu rupfen habe. Die wissen, dass ich keine Lust habe, ihnen ständig hinterherzulaufen, und sie lieber vor dem Büro aufgreife. Also gehen sie den Schleichweg.«

»Und hatten Sie gerade kein Hühnchen mit Horst Drübbisch zu rupfen?«

»Da hat er keine Partys gefeiert. Er hatte nur seine Dame mit. Und die sangen nachts nicht an Bord. Die waren richtig ... mh, na ja, haben keinen Lärm gemacht.« Er grinste. »Ich hab die Frau nur einmal zufällig gesehen. Als sie am Heck stand. Ich glaub, die ist nie an Land gegangen. Ihn hab ich mal über die Mole wieder an Bord gehen sehen.«

»Können Sie die Frau beschreiben?«, fragte Lüthje.

»Ich konnte nur erkennen, dass sie lange schwarze Haare hatte. Sah ziemlich gut aus. Gute Bikinifigur. Ich glaube, der Drübbisch schwärmte für Schwarzhaarige.«

»Wieso glauben Sie das?«

»Im vorletzten Jahr war er auch mit einer Schwarzhaarigen da«, sagte Hansen.

»Derselben?«

»Nee, die war etwas fülliger.« Hansen grinste wieder.

»Was ist mit den Nachbarn auf den Liegeplätzen daneben? Ob die etwas erzählen könnten von der Schwarzhaarigen vor zwei Wochen?«

»Die waren alle unterwegs. Genauso wie heute. Das sind Saisonlieger. Die wollen das Segelrevier erkunden. Vielleicht aber wollten sie die beiden nicht stören?« Die Geschichte schien dem Hafenmeister Spaß zu machen.

»Würden Sie die Frau wiedererkennen?«

»Nur wenn sie einen Bikini anhat!«, erwiderte Hansen bitterernst und grinste dann wieder.

Inzwischen waren sie wieder an seinem Büro angekommen. Er schloss die Tür, setzte sich vor seinen Computerbildschirm und klickte mit der Maus.

»*And the winner is* … Jörg Baginski aus Kiel!«, rief Hansen aus.

»Haben Sie noch mehr als den Namen?«, fragte Lüthje.

»Wohnsitz in Kiel und Nummer des Personalausweises«, antwortete Hansen.

»Dann diktieren Sie mir das mal«, sagte Lüthje, notierte sich alles in sein Tagebüchlein und klappte es zu. »Das mit dem Bikini kann ich Ihnen nicht versprechen, Herr Hansen. Aber ich glaube, Sie haben sich die Frau genau angesehen. Mit dem Fernglas auf der Fensterbank neben Ihnen. Tschüss.«

2.

Die Buchhandlung im Hafenpavillon lag am Anfang der Strandpromenade gegenüber vom Rosengarten und in unmittelbarer Nähe zum Fähranleger nach Kiel. Eine hervorragende Lage, um Laufkundschaft abzufangen. Über dem Eingang stand in übergroßen Lettern auf einem schiffartigen Holzbrett »Mediengaleere«. Vor dem Eingang empfing den Besucher eine Grabbelkiste in Form eines Wikingerbootes mit Muschelkästchen, Seesternen, Schäufelchen und Eimerchen. An einem frei stehenden Drahtständer lockten Sonnencreme, Sonnenbrillen, Sonnenhüte und Ansichtskarten.

Im Laden selbst gab es Bücher und Videos. Die Regale reichten bis unter die tief hängende Decke. In der Mitte des Verkaufsraumes standen drei Tische, auf denen dicke Bücher gestapelt waren, Krimis und Ratgeber. »Alles Top-Bestseller«, versicherte ein von der Decke hängendes Schild. Zwei Kundinnen standen vor der Kasse. Die Ladeninhaberin war beschäftigt.

In kinderfreundlicher Kniehöhe lagen auf einem Regalbrett an der Wand Kinderbücher und bunte Kissen. »Lüthje und das Geheimnis des Strandes«, las Lüthje auf einem Buch mit starkem Pappeinband. Er klappte das Buch auf. Es war der fünfte Band einer Serie um eine weiße Ente mit gelbem Schnabel namens Lüthje, die dem Leser erklärte, wie ein Strand entstand, und dabei Abenteuer beim Kampf gegen die bösen Wattwürmer bestehen musste.

»Kann ich Ihnen weiterhelfen?«, fragte eine sonnenstudiogebräunte Frau mit pagenkopfartiger Frisur.

»Mir fiel dieses Buch auf, weil das mein Name ist.« Er tippte auf das Cover.

»Ach so, dann heißen Sie also Lüthje?«, sagte sie einfühlsam.

Er nickte.

»Diesen Namen trifft man hier im Norden ja recht häufig an«, tröstete sie ihn.

»Dann fällt man nicht so auf«, sagte Lüthje. »Darf ich Sie nach Ihrem Namen fragen?«

»Äh, ich heiße Perlinger.«

»Das hört sich doch sehr süddeutsch an. Sie haben auch so einen Akzent. Liege ich da richtig?«, fragte Lüthje in launigem Ton.

»Ich komme aus München. Hört man das so stark?«

»Es geht. Nicht besonders«, sagte Lüthje, jetzt auch einfühlsam. »Aber wie kommt eine Münchnerin nach Laboe und macht hier einen Buchladen auf?«

Frau Perlinger sah sich nervös nach einer Kundin um, die ihren Blick über die Bücher auf den Tischen schweifen ließ.

»Ich wohne seit einiger Zeit in Kiel und habe da auch schon im Buchhandel gearbeitet. Ich bekam einen Tipp, dass eine Kette mit einem neuen Label in den Markt will. Zufällig hat mir eine Freundin erzählt, dass in Laboe so etwas laufen könnte. Und da habe ich mich beworben.« Sie sah sich wieder um. Die Kundin verließ den Laden.

»Und von wem haben Sie gehört, dass hier so eine ›Mediengaleere‹ schwimmen könnte?«

»Entschuldigen Sie, aber … haben Sie einen bestimmten Grund, mich das alles zu fragen? Wer sind Sie eigentlich?«

»Kriminalhauptkommissar Lüthje. Am besten hängen Sie ein Schild an die Tür, dass Sie gleich wieder da sind.«

Frau Perlinger vergewisserte sich, dass die Kundin den Laden verlassen hatte, verschloss die Tür und drehte ein Schild nach außen.

Lüthje zückte sein Handy und zeigte ihr das Foto mit Frau Jasch. »Ist das die Frau Jasch, die gestern bei Ihnen ein Buch bestellt hat?«

»Nein.« Frau Perlinger schüttelte energisch mit dem Kopf. »Das war ein ganz anderer Typ. Nicht nur, weil die hier so ein böses Gesicht macht. Die hier auf dem Foto ist jünger. Wer ist das?«

»Das ist die wirkliche Frau Jasch. Und es gibt nur eine in Laboe, das weiß ich zufällig genau. Die Frau von gestern soll bei Ihnen ein Buch bestellt haben, ›Verbrechen und Strafe‹ von Dostojewski.«

»Ja, das stimmt. Das Buch ist heute früh gekommen. Sie untersuchen den Mord in der Strandstraße, nicht wahr?«, fragte sie mit ängstlichem Gesicht.

»Ja, das stimmt. Können Sie mir die falsche Frau Jasch von gestern beschreiben?«

Sie blies die Backen auf und pustete. »Ja, also, eher schlank, fast mager, aber etwas älter, was man so als Seniorin bezeichnet, nach hinten gekämmte, glatte graue Haare, hinten mit einer großen Brosche festgehalten. Sah irgendwie sehr altmodisch aus. Und eine Brille, die immer auf der Nase hing.«

»Können Sie mir das bestellte Buch einmal zeigen?«

»Natürlich!« Sie eilte hinter ihre Kasse und hielt ihm das »Beweisstück« entgegen.

Es war das gleiche Cover wie bei Lüthjes Exemplar. Frau Klockemann würde sich freuen.

»Ich muss diese Frau gleich befragen. Ich werde das Buch mitnehmen und der Frau selbst geben.«

»Aber das …«, sagte Frau Perlinger schwach.

»Geht nicht? Oh doch, ich beschlagnahme es. Schreiben Sie eine Quittung über die Übergabe des Buches an mich, die ich Ihnen unterzeichne.«

Sie holte mit fahrigen Händen einen Quittungsblock unter der Kasse hervor und schrieb einen Text, den Lüthje ihr diktierte und anschließend unterschrieb.

»So bekommen Sie keinen Ärger mit der Buchhaltung. Ach ja, hier ist meine Dienstmarke.«

Er hielt sie ihr vor das Gesicht, und sie nickte.

»Ich werde ihr sagen, dass Sie es bei Ihnen noch bezahlen muss«, sagte Lüthje.

»Das ist gut. Soll ich es Ihnen als Geschenk einpacken?«, fragte sie.

»Nicht nötig«, sagte Lüthje und steckte das Buch in seinen Rucksack. »Sie können das Schild jetzt wieder abnehmen.«

»Einen Moment noch«, sagte er dann und sah nachdenklich durch die Glastür zum Hafen hinüber. »Ich muss noch mal darauf zurückkommen. Wer war das, der Ihnen Laboe als Standort für diese Buchhandlung empfohlen hat?«

»Ich hatte den Tipp von einer Freundin in Kiel, deren Schwiegermutter hier in Laboe ein großes Haus hat«, sagte sie mit brüchiger Stimme und gesenktem Blick, als würde sie ein Geständnis ablegen.

»Und wie heißt diese Schwiegermutter?«, fragte Lüthje.

»Klockemann. Ja, Klockemann. Ist ja logisch.«

»Wieso ist das logisch?«

»Weil meine Freundin verheiratet ist und auch Klockemann heißt.«

»Und mit Vornamen?«

»Verena.«

»Und die Schwiegermutter haben Sie nie gesehen?«

»Nein, wieso?«

»Hätte ja sein können, dass die sich mit dem Namen Jasch vorgestellt hat.«

Frau Perlinger sah ihn verwirrt an.

»Wie haben Sie von dem Mord in der Strandstraße erfahren?«, fragte Lüthje.

»Die Frau Jasch, ich meine …«

»Die sich als Frau Jasch *ausgegeben* hat«, korrigierte Lüthje. »Was hat die Frau denn erzählt?«

»Da ist einer am helllichten Tag in seinem Haus ermordet worden.«

»Mehr hat sie nicht gesagt?«

»Die war schon zufrieden, dass ich mich erschrocken habe. Ich hab es ihr angesehen.«

»Okay, Sie können mich jetzt rauslassen«, sagte Lüthje.

Frau Perlinger schloss die Tür auf. »Meinen Sie, ich sollte mehr Krimis auf die Tische legen?«

»Fragen Sie Ihre Kunden«, antwortete Lüthje.

3.

Auf dem Weg zum Strandkorb fuhr Lüthje am Probsteier Platz vorbei, um in einem Drogeriemarkt Waschbenzin zu kaufen. Als er nach einer Abstellmöglichkeit für das Fahrrad suchte, sah er Albert Sundermeier am Rathaus mit einem Einkaufsbeutel in Richtung Parkstraße eilen. Der kürzeste Weg zu seinem Haus wäre die Strandstraße gewesen.

Albert Sundermeier verlangsamte plötzlich seinen Schritt. Aus Richtung Parkstraße sah Lüthje Ingrid Klockemann mit energischem Schritt direkt auf Sundermeier zugehen. Er senkte schnell den Kopf und machte kehrt, als habe er etwas für seinen Einkauf vergessen. Ingrid Klockemann war jedoch schneller und stellte sich ihm in den Weg.

Sie redete auf ihn ein, er sah sie kurz von unten an, schüttelte den Kopf, wollte etwas sagen, aber sie redete weiter.

Lüthje ging auf die beiden zu.

»Es ist, wie es ist«, hörte er Ingrid Klockemann noch gepresst sagen. Im nächsten Augenblick bemerkten sie ihn.

Albert Sundermeier nickte Lüthje freundlich zu und sagte: »Die Arbeit ruft mich.«

Er ging in Richtung Strandstraße davon.

Ingrid Klockemann sah mit offenem Mund zwischen Lüthje und dem sich entfernenden Albert Sundermeier hin und her.

»Was für ein glücklicher Zufall, Frau Klockemann«, sagte Lüthje. Einige Passanten blickten sich zu ihnen um. »Ich war gerade auf dem Weg zu Ihnen.« Er nahm den Rucksack von den Schultern und zog das Buch hervor.

»Ich war in der Büchergaleere am Rosengarten. Die Dame dort hat mir das Buch für Sie mitgegeben, als ich erzählte, dass ich auf dem Weg zu Ihnen bin.« Er drückte ihr das Buch in die Hände.

»Das ... das muss ein Irrtum sein. Ich habe das nicht bestellt.«

»Aber Sie kennen doch sicher Frau Perlinger, die Buchhändlerin. Die hat Sie mir jedenfalls genau beschrieben. Sie hatte nämlich ein Problem mit dem unleserlichen Lieferschein. Und da hat sie gefragt, ob ich helfen könnte. Wie heißt es so schön, ›die Polizei, dein Freund und Helfer‹. Und nach der Beschreibung habe ich Sie erkannt! Sie sind doch unverwechselbar!«

»Aber ... nein ... das muss ein Irrtum sein ... ich werde das mit Frau Perlinger klären müssen ... aber, wenn ich es mir recht überlege ...« Sie drehte das Buch in den Händen hin und her. »Jetzt fällt es mir ein! Es ist ein Geburtstagsgeschenk für meinen Sohn. Er liest so gern Krimis. Ich hatte von diesem Buch in der Zeitung gelesen. Entschuldigen Sie meine Verwirrtheit. Der Schock. Ich weiß manchmal nicht, was ich sage. Der Arzt hat mich davor gewarnt, dass mir solche Dinge passieren können.«

»Kann ich gut verstehen, Frau Klockemann.«

»Ja dann ... schönen Feierabend noch. Wie ich sehe, sind Sie ja mit dem Fahrrad unterwegs.«

»Was tut man nicht alles für seine Gesundheit, Frau Klockemann.«

Sie steckte das Buch in ihre Einkaufstasche und ging, nein sie lief in die Richtung, aus der sie gekommen war, den Umweg durch den Park und den Wiesenweg.

»Sie müssen das Buch bei Frau Perlinger noch bezahlen!«, rief Lüthje ihr hinterher.

Lüthje ging in die Drogerie und kaufte sich Waschbenzin und einen Putzlappen. Als er auf der Grenze zum Hundestrand an seinem Strandkorb angekommen war, sah er Albert Sundermeier ins Haus gehen.

Lüthje tränkte den Putzlappen mit Waschbenzin und versuchte, die Nullen vor der Sieben auf der Rückseite seines Strandkorbes abzuwischen.

War Sundermeier den Umweg über die Parkstraße gegangen,

um Ingrid Klockemann aus dem Wege zu gehen? Es würde für Albert Sundermeier überhaupt ein Problem sein, ins Dorf zu kommen, ohne ihr zu begegnen. Jedenfalls wenn sie sich nichts zu sagen hätten. So hatte die Begegnung auf dem Probsteier Platz aber nicht ausgesehen, jedenfalls was Frau Klockemann betraf. Sie war ohne Umschweife in ein Gespräch über irgendein aktuelles Problem eingestiegen, über das er nicht sprechen wollte. Er hatte Lüthjes Auftauchen genutzt, um ihr zu entfliehen.

Ingrid Klockemann konnte leicht aus einem Fenster ihres Hauses überprüfen, ob Sundermeier sein Haus verließ und ob er also über die Strandstraße oder den Promenadeweg ins Dorf ging. Sie musste nur zwischen den Fenstern hin- und herlaufen. Vielleicht war sie deshalb so schlank.

Das Flechtwerk des Strandkorbes war inzwischen an der von Lüthje bearbeiteten Stelle grau geworden.

Er wusch sich die Hände im Salzwasser. Es roch immer noch. Ohne Seife ging es wohl nicht.

»Es ist, wie es ist«, sagte er zu sich selbst.

Er verschloss den Strandkorb wieder und fuhr mit dem Fahrrad zu Sundermeiers Haus.

»Darf ich mir bei Ihnen die Hände waschen?«, fragte er den überraschten Albert Sundermeier, als der ihm öffnete. »Ich habe meinen Strandkorb von Schmutz reinigen müssen. Für das Haus nebenan habe ich einen Schlüssel, aber da gibt es keine Seife, und ich gehe da auch nicht so gern rein, verstehen Sie?«

»Ja, natürlich«, sagte Albert Sundermeier und wies in den Flur. »Die zweite Tür rechts.«

Es war ein kleines Gäste-WC. Am Waschbecken stand eine desinfizierende Handlotion. Nach zweimaligem Waschen waren Lüthjes Hände wieder sauber und rochen wie eine Zahnarztpraxis.

»Das ist der Vandalismus von den Leuten, die sich am Hundestrand herumtreiben«, sagte Albert Sundermeier, als Lüthje wieder in den Flur kam. Er stand immer noch in der Nähe der Haustür. »So etwas gab es hier früher nicht.«

Lüthje krempelte sich die Hemdsärmel wieder herunter, nahm den Rucksack auf und warf die Jacke über die Schulter.

»Herr Sundermeier, ich wollte Ihnen übrigens sagen, dass am

167

Samstag wegen der Opernaufführung das Ehrenmal den ganzen Tag aus Sicherheitsgründen geschlossen bleibt. Nur Besucher mit Eintrittskarte dürfen auf das Gelände, und auch nur auf die Zuschauertribüne.«

Sundermeier sah überrascht auf.

»Ich sage Ihnen das nur wegen Ihres Sohnes«, sagte Lüthje. »Er geht doch jeden Tag in das Ehrenmal, um zu singen. Und da für ihn die Regelmäßigkeit seines Tagesablaufes wichtig ist, müssten Sie ihn darauf vorbereiten, dass es am Samstag anders ist. Sehe ich das richtig?«

»Ja, natürlich, Sie haben völlig recht!«, sagte Albert Sundermeier aufgeregt. »Wenn ich mir vorstelle, dass er am Samstag dorthin gegangen wäre und man ihn barsch wieder weggeschickt hätte … er kann dann sehr aufgeregt werden, panische Angst würde er bekommen, seine Welt gerät dann aus den Fugen. Ich bin Ihnen für den Hinweis sehr zu Dank verpflichtet.«

»Wie werden Sie ihm das sagen? Indem Sie ihm eine Alternative für den Zeitraum anbieten?«

»Ja, so ähnlich, ich werde mir was überlegen.«

»Dann hab ich da noch eine Frage …« Lüthje suchte nach Worten. »Als ich mich vorgestern mit Ihnen hier unterhalten habe, sagten Sie mir, dass Sie die Nachbarschaft nicht interessiert, auch keine Details. So ähnlich hatten Sie sich ausgedrückt.«

Albert Sundermeier nickte und sah Lüthje misstrauisch an. »Ja, das ist richtig.«

»Vorhin auf dem Probsteier Platz bin ich ja zufällig Zeuge geworden, als Frau Klockemann auf Sie zukam und auf Sie einredete, als ob es irgendein Problem zwischen Ihnen gäbe, das dringend geregelt werden müsste. Sie verstehen ja etwas von Körpersprache. So, wie Sie das Verhalten meiner Mitarbeiter letztes Mal analysiert haben …«

Albert Sundermeier sah Lüthje aufmerksam und ängstlich an, so als ob er jedes Wort, das aus Lüthjes Mund kam, fürchten müsste. Vielleicht überlegte er sich, was er antworten sollte. Aber noch schwieg er.

»Wenn es auch nur im Entferntesten mit dem Mordfall zu tun hat …«, sagte Lüthje eindringlich, »… müssen Sie es mir sagen.«

Albert Sundermeier sah zu Boden. Er kämpfte mit sich. Schließlich atmete er tief durch und sagte: »Wir setzen uns ins Gartenzimmer.«

Sie setzten sich, wie gestern, in dieselben zwei Sessel, die sich schräg gegenüberstanden, mit Blick in den Garten.

»Es hat nichts mit dem Mord zu tun, und trotzdem ist es besser, ich erzähle Ihnen die Geschichte. Ich weiß nicht, was Ingrid darüber erzählen würde oder schon erzählt hat.«

Albert Sundermeier sah Lüthje abwartend an, als ob ihm der zu Hilfe kommen würde.

»Es ist nämlich so … dass wir … dass ich mit Frau Klockemann vor längerer Zeit eine Beziehung hatte. Aber das ist vorbei.«

»Warum ist es vorbei?«, fragte Lüthje.

»Sie sind nicht überrascht? Hat sie Ihnen etwas gesagt?«, fragte Albert Sundermeier.

»Nein. Ich habe mir nur Gedanken gemacht, warum Sie beide, Sie und Frau Klockemann, die Redewendung ›Es ist, wie es ist‹ gebrauchen. Bei irgendeiner Unterhaltung in diesen Tagen habe ich mich dabei ertappt, wie ich diese Redewendung auch gebrauchte. Da wurde mir bewusst, dass ich sie bei Ihnen beiden aufgeschnappt hatte.«

Er sah Lüthje sprachlos an.

»Dann ist mir wieder eingefallen …«, fuhr Lüthje fort, »… dass es eine Redewendung in einem Gedicht Erich Frieds gibt. Ich kann mich leider nur an die ersten beiden Zeilen erinnern. ›Es ist Unsinn, sagt die Vernunft. Es ist, was es ist, sagt die Liebe.‹«

Albert Sundermeier sah in den Garten, nickte und setzte das Gedicht fort: »Es ist Unglück, sagt die Berechnung. Es ist nichts als Schmerz, sagt die Angst. Es ist aussichtslos, sagt die Einsicht.‹«

Er wandte sich wieder zu Lüthje. »Ich hatte ihr das vollständige Gedicht am Beginn unserer Beziehung in einem Brief geschrieben. Ja, wir haben uns Briefe geschrieben. Und mit der Post geschickt. Ins übernächste Haus. Drei bis vier Tage hat das jedes Mal gedauert, bis der Brief da war.«

»Warum ist es vorbei?«, fragte Lüthje.

»Sie will es nicht akzeptieren. Aber es ist nun mal, wie es ist.«

»Was ist, wie es ist?«

169

»Es fällt mir schwer, es auszusprechen … aber sie versucht … ich soll Lambert abschieben in eine Wohngemeinschaft. Sie hätte sich erkundigt, dass es so was gibt. Aber natürlich nicht in Laboe. Es würde ihn zerstören. Sie fängt immer wieder davon an. Sie kann ihn nicht ertragen. Sie akzeptiert ihn nicht. Er ist an allem schuld, was mir widerfährt. Jeder Schnupfen, jedes berufliche Problem. Lambert spürt, dass sie sein Feind ist, und macht einen großen Bogen um sie. Irgendwann habe ich die Notbremse gezogen und die Beziehung zu Ingrid Klockemann beendet.«

»Aber sie lässt nicht locker?«, fragte Lüthje.

»Nein. Zuerst waren es endlose Telefonate. Bis ich nicht mehr abhob, wenn sie anrief. Ihre Taktik ist jetzt, mir im Dorf aufzulauern. Das hat natürlich den Vorteil, dass alle sehen, dass wir irgendetwas miteinander zu tun haben. Ob ihr das recht war, dass *Sie* das gesehen haben, weiß ich nicht.«

Vielleicht wollte sie es, dachte Lüthje.

»Hat sie Ihren Sohn in irgendeiner Weise belästigt?«

»Wenn sie es tun sollte … würde ich Sie um Hilfe bitten.«

4.

Der Security-Check fand schon vor dem Eingang des Wave statt. Der Scancode an Lüthjes Karte wurde eingelesen und auf einem Laptop geprüft.

Lüthje legte den Rucksack ab, entleerte seine Taschen und ging durch die Sicherheitsschleuse. Danach wurde er mit einem Metalldetektor und per Hand abgetastet. Ein Mann in schwarzer Uniform durchsuchte den Rucksack, öffnete vorsichtig die Tüte mit dem Fischbrötchen, das Lüthje sich als Proviant für alle Fälle mit einem guten Stück geräucherter Schillerlocke belegt hatte. Der Mann holte das Brötchen im Zeitlupentempo aus der Tüte und sah mit gerümpfter Nase auf den Belag.

»Ist von voriger Woche. Aber Geräuchertes hält ja etwas länger«, sagte Lüthje.

Der Mann holte eine durchsichtige Plastiktüte unter dem Tisch hervor, steckte die Fischbrötchentüte hinein und verknotete die Tüte.

»Sie können es behalten. Jetzt mag ich es nicht mehr«, sagte Lüthje, nahm seinen Rucksack vom Tisch und gab ihn an der Garderobe ab.

Nachdem er die haushohe Empfangshalle durchschritten hatte, wurde er am Saaleingang von einer Dame im schwarzen Hosenanzug noch einer unauffälligen Sichtprüfung seiner Gesamterscheinung unterzogen. So sah es jedenfalls aus. Mit seinem alten Cordjackett wäre das nicht so glatt gegangen. Aber er hatte ein Outfit gewählt, das Hilly bei einem gemeinsamen London-Trip für ihn ausgesucht hatte und das er der Kieler Woche wegen am Samstagabend in seinem Gepäck nach Laboe mitgenommen hatte.

Das Rednerpult auf der Bühne war noch beleuchtet. Auf einer großen Bildfläche war das aktuelle Wellendesign der Kieler Woche als Hintergrund für das Logo der Nato eingeblendet.

Im Saal standen Männer an Bistrotischen, überwiegend in ordensschweren Uniformen der obersten Dienstränge verschiedener Nationalitäten, aber auch ganz zivil in marineblauem Leinen. Man trank Sekt. Auf der Terrasse hielten sich die Frauen auf, deren Männer im Saal langweilige Gespräche führten. Hier wurde unter großen Sonnenschirmen gescherzt und an Gläsern genippt, die von gut aussehenden Kellnern eifrig nachgefüllt wurden. »*A touch of Ascot*«, würde Hilly sagen, mit Blick auf die ausladenden Hüte.

Jenseits der Terrasse und des von elegant gestutzten Büschen getarnten Sicherheitszaunes sah man die Förde mit weißen Segeln bedeckt und dahinter als passende Kulisse das U-Boot-Dock, den Marinehafen und die Werft mit ihren riesigen Portalkränen.

»Herr Lüthje?«, sagte eine Stimme hinter ihm.

Es war Schackhaven. Er starrte ungläubig auf Lüthjes Halsband mit der Karte. »Was machen Sie hier? Sie sollten mich doch informieren …«

»… wenn ich während der Ermittlungen auf eine politische Dimension stoße«, sagte Lüthje. »Aber es ist nicht das, was Sie denken. Ich bin eingeladen worden. Von Herrn Baginski. Und da ich zufällig etwas Zeit hatte …«

»Wie kommt Herr Baginski dazu, Sie einzuladen?«, fragte Schackhaven fassungslos.

»Sie meinen, er hätte diesbezüglich Rücksprache mit Ihnen halten müssen?«

»Natürlich!«, sagte Schackhaven empört. Einige Umstehende sahen herüber. Schackhaven bebte. »Ich wünsche über den Vorgang einen förmlichen Bericht, Herr Lüthje! Das hat Konsequenzen!«

»Da gibt es nicht viel zu berichten«, sagte Lüthje ruhig. »Er hat mich mit einer Kamera vom Ehrenmal aus am Strand beobachtet und wollte sich dann in meinen Strandkorb setzen. Das habe ich abgelehnt. Trotzdem hat er mich eingeladen. Sie können ihn fragen. Warten Sie, ich gehe ihn suchen«, sagte Lüthje und ließ Schackhaven stehen.

Lüthje ging zur Galerie hinauf, die im ersten Stock um den Saal herumlief. Schackhaven sah ihm nach, nahm einer Kellnerin zwei Gläser Sekt vom Tablett und ging kopfschüttelnd in Richtung Terrasse.

»Freut mich, dass Sie kommen konnten, Herr Lüthje!«, rief Baginski. Er kam aus einem Flur auf Lüthje zu.

»Wollten Sie mir Ihren Arbeitsplatz zeigen?«, fragte Lüthje.

»Dies hier ist die Sonnenseite.« Baginski stützte sich mit den Unterarmen auf das Geländer und sah hinunter. Er trug ein Headset mit einem langen Mikrofonarm am Kopf.

»Mich interessiert die dunkle Seite«, sagte Lüthje.

»Ich habe beobachtet, dass Herr Schackhaven Sie hier sofort entdeckt und angesprochen hat«, sagte Baginski unvermittelt. »Nach unserem Strandgespräch war mir klar, dass er Sie an seine dienstliche Weisung erinnern würde.« Er sah Lüthje fragend an.

Lüthje nickte.

»Er hat Ihr Erscheinen an diesem Ort zu dieser Zeit so interpretiert, dass Sie hier eine Spur verfolgen, die eine politische Dimension hat. Darüber haben Sie ihn nicht informiert. Er hat Ihnen gesagt, dass das Konsequenzen für Sie haben wird.«

»Haben Sie das Gespräch mitgehört?«, fragte Lüthje lächelnd.

»Schackhaven wollte unter anderem verhindern, dass Sie hier auftauchen«, sagte Baginski, ohne auf Lüthjes Frage einzugehen.

»Das ist das Schlimmste, was ihm hier passieren konnte. Denn er hat hier in jedem informellen Gespräch, das den Mord in Laboe am Ehrenmal berührte, verbreitet, dass es nach seinen Ermittlungen keinen Bezug zu dieser Arbeitstagung habe und, wenn doch, würde die Ermittlung des Täters unsichtbar hinter den Kulissen ablaufen.« Baginski streckte sich. »Nun stehen wir hier beide oben zusammen, und jeder kann uns sehen. Sagen Sie nicht, ›den Lüthje kennt hier keiner‹. Herr Kriminalrat Schackhaven beantwortet soeben die Fragen, wer denn der Herr sei, mit dem er vorhin so aufgeregt geredet hat, mit dem Hinweis darauf, dass Sie bei ihm eben zum Rapport erschienen seien und er Ihnen neue Ermittlungsaufträge gegeben habe.«

»Und warum erzählen Sie mir das alles?«, fragte Lüthje.

»Raten Sie mal.«

Lüthje sah plötzlich wie gebannt in den Saal hinunter. »Einen Moment. Das Paar dort unten … neben dem Blumenkübel, rechts am Büfett … die Frau, die mit den langen schwarzen Haaren und den dünnen Haremshosen neben dem jungen Mann mit der großen Nase und der Tolle hinter dem einen Ohr? Wer ist das?«

»Ich frage mal nach«, sagte Baginski.

Er entfernte sich ein paar Meter und wandte sich von Lüthje ab. Beim Telefonieren hielt er die Hand ans Ohr und gestikulierte mit dem freien Arm. Er schien verärgert zu sein. Nach ungefähr drei Minuten kam er wieder zu Lüthje.

»Die Frau heißt Verena Klockemann, der Mann gehört zu unserer Abteilung.«

»Wie heißt er?«, fragte Lüthje.

»Wieso wollen Sie das wissen?«

»Weil die Frau mit Ihrem ehemaligen Chef vor ein paar Tagen allein mit dem Boot unterwegs war«, antwortete Lüthje. »Hatten Sie mir nicht gesagt, dass Sie ein vitales Interesse daran haben, dass der Mörder schnell gefasst wird?«

»Der Mann heißt Jonas Neifer. Er war auch auf den Bootpartys.«

»Danke. Als Belohnung gebe ich Ihnen jetzt die Antwort auf Ihre Ratefrage.«

»Sie meinen …?«

»Die Antwort auf die Frage, warum Sie mich eingeladen haben und warum Sie mir das alles erzählen, lautet: Weil Sie wollten, dass man dort unten im Saal mich mit Ihnen hier oben auf der Galerie im Gespräch sieht. Und das, *nachdem* man dort unten Schackhaven und mich gesehen hat, als er mir angeblich neue Anweisungen erteilte. Zusammengefasst: Sie haben mich benutzt, um einen störenden Konkurrenten namens Schackhaven vorsorglich schon im Landeanflug abzuschießen.«

Baginski verbeugte sich lächelnd vor Lüthje. »Mein Kompliment. Eine messerscharfe Analyse.«

»Da ich Ihnen also soeben einen großen Gefallen getan habe, bekommen Sie jetzt die Gelegenheit, sich zu revanchieren«, sagte Lüthje, und er erzählte Baginski mit gedämpfter Stimme, was er vorhatte.

Wie erwartet war Baginski einverstanden. Es war ein Angebot, das er nicht ablehnen konnte, da es gleichzeitig Schackhaven einen letzten Stoß versetzen würde.

»Am besten, Sie unterrichten Ihre Leute am Eingang«, sagte Lüthje. »Immerhin werden drei Polizeifahrzeuge vorfahren. Ich warte dort, bis der Mann aus Laboe eintrifft.«

»Ich hab einen besseren Vorschlag. Nehmen Sie in der Wartezeit auf der Terrasse Platz und lassen Sie sich eine Erfrischung und etwas Leckeres kommen. Wenn sich die Polizeifahrzeuge nähern, was ich auf ein paar Monitoren sehen kann, werde ich quer durch den Saal eilen, um Sie persönlich auf der Terrasse abzuholen.« Baginski grinste.

»Eine originelle Dramaturgie«, sagte Lüthje.

Offensichtlich war auch dieser Regieeinfall nur dazu da, Schackhaven zu treffen.

»Sie scheinen etwas gegen Ihren Chef zu haben«, sagte Baginski.

»Wie kommen Sie darauf?«, fragte Lüthje.

Baginski antwortete nicht.

Lüthje setzte sich auf die Terrasse unter einen der, seiner Meinung nach, größten Sonnenschirme und informierte Hoyer und Vehrs

per Handy. Danach ließ er sich drei Portionen auf der Haut gebratenen Wildlachs und ein Kännchen Earl Grey servieren. Dazu
etwas Milch. Nur eins Komma fünf Prozent Fett. Hilly zuliebe.

Auf der Förde glitt ein Fährschiff scheinbar im Schritttempo
zwischen den Segelbooten vorbei Richtung Norwegen. So ließ
sich die Kieler Woche aushalten. Die Wärme und das gleichmäßi-
ge Geplauder um ihn herum machten Lüthje schläfrig.

Als er gerade eingenickt war, weckte ihn Baginski.

»Sie sind da«, sagte er.

Hafenmeister Peter Hansen war mit den Nerven zu Fuß. »Herr
Kommissar, Gott sei Dank, dass Sie hier sind. Die Polizisten im
Streifenwagen haben kein Wort mit mir geredet. Nur, dass ich zu
einer Identifizierung soll. Aber was soll ich hier in dem Edelschup-
pen?«

Lüthje nahm ihn kurz beiseite und informierte ihn, während Baginski noch ein paar Worte mit den Männern am Security-Check
wechselte.

Hansen ließ die Sicherheitsprozedur über sich ergehen. Lüthje
führte ihn, wie mit Baginski abgesprochen, auf die Galerie. Er
brauchte nicht zu suchen, Verena Klockemann und Jonas Neifer
standen noch immer am selben Fleck. Sie hatten sich offensichtlich festgeschnackt.

»Würden Sie die Schwarzhaarige im Bikini auch in durchsichtigen Haremshosen erkennen?«, fragte Lüthje.

»Wenn Sie keinen Norwegerpullover trägt …«, antwortete
Hansen grinsend.

»Da unten neben dem Blumenkübel rechts am Büfett … sie
spricht mit einem jungen Mann.«

Sie trug eine hochgeschlossene weiße Bluse und darüber eine
Art Bolerojacke. Das war für Hansen kein Problem.

»Ja, das ist sie«, sagte er sofort. »Die hab ich zweimal auf dem
Boot von Drübbisch gesehen.«

»In welchem Zeitraum?«, fragte Lüthje.

»In den zwei Wochen vor der Kieler Woche. Zuletzt drei Tage
vor dem Mord.«

175

5.

Lüthje ließ Hafenmeister Hansen wieder an seinen Arbeitsplatz in Laboe bringen. Jonas Neifer und Verena Klockemann wurden in die Kriminalpolizeiinspektion in der Wilhelminenstraße gefahren.

Hoyer hielt mit triumphierendem Blick die Schlüssel zu Malbeks Dienstzimmer hoch, als Lüthje danach fragte.

Er ließ Verena Klockemann auf dem Flur warten, eingerahmt von zwei Beamtinnen der Schutzpolizei, und nahm sich zunächst Neifer vor, neben dem ein Beamter saß.

Lüthje beugte sich im Schreibtischsessel nach vorn.

»Wo waren Sie am Samstag?«

»Mit meinem Chef in Madrid.«

»Wer ist Ihr Chef?«

Neifer zögerte.

»Ich meine nicht Ihren ermordeten Chef«, sagte Lüthje. »Sondern seinen Nachfolger. Vielleicht hilft das Ihrem Gedächtnis weiter.«

»Wir haben gewisse Geheimhaltungspflichten. Ich müsste …«

»Wir reden hier über Mord, falls Sie es noch nicht begriffen haben. Wenn Sie nichts sagen wollen, müssen wir Sie vorläufig festnehmen und einen Haftbefehl beantragen. Dann haben Sie genug Zeit, sich von Ihren Geheimhaltungspflichten befreien zu lassen. Wer ist dafür zuständig?«

»Mein Chef.«

»Rufen Sie ihn an.«

Neifer sah Lüthje erstaunt an. »Na los! Hier steht ein Telefon auf meinem Schreibtisch.« Lüthje hielt ihm den Hörer entgegen.

»Ich weiß die Nummer nicht auswendig.«

»Sie sind wirklich ein armes Schwein«, sagte Lüthje. »Dann frag ich mal nach, ob wir eine Gewahrsamszelle frei haben. In der Kieler Woche ist es bei uns ziemlich ausgebucht. Aber wir finden schon was für Sie.« Lüthje griff zum Hörer.

»Ich hab die Nummer in meinem Diensthandy gespeichert«, sagte Neifer plötzlich eifrig und zog das Handy aus der Jackentasche.

»Rufen Sie ihn an, stellen Sie auf Mithören und geben Sie mir sofort das Handy herüber«, sagte Lüthje.

Neifer gehorchte. Lüthje nahm das Handy entgegen.

»Hallo, Herr Baginski, Herr Neifer sagt, dass er am Samstag mit Ihnen in Madrid war. Stimmt das?«

»Ja.«

»Wie lange?«, fragte Lüthje.

»Er ist mit nach Brüssel geflogen.«

»Ich gehe im Moment davon aus, dass Sie das nicht zu Protokoll geben müssen«, sagte Lüthje.

»Freut mich.«

»Herr Neifer beruft sich auf, wie er sagte, gewisse Geheimhaltungspflichten.«

»Die gelten sicher nicht für sein Problem namens Verena Klockemann!«, sagte Baginski lachend.

»Danke«, sagte Lüthje, beendete das Gespräch und gab dem Beamten das Handy. »Netten Chef haben Sie.«

»Ich hätte jetzt gern mein Handy zurück«, sagte Neifer.

»Später. Wer hat Frau Klockemann auf diesen Empfang eingeladen?«

»Ich.«

»Ach? Sie haben ihr die Scancard verschafft?«

»Ich bin unter anderem für die Ausstellung der Karten zuständig. Ich habe sie auf die Gästeliste gesetzt.«

»Warum?«

»Weil … ich hatte ihr von diesem Empfang erzählt. Sie hat sich dafür interessiert.«

»Sie kannte dort also niemanden außer Ihnen?«

»Exakt.«

»Aber sie hätte dort jemanden kennenlernen können.«

»Äh … ja, warum nicht?«

»Könnte es sein, dass Sie Frau Klockemann Geld dafür gegeben haben, dass sie dort erscheint?«

»Wieso sollte ich das tun? Getränke und Speisen waren doch gratis. Und Eintritt hat das auch nicht gekostet.«

»Das meine ich nicht. War das nicht der einzige Zweck Ihrer Einladung, dass Frau Klockemann dort einen Mann kennenlernt, der Interesse an ihr hat und dem sie sich für einen guten Preis für ein paar Stunden verkauft? Vielleicht im Hotelzimmer des Herrn, der zufällig im Wave wohnt?«

»Ich bin kein Zuhälter, verdammt noch mal.«

»So nennt das Gesetz Ihr Geschäft. Sie nennen es wahrscheinlich Escortservice. Wann und wo haben Sie sie kennengelernt?«

»Auf dem Motorboot meines ehemaligen Chefs. Ende April.«

»Wie oft waren Sie auf so einer Party?«

»Voriges Jahr im Juli und August dreimal und … dieses Jahr ungefähr viermal.«

»Mit wem war Frau Klockemann da?«

»Zweimal mit ihrem Mann. Und mit Drübbisch.«

»Wie viele Leute waren noch da?«

»Noch drei. Zwei Frauen und ein Mann.«

»Namen?«

»Weiß ich nicht mehr. Der eine Mann hieß Karl. Die Frauen? Gisela oder so. Weiß ich auch nicht mehr so genau. Wir haben ziemlich viel getrunken.«

»Woher kannte Drübbisch die drei?«

»Das waren halt alte Freunde von ihm. Das wechselte aber auch öfter. Ich war da ja ein Newcomer.«

»Wieso hat Drübbisch Sie eingeladen?«

»Er hat mich gefragt, ob ich mal Lust hätte zu kommen. Eine Frau wäre über.«

»Wer war das?«

»Weiß ich nicht mehr.«

»Wusste der Ehemann von Frau Klockemann von diesen Partys?«

»Der war ja auch dabei, oft ohne seine Frau. Und sie halt auch manchmal ohne ihn.«

»Wer hat den Alkohol bezahlt?«

»Der stand in der Bootsbar.«

»Wusste Herr Klockemann, dass seine Frau auch ohne ihn auf den Partys war?«

»Woher soll ich das wissen?«

»Wie lange kannte Drübbisch Frau Klockemann Ihrer Meinung nach?«

»Na, der Klockemann soll ja ein Schulfreund von Drübbisch gewesen sein. Das merkte man irgendwie auch«, sagte Neifer.

»Woran?«

»Sie machten untereinander Scherze, die nur sie verstanden.
Und Klockemann hat oft den Neger gemacht.«

»Wie meinen Sie das?«, fragte Lüthje. Sobald das Thema sich
von seiner Person entfernte, schien Neifer gesprächiger zu werden.

»Er hat Drübbisch aufs Wort gehorcht oder hat ihn richtig um-
sorgt. Das war kein Spaß. Richtig irre wurde das, wenn Drübbisch
sich über Klockemann lustig machte. Der hat dann auch gelacht.
Als ob er Angst hätte, etwas falsch zu machen. Irgendwie krank.«

»Haben die beiden sich mal gestritten?«

»Nie.«

»Schön. Wissen Sie, wie oft die beiden sich gesehen haben?«

»Keine Ahnung.«

»Herr Neifer, ich lasse Sie jetzt an das Kommissariat 2, Ermittlungsgruppe Milieu, überstellen. Dort wird man die Fragen, die
ich gestellt habe, noch weiter vertiefen.«

»Das ist doch Schwachsinn! Und ich will mein Handy wieder-
haben!«

»Später.« Lüthje nickte dem Beamten zu, der Neifer aus dem
Zimmer führte. Lüthje rief die Leiterin des Kommissariats 2 an und
setzte sie über das Gespräch mit Neifer ins Bild.

»Ich schick Ihnen gleich noch eine Dame rüber. Das Handy von
Herrn Neifer habe ich als Beweisstück beschlagnahmt, damit Sie
die darin gespeicherten Telefonkontakte auslesen lassen.«

Verena Klockemann nahm, wieder eingerahmt von den beiden
Polizistinnen, vor seinem Schreibtisch Platz und schlug die von
den durchsichtigen Haremshosen bekleideten Beine übereinan-
der.

»Mir ist kalt«, sagte sie.

»Bei der Hitze?«, fragte Lüthje und öffnete das Fenster einen
Spalt.

Eine der Polizistinnen zog ihre Jacke aus und gab sie Verena
Klockemann, die sie sich über die Schultern legte.

»Ich dachte, Sie brauchten das für Ihre Beine«, sagte Lüthje.
»Aber so steht Ihnen die Jacke besser.«

»Darf ich rauchen?«

»Nein. War das Ihre erste Einladung durch Herrn Neifer?«

»Äh, ja.«

»Herr Neifer wollte mir nicht die Summe nennen, die er Ihnen
dafür gegeben hat, dass Sie die Einladung annehmen.«

»Er hat mir dafür kein Geld gegeben.«

»Wieso nicht?«

»Er wollte mich einführen.«

»Was meinen Sie damit?«

»Mir zeigen, wie ich mich verhalten soll. Er hat es mir im Saal
erklärt.«

Sie plauderte. Wahrscheinlich war sie so erleichtert, dass Lüthje
sie nur nach ihrer Tätigkeit für Neifer fragte. Außerdem war sie
wohl auch bei der Polizei eine Amateurin. Noch.

»Nennen Sie mir ein Beispiel.«

»Welche Männer für mich interessant wären.«

»Sie sind nicht auf eine Anfrage eines Kunden gekommen, sondern sollten in freier Wildbahn auf Suche sein. Was hätten Sie gemacht, wenn Sie jemand von den anderen Gästen gefragt hätte, wer
Sie sind?«

»Ich muss dann sagen, dass mein Mann sich heute nicht gut fühlt
und ich allein bin. Das ist der Code, den die richtigen Männer verstehen. Wenn eine Frau das hört, dann bedauert sie mich und fragt
nach. Dafür hat mir Herr Neifer ein paar Geschichten beigebracht,
die ich erzählen soll.«

»Was meinen Sie mit ›die richtigen Männer‹?«

»Na ja, die Herr Neifer eben kennt oder so einschätzt. Er hat
Erfahrung.«

»Warum verteilt er nicht einfach eine Telefonnummer, lässt die
Kunden anrufen?«

»Die Männer sind träger geworden, sagt er. Man muss sie erst
auf die Idee bringen. Innovativ durch Direktmarketing, hat Jonas
gesagt.« Sie sah Lüthje mit großen Augen unschuldig an. Verheira-
tete Frauen ließen sich durch Direktmarketing sicher flexibler ein-
setzen.

»Wusste Ihr Mann von den Bootsausflügen, die Sie mit Horst Drübbisch unternommen haben?«

»Er war doch dabei!«

»Es gibt Zeugen, die Sie allein mit Horst Drübbisch im Jachthafen Laboe gesehen haben. Vor zwei Wochen und vorigen Freitag. Sie und Horst Drübbisch auf der ›Golden Girl III‹ an der Mole E.«

»Es muss eine Verwechslung sein.«

»Ein Zeuge hat Sie im Hotel Wave vorhin erkannt. Deshalb sitzen Sie jetzt hier. Nicht nur wegen Jonas Neifer. Sie wissen doch, dass Horst Drübbisch in Laboe ermordet aufgefunden wurde?«

»Ich … Jochen …« Sie zupfte ein Taschentuch aus ihrer edlen Handtasche. »… Mein Mann hat es mir erzählt.«

»Wann?«

»Am Montag. Er hat mir die Zeitung auf den Frühstückstisch gelegt.« Sie fing an zu weinen.

»Seit wann lief Ihre Beziehung mit Horst Drübbisch?«

»Wir waren nur befreundet!«, schluchzte sie.

»Sie wollen mir erzählen, dass Sie mit Herrn Drübbisch einen kurzen Ausflug zum Laboer Jachthafen gemacht haben, weil er Ihnen vom Boot aus seinen Heimatort zeigen wollte? Das Dorf, das Sie schon kennen, weil Ihr Mann dort auch aufgewachsen ist?«

Sie weinte weiter. Die Wimperntusche floss zäh wie Blut über ihr hübsches Gesicht.

»Ein Zeuge sagte, dass Sie das Boot nie verlassen haben, als Sie mit Drübbisch allein da waren. Sie standen manchmal im Bikini am Heck. Hatten Sie Angst, dass Sie Ihrer Schwiegermutter Ingrid Klockemann begegnen? Oder Frau Perlinger, der Sie den Tipp gegeben haben, in Laboe eine Buchhandlung in der Nähe des Hafens zu eröffnen?«

Verena Klockemann schluchzte laut auf und sagte dann schniefend: »Ich hab Horst nicht umgebracht. Ich hab ihn doch geliebt.«

»Interessant. Wo waren Sie denn am Samstagnachmittag?«

»Ich war mit einer Freundin in der Stadt einkaufen.«

Lüthje ließ sich von ihr Name und Adresse diktieren.

»Werden Sie meinem Mann davon erzählen?«, fragte sie ängstlich.

»Wovon?«

»Von Jonas Neifer.«

»Er wird es spätestens von meiner Kollegin von der ›Ermittlungsgruppe Milieu‹ erfahren.«

6.

»Was haben Sie mit ihr gemacht?«, fragte Hoyer, als Lüthje ins Zimmer kam.

»Wieso?«

»Die hat eben auf dem Flur geheult wie ein Schlosshund.«

»Schloss*hündin*! Geheult wie eine Schlosshündin«, korrigierte Vehrs sie. Hoyer winkte verächtlich ab.

»Ich hab sie und ihren Zuhälter zur Ermittlungsgruppe Milieu bringen lassen. Dort haben sich schon viele ausgeheult. Habt ihr was Neues?«, fragte Lüthje und lehnte sich mit verschränkten Armen ans Fensterbrett.

»Eigentlich wollten wir ja von Ihnen hören, was denn die Vernehmungen gebracht haben. Aber wir haben etwas wirklich Interessantes«, sagte Vehrs und zwinkerte Hoyer zu.

»Das kann nur bedeuten, dass der Mörder schon im Untersuchungsgefängnis sitzt, weil Sie dem Richter das protokollierte Geständnis samt Tatwaffe auf den Tisch legen konnten und er, ohne nachzufragen, den Haftbefehl unterschrieben hat.«

Vehrs sagte feierlich: »Warten Sie es ab. Damen haben den Vortritt.« Er nickte Hoyer auffordernd zu.

»Ich habe die Mordakte Hermann Drübbisch aus dem Archiv bekommen und analysiert«, begann Hoyer. »Wie wir wissen, war er der erste Ehemann der Ursula Drübbisch und der Vater des am vergangenen Samstag ermordeten Horst Drübbisch. Kollege Vehrs hat die Wohnsitzermittlungen der ehemaligen Lehrerkollegen der Witwe Ursula Drübbisch abgeschlossen. Dabei sind wir beide unabhängig auf einen Namen gestoßen.«

»Welchen?«, fragte Lüthje. Er fing an, im Zimmer herumzugehen.

»Im Mordfall Hermann Drübbisch wurden zweiunddreißig Zeugen befragt. Einer davon war ein Rainer Stolze. Damals wohnhaft im Hexenstieg 25.«

»Das Haus gibt es heute nicht mehr«, sagte Lüthje. »Das war ein großes Landhaus im Stil der dreißiger Jahre. Ich bin da oft auf dem Weg zum Strand langgefahren, vom Oberdorf über den Katzbek. Das Haus hatte viele Mansardenfenster, und ich hatte davon geträumt, mir dort als Abiturient ein Zimmer zu mieten.«

»Rainer Stolze war Lehrer an der Volksschule Laboe«, sagte Hoyer und sah Lüthje triumphierend an.

»Es gibt vier Lehrer, die unter dem Foto aus der Chronik genannt werden, die damals ihren Wohnsitz in Laboe hatten. Einer wohnte ein halbes Jahr in einer der Lehrerwohnungen des alten Schulgebäudes in der Schulstraße 1 und ist dann in eine Mansardenwohnung im Hexenstieg 25 umgezogen.«

»Von wo er einen wunderbaren Blick auf die Rückseite des Drübbisch-Hauses hatte«, sagte Lüthje.

»Aber darüber haben ihn die Kollegen im Mordfall nicht befragt. Man befragte ihn nach seiner Freundschaft mit dem ermordeten Hermann Drübbisch. Man traf sich, trank Wein, hörte Musik, sprach über Bücher, segelte regelmäßig auf der Kieler Woche mit Hermann Drübbischs Segelboot, gewann einen Preis und sah sich auf den zahlreichen Partys im Drübbisch-Haus.«

»Kommt mir irgendwie bekannt vor. Was war Rainer Stolzes Alibi?«, fragte Lüthje.

»Zur Tatzeit war Licht in seinem Zimmer. Der Fernseher lief«, sagte Hoyer.

»Mehr nicht?«, fragte Lüthje.

»Man hat auch Schritte oben in seiner Mansarde gehört«, sagte Hoyer.

»Was hat damals die Spurensicherung zustande bekommen? Und die Obduktion?«, fragte Lüthje.

»Aus unserer heutigen Sicht nicht viel. Die DNA-Analyse kannte man noch nicht einmal dem Namen nach. Den Bericht kann man so zusammenfassen: Man fand das Opfer mit einer zersplitterten Weinflasche aus seinem Weinkeller erschlagen und in Hals und Weichteile gestochen im Flur. Im abgebrochenen Flaschenhals steckte noch der Flaschenöffner im Korken. Er lag in der Abstellkammer, in der auch sein Sohn ermordet wurde.«

»Zufall?«, argwöhnte Vehrs.

»Was sonst«, sagte Lüthje und begann im Zimmer umherzugehen. »Aber damals hat man die Tatwaffe am Tatort vorgefunden. Wir haben dagegen keine großen Chancen, sie irgendwo zu finden. Es sei denn, wir könnten beim Täter eine Hausdurchsuchung machen. Dazu müssten wir den Täter erst einmal kennen. Weiter. Wie ist man auf diesen ominösen DDR-Agenten gekommen?«

»Eine Nachbarin berichtete von einem Mann, den sie öfter in der Nähe des Hauses gesehen haben will. Meistens hätte er in seinem Auto gesessen und das Haus beobachtet. Sie hatte sich das Kennzeichen notiert.«

»Ich habe so eine Ahnung, wer diese Nachbarin war«, sagte Lüthje mit hochgezogenen Augenbrauen. »Ingrid Klockemann?«

»Bingo«, sagten Hoyer und Vehrs gleichzeitig.

»Das war also ihr Debüt. Damals war sie noch eine junge Frau. Vielleicht wäre sie eine gute Polizistin geworden«, sagte Lüthje.

»Glauben Sie wirklich?«, fragte Vehrs.

»Warum nicht? Wir wissen ja nicht, was sie so verbohrt und verbiestert gemacht hat«, sagte Lüthje. »Weiter, Frau Hoyer.«

»Halter des Wagens war der Mann, der dem Staatsschutz als Agent aufgefallen war. Man hat ihn verhaftet. Bei der Durchsuchung seiner Wohnung fand man Observierungsberichte und einen Sender. Wenn man ihm die Beweisstücke nicht in die Wohnung geschmuggelt hat, war er tatsächlich DDR-Agent. Man geht von einem Mordauftrag vom Ministerium für Staatssicherheit aus. Der Mann wusste wohl nicht, welchen Hintergrund seine Mission hatte. Vielleicht aber war es auch eine Verwechslung. Es gab mehrere Verdächtige, denen wir heutzutage genauer unter die Fingernägel gesehen hätten. Sie tauchten auf, als sich die Ermittlungen schon längst auf den DDR-Mann konzentriert hatten. Der war als Täter angenehm und passte in die politische Situation des geteilten Deutschlands. Der Kalte Krieg hatte die Köpfe der Ermittler und des Gerichts wohl eingefroren. Der Mann bekam ›lebenslänglich‹. Ich hab auch die Vollstreckungsakte eingesehen. Er starb nach zwei Jahren bei einem Arbeitsunfall in der Gefängniswerkstatt.«

»Was hat Ursula Drübbisch damals ausgesagt?«, fragte Lüthje.

»Nicht viel. Ihr Mann habe nie viel von seiner Arbeit erzählt. Von Feinden wusste sie nichts. Sie hatten Freunde, die auch öfter zu Partys oder Geburtstagsfeiern kamen.«

»Man muss immer dabei bedenken, dass Horst Drübbisch noch ein Kind war. Seine Mutter Ursula Drübbisch war eine junge hübsche Frau«, sagte Lüthje nachdenklich. »Entschuldigung, Frau Hoyer, ich wollte Sie nicht unterbrechen. Aber ich frage mich gerade, ob sie nach Rainer Stolze gefragt wurde?«

»Ja. Sie hat immer nur wiederholt, dass er ein Freund des Hauses sei, er würde gern feiern, und dass er ein ehemaliger Lehrerkollege von ihr sei. In dieser Reihenfolge«, sagte Hoyer.

»Er würde gern feiern‹, heißt doch wohl, ›er trinkt ein bisschen viel‹, oder?«, sagte Vehrs.

»Aber warum sagt sie das bei der Befragung?«, fragte Lüthje.

»Vermutlich hatte der Kripobeamte etwas davon gehört. Deshalb hat er sie gefragt, ob Rainer Stolze trinkt, und das hat sie abgeschwächt, indem sie sagte, dass er eben gern feiert.«

»Möglich«, sagte Hoyer skeptisch. »Aber nachgehakt wurde da nicht. Ich habe in der Akte keinen Bericht, keinen Vermerk gefunden, in dem ein Ermittlungsergebnis hinterfragt wurde.«

»Ich habe im Moment keine Fragen mehr zu der Akte«, sagte Lüthje. »Jetzt möchte ich hören, was Sie zu berichten haben, Vehrs, obwohl ich es mir schon ungefähr denken kann.«

»Wollen Sie raten?«, fragte Vehrs schmunzelnd.

»Nein, ich will die Fakten genießen«, sagte Lüthje und setzte sich mit einem Ruck auf die Fensterbank. »Legen Sie los.«

»Unter dem Foto des Laboer Lehrerkollegiums standen achtzehn Namen. Acht von ihnen haben damals in Laboe gewohnt. Der Einzige, der in der Nähe der Strandstraße gewohnt hat, nämlich im Hexenstieg, ist ein Rainer Stolze. Nächster Schritt. Von den achtzehn Lehrern sind inzwischen elf gestorben. Eines natürlichen Todes. Von den lebenden sieben Lehrern sind vier Frauen, von denen eine in Bayern wohnt, die andern zwei Frauen in Kiel. Die verbleibenden drei Männer sind ebenfalls in Kiel gemeldet. Nur einer wohnt in der Nähe der Bushaltestelle Hummelwiese. In einer Dreizimmerwohnung im Königsweg. Das sind nur dreihundert Meter von der Bushaltestelle Hummelwiese. Dort wohnt unser Mantelmann. Er heißt Rainer Stolze.«

»Sagen Sie nicht, dass Sie die Wohnung noch nicht überprüft haben!«, sagte Lüthje aufgeregt.

»Die Nachbarn wussten nicht einmal, dass er die letzten Tage nicht da war, geschweige denn wann sie ihn das letzte Mal gesehen hatten«, fuhr Vehrs fort. »Seine Papiere haben wir in einem Sommermantel an der Garderobe gefunden. Hier!«

Vehrs reichte Lüthje einen Personalausweis.

»Der Mantelmann. Laut Ausstellungsdatum des Ausweises müsste er auf dem Foto mindestens acht Jahre jünger sein«, sagte Lüthje und betrachtete das Passfoto. »Und trotzdem sieht er genauso alt aus, wie ich ihn kenne. Merkwürdig.« Er reichte Vehrs den Ausweis zurück. »Was haben Sie in der Wohnung gefunden?«

»Im Kühlschrank war die Hälfte der Lebensmittel seit einem Monat abgelaufen. Auf dem Küchentisch standen ein verschimmeltes Wurstbrot und eine volle Tasse schwarzer Kaffee. Es stank, sämtliche Fenster waren geschlossen, wahrscheinlich seit Wochen nicht gelüftet. Im Wohnzimmer Fachbücher, Deutsch und Heimatkunde. Ein paar alte Liebesromane. Auf dem Schreibtisch im Wohnzimmer ein Chaos. Angefangene Sätze und ein voller Papierkorb. Nichts, was für uns wirklich relevant wäre. Und da habe ich mir überlegt, was denn fehlte. Was in dieser Wohnung anders war. Es fehlten Uhren. Es fehlten Bilder an den Wänden. Und es gab keine Fotoalben. Natürlich gab es keine Computer oder Handys, was wohl auf sein Alter zurückzuführen ist. Es war, als ob er irgendwann alle Papierfotos systematisch vernichtet hätte. Das hat doch eigentlich jeder in seinem Alter so angesammelt. Übrigens habe ich keine lebenden Verwandten ermitteln können. Er war nie verheiratet, hat keine Nachkommen.«

Lüthje holte die Laboer Chronik aus seinem Rucksack. Er schlug die Seite mit dem Foto des Lehrerkollegiums auf und legte das Buch auf Hoyers Schreibtisch. Vehrs stellte sich dazu.

»Hier«, sagte Lüthje und tippte auf das Foto. »Ursula Schedelgarn ganz oben und in derselben Reihe etwas weiter rechts Rainer Stolze.«

Der Mantelmann Rainer Stolze, jung, schlaksig, runde Nickelbrille, skeptischer Blick zur Kamera mit halb abgewandtem Kopf, in der linken Hand eine Zigarette, die er wohl nur für den Fotografen aus dem Mund genommen hatte. Ursula Schedelgarn stand eine Reihe höher, etwa drei Meter von ihm entfernt. Sie blickte dem Fotografen mit leicht geneigtem Kopf direkt in die Kamera, als würde sie ihn gern kennenlernen.

»Die beiden würden gut zusammenpassen«, sagte Hoyer.

»Äußerlich ja. Damals passten alle jungen Leute gut zusammen.« Lüthje lächelte in sich hinein. »Nein, für mich deutet nichts darauf hin, dass es zwischen den beiden eine innere Verbindung gibt. Wenn es doch eine gab, haben sie sich geschickt aufgestellt. Ich werde Ursula Drübbisch das Foto zeigen.«

»Wird sie in Tränen ausbrechen?«, fragte Vehrs.

Lüthje zuckte die Schultern. »Ich weiß nicht. Sie hat es im Leben gelernt, sich zusammenzureißen.«

Er klappte das Buch zu und steckte es zurück in den Rucksack. »Hat sich die Spurensicherung gemeldet?«

»Prebling hat diese Mail geschickt.« Vehrs nahm ein Blatt Papier aus seinem Eingangskorb auf dem Schreibtisch und reichte es Lüthje. »Er sagte, dass er schon mit Ihnen deswegen telefoniert hat. Es geht um die Aktenmappen, die unter dem Opfer lagen, und den Tisch im Keller.«

»Heute ist wirklich Weihnachten und Ostern an einem Tag«, sagte Lüthje.

Er überflog die Mail. Bei den Akten handelte es sich tatsächlich um die familiäre Korrespondenz mit dem Anwalt, alles an Ursula Drübbisch adressiert. Horst Drübbisch war damals fünf Jahre alt. Eine Mappe war voll mit Zeitungsausschnitten über den Mord an Hermann Drübbisch, der damals offensichtlich durch die bundesdeutsche Presse ging, alle sorgfältig auf Schreibmaschinenpapier geklebt. »DDR in Ermordung eines schleswig-holsteinischen Regierungsbeamten verwickelt«, stand als Überschrift in einem herausgeschnittenen Artikel eines alten »Stern«. Auf dem Tisch im Keller hatte das Landeskriminalamt DNA-Spuren und Haare von Horst Drübbisch und einer Frau festgestellt.

»Bitte rufen Sie gleich noch bei der Ermittlungsgruppe Milieu an. Die sollen eine DNA-Probe bei Verena Klockemann nehmen«, sagte Lüthje und gab Vehrs die Mail zurück. »Wie finden Sie die Ergebnisse? Sie haben die Mail doch sicher beide gelesen.«

»Ich denke, wir sind heute ein bisschen ganz viel weitergekommen«, sagte Hoyer schmunzelnd.

»Ein bisschen sehr viel weiter«, ergänzte Vehrs.

»Was halten Sie von einem Haftbefehl gegen Jochen Klockemann?«, fragte Lüthje.

»Das wär vielleicht ein bisschen zu viel«, sagte Hoyer.

»Klockemann hatte ein Motiv und kein Alibi«, sagte Vehrs. »Das reicht doch.«

»Du hast Herrn Lüthje noch nicht von deiner Telefoniererei heut Vormittag erzählt«, sagte Hoyer und zu Lüthje gewandt: »Ich musste rausgehen und hab meine Mittagspause vorverlegt. Es war nicht auszuhalten.«

»Na los, Vehrs, erzählen Sie mal«, sagte Lüthje und goss sich die nächste Tasse Earl Grey ein.

»Ich bin Klockemanns Alibiliste sorgfältig durchgegangen, habe jeden Einzelnen der von ihm benannten Kollegen von der Bestattertagung angerufen. Manchmal habe ich sie erst nach mehreren Versuchen erreicht. Keiner hat mir eine präzise Auskunft gegeben, alle sagten, ›ja, den hab ich gesehen, der war doch auch da, aber ich hab doch nicht immer auf ihn geachtet‹. Keiner hat mir seine Anwesenheit in einem Zeitraum von fünfzehn bis neunzehn Uhr am Samstag bestätigt. Alle kannten ihn, aber das ist auch kein Wunder, er ist dritter stellvertretender Vorsitzender im Bundesvorstand und wiedergewählt worden. Fast alle haben mir dann noch die Ohren vollgejammert, wie schwer sie es gegen die Konkurrenz aus dem Osten haben, das sei alles russische oder weißrussische Mafia, ob wir von der Kripo nicht mal dagegen vorgehen könnten. Zu dem Thema hätten sie nämlich einen Beschluss gefasst und so weiter. Das war es. Ein Alibi hört sich anders an.«

»Holen Sie erst mal Luft, Vehrs«, sagte Lüthje lächelnd.

»Eifersucht ist ein gutes Motiv, aber die Frage des Alibis ist genauso wichtig«, sagte Hoyer aufgeregt und wandte sich zu Vehrs. »Ein Anwalt würde die Wackelkandidaten unter den Zeugen herausfischen und bearbeiten. Und siehe da, ihr Gedächtnis funktioniert dann vor dem Haftprüfungstermin wunderbar. Ganz zu schweigen von der Gerichtsverhandlung.«

»Grundsätzlich hat Hoyer ja recht«, sagte Vehrs. »Aber es wäre ja nicht das erste Mal. Wir können doch nicht deswegen unsere Arbeit einstellen. Wenn wir der Überzeugung sind, dass er der Täter ist, dann *müssen* wir über die Staatsanwaltschaft Haftbefehl beantragen. Schließlich muss ein Richter den unterschreiben. Und das macht er nur, wenn er unserer Meinung ist.«

Hoyer und Vehrs sahen Lüthje erwartungsvoll an. Es war Zeit für eine Entscheidung.

»Warum lagen die Aktenmappen unter dem Opfer?«, fragte Lüthje. »Warum hing das Kleid an der Hauswand? Warum ist Rainer Stolze am Tatort gewesen? Wo ist die Tatwaffe? Ich muss noch mal mit Ursula Drübbisch sprechen. Danach sehen wir weiter.« Er schraubte seine Thermosflasche zu und verstaute sie im Rucksack.

»Herr Lüthje, ich wollte Sie noch fragen, ob Sie die Genesungswünsche für Herrn Schackhaven auch unterschreiben wollen.« Hoyer zog ein Blatt Papier aus einer Schreibtischschublade. »Und um einen Beitrag für den Blumenstrauß.«

»Was ist mit Schackhaven?«, fragte Lüthje erstaunt. Er war aufgestanden und hatte sein Jackett vom Stuhl genommen.

»Ich dachte, Sie wüssten, dass er im Krankenhaus liegt.«

»Nein, das wusste ich nicht. Was ist passiert?«

»Er ist bei einem Empfang im Hotel Wave zusammengebrochen. Haben Sie ihn da nicht gesehen? Kreislaufschwäche wegen der Hitze, heißt es.«

Lüthje holte schweigend sein Portemonnaie aus dem Rucksack und gab Hoyer einen Fünf-Euro-Schein.

»So viel wäre nicht nötig gewesen«, sagte Hoyer und legte den Schein in eine kleine Geldkassette. »Ein Euro hätte gereicht. Da sind doch noch mehr Kollegen, die spenden.«

»Macht nichts«, sagte Lüthje verlegen.

»Hier können Sie unterschreiben«, sagte Vehrs und legte ihm die Karte vor. »Wir haben die Karte extra aus dem Umlauf angehalten.«

Die »Karte« war so groß wie eine DIN-A4-Seite. Ungefähr zehn Unterschriften sah Lüthje.

»Die eigentliche Karte mit dem Genesungswunsch heften wir mit einem Klammerhefter dran. Und natürlich bekommt er einen tollen Blumenstrauß dazu«, sagte Hoyer.

»Ach so«, sagte Lüthje und schrieb einfach seinen Namen mit einem aufmunternden »Wir warten auf Sie« unter die anderen Genesungswünsche.

Eigentlich eine schriftliche Lüge, dachte Lüthje. Wie es aussah, hatte er zu Schackhavens Zusammenbruch einen nicht unwesentlichen Beitrag geleistet.

7.

Als er im Wagen saß, ließ er den Motor an und stellte die Klimaanlage höher. Danach suchte er Ursula Drübbischs Handynummer in seinem Handyspeicher und rief sie an.

»Hier Lüthje, hallo, Frau Drübbisch! Ich habe noch ein paar Fragen an Sie.«

»Haben Sie den Täter gefasst?«

»Nein, leider nicht, aber wir machen Fortschritte. Wo kann ich Sie treffen?«, fragte Lüthje. Sie schien draußen zu sein, er hörte Menschen reden und lachen.

»Ich bin zum Hindenburgufer gegangen und stehe jetzt vor der Bellevuebrücke.«

»Bleiben Sie, wo Sie sind. Ich nehme mir ein Taxi.«

Einen Parkplatz würde er dort während der Kieler Woche nicht finden. Er stellte den Motor wieder ab, ging zur Holtenauer Straße und winkte sich ein Taxi heran.

Er fand Ursula Drübbisch auf einer Bank am Wasser zwischen dem Jachthafen, in dem ihr Sohn seinen Kieler Bootsliegeplatz hatte, und der Reventloubrücke. Das Ehrenmal sah von hier aus wie ein kleines Modell aus den Andenkenlädchen. Ein Blick aus sicherer Entfernung.

Er setzte sich neben sie.

»Sind Sie geflogen?«, fragte sie.

»Mit dem Taxi. So brauchte ich keinen Parkplatz zu suchen«,

sagte Lüthje lächelnd. »Es sind ein paar Fragen aufgetaucht, die ich Ihnen stellen muss.«

»Nur zu«, sagte sie und stand auf. »Lassen Sie uns in Richtung Kiellinie gehen. Meine Therapeutin hat mir gesagt, dass Sonne und gut gelaunte Menschen mir guttun würden.«

Sie trug eine weite Leinenhose und ein ebenso weites Oberteil mit Jäckchen, alles naturfarben. Der leichte Wind vom Wasser fächelte den Stoff sanft um ihre Figur.

»Wir haben die Unterlagen lesbar machen können, die wir bei Ihrem Sohn gefunden haben. Es sind Unterlagen über den Mord an Ihrem ersten Mann, Hermann Drübbisch. Anwaltskorrespondenz und Zeitungsausschnitte. Die anwaltlichen Schreiben waren an Sie adressiert und fingen alle mit ›Sehr geehrte Frau Drübbisch‹ an. Ich bin davon ausgegangen, dass das Haus geräumt war. Warum lagen ausgerechnet Ihre persönlichen Unterlagen noch in der Abstellkammer, die man vom Flur erreichen konnte? Sie sagten mir gestern, dass Ihr Sohn Ihnen nichts davon gesagt hätte, dass er etwas im Haus suchen wollte. Können Sie mir das erklären?«

»Mein Sohn und ich haben schon seit dem Auszug aus dem Haus vor einem halben Jahr nicht mehr miteinander geredet. Und … dann rief er vorige Woche, am Mittwoch, glaube ich, an und fragte, wo die Unterlagen über Papa sind. Das waren seine Worte. Die Frage fand ich unverschämt. Wo sollten die wohl sein! Er unterstellte mir doch, dass ich sie weggeworfen oder verloren hatte! Aber … entschuldigen Sie. Jetzt bekommen Sie einen wunderbaren Eindruck von mir als Mutter.«

»Kummern Sie sich nicht um mich, reden Sie einfach weiter.« Lüthje sah sie so freundlich an, wie er konnte.

»Ich will es kurz machen. Ich habe ihm gesagt, dass ich die Unterlagen am Freitag ins Haus nach Laboe bringe. In die Abstellkammer im Flur. Und dass er sie sich dann abholen könnte, wann er wollte.«

»Warum ausgerechnet in der Abstellkammer? Dort ist Ihr Mann Hermann Drübbisch ermordet worden. Die Unterlagen, die Sie dort für Ihren Sohn deponierten, behandelten den Mord. Wollten Sie damit etwas sagen?«

»Nein, natürlich nicht. Ich wollte vor allen Dingen nicht weiter ins Haus gehen. Die Abstellkammer ist gleich am Flur. Außerdem war ich wütend auf Horst. Er hat sich nie für den Tathergang interessiert. Er war oberflächlich. Ja, so kam er mir immer vor.«

»Haben Sie sich nicht gefragt, warum er plötzlich die Unterlagen haben wollte?«

»Natürlich. Ich hatte die leise Hoffnung, dass er jetzt langsam vernünftig wird.« Sie weinte. »Und dann kam jemand und hat verhindert, dass er sich die Unterlagen ansah. War das ein Zufall?«

»Warum haben Sie mir das nicht schon gestern erzählt?«

»Ich lerne erst langsam wieder sprechen«, sagte sie mit schwacher Stimme.

Sie waren inzwischen an der Kiellinie, einer Promenade an der Förde, angekommen. Es war brechend voll. Sie bahnten sich den Weg durch die Menschenmenge, die gebannt zu einer Bühne starrte.

Ein Moderator hielt einer Sängerin ein Mikrofon entgegen, die mit piepsiger Stimme sagte, dass es zu den schönsten Erlebnissen ihres Lebens gehöre, auf dieser Bühne bei der Kieler Woche mit dabei sein zu dürfen. Frenetischer Beifall und Gejohle brandeten auf.

»Darf ich mich bei Ihnen unterhaken? Ich fühl mich bei dem Gewühle so unsicher«, sagte Ursula Drübbisch.

»Natürlich«, sagte Lüthje und ließ es geschehen. Was würde Hilly sagen, wenn sie ihnen entgegenkommen würde?

Allmählich wurde es wieder ruhiger, und das Gedränge löste sich auf.

»Wir wissen, wer der Unbekannte ist, der nach dem Mord im Haus war«, sagte Lüthje.

»Was?«, fragte sie, und ihr Mund blieb offen stehen. »Wer ist es?«

»Kennen Sie den Namen Rainer Stolze?« Lüthje spürte, dass sie zusammenzuckte, als er den Namen aussprach.

Sie blieb stehen und löste sich von seinem Arm. »Oh Gott, ist das lange her.« Sie ging weiter, hakte sich aber nicht wieder bei Lüthje ein.

»Was ist lange her?«

»Rainer … Rainer Stolze. Er war einer meiner Kollegen an der Volksschule Laboe. Ende der sechziger Jahre bis in die Siebziger. Als ich heiratete, hörte ich auf. Horst wurde geboren. Rainer war ein Freund. Auch für Hermann.«

Sie blieb plötzlich stehen. »Ich möchte zurückgehen. Ich glaube, die vielen Menschen um mich herum tun mir doch nicht so gut.«

Sie drehten auf der Stelle um. Dadurch ging sie nicht wie vorher links neben Lüthje, sondern rechts.

»Oh, das finde ich komisch, ich gehe lieber wieder auf Ihrer linken Seite«, sagte sie, lief um ihn herum und hakte sich wie selbstverständlich wieder bei Lüthje ein.

»Warum war er im Haus?«, fragte sie.

»Ich dachte eigentlich, dass *Sie* mir das erklären können«, sagte Lüthje.

»Nein.«

»Trank Rainer Stolze damals zu viel?«

»Ja, eine Zeit lang. Woher wissen Sie davon?«

»Sie hatten damals bei der Kripo ausgesagt, dass er gern feiert. Wahrscheinlich sind Sie danach gefragt worden.«

»Mein Gott, was Sie alles wissen. Ja, Partys waren damals in und hip. Da hat er richtig zugelangt.«

»Hat er auch Drogen genommen?«

»Das hätte Hermann in unserem Haus nicht geduldet. Vielleicht lag es auch nur daran, dass Hermann so viel älter war als wir.«

»Hat Rainer Stolze außerhalb Ihres Hauses Drogen genommen?«

»Woher soll ich das wissen?«

»Hat er eine Freundin gehabt?«

»Das wechselte ständig bei ihm. Ich habe da nie den Überblick gehabt.«

»Gab es zwischen Ihnen und Rainer Stolze jemals eine Beziehung, die über die kollegiale Freundschaft hinausging?«

»Niemals. Haben Sie das auch in der Akte von damals gelesen?«

»Nein. Aber ich mache mir eben so meine Gedanken«, sagte Lüthje.

»Das kann ich mir vorstellen«, sagte sie ernst und blickte hinüber zur gegenüberliegenden Fördeseite.

»Ihr Sohn war damals ein Kind. Stolze war ein langjähriger Bekannter, der keine Kinder hatte. War er vielleicht eine Art Onkel für Ihren Sohn? Haben die beiden sich angefreundet?«, fragte Lüthje.

»Das hätte ich bemerkt«, sagte sie barsch.

»Da ist eine freie Bank«, sagte Lüthje. »Schnell.« Sie liefen, sie stolperte ein wenig, er hielt sie am Arm fest, und als sie sich setzten, lachte sie. Lüthje zog die Laboer Chronik aus dem Rucksack und schlug die Seiten über die Volksschule Laboe auf.

»Das Lehrerkollegium, erkennen Sie sich?«

Sie sah kurz auf das Foto. Ihre Augen füllten sich mit Tränen.

»Machen Sie bitte das Buch wieder zu«, sagte sie.

»Kennen Sie dieses Buch?«

»Ich habe einmal im Buchladen darin geblättert, aber das Foto nicht gesehen.«

»Es ist eine Neuauflage«, sagte Lüthje und steckte es wieder in den Rucksack. »Ich habe noch eine Frage zur Vergangenheit. Wer hat in den Mansardenzimmern damals gewohnt?«

»Die ersten Jahre war es mein Reich. Meine Zuflucht. Als Horst größer wurde, habe ich ihm das Zimmer nach vorn, also zur Strandstraße, abgetreten. Später bekam er auch das andere Zimmer. Wieso wollen Sie das wissen?«

»Ich war neulich im Haus und habe mich umgesehen. Und da interessierte es mich einfach, weil es die schönsten Zimmer im Haus sind.«

Die neuesten Erkenntnisse über das Kleid wollte er ihr noch nicht präsentieren. Sie schien jede seiner Fragen mindestens einen Tag mit sich herumzutragen, bevor sie mit der Wahrheit herausrückte. Wenn es denn die Wahrheit war.

Er verabschiedete sich von ihr. Als er sich noch einmal umdrehte, hatte eine Familie mit einem kleinen Kind die Bank besetzt, und Ursula Drübbisch war in der Menge verschwunden.

8.

Von ihr war also zunächst nichts zu erwarten, was die offenen Fragen beantworten konnte. Aber jedes weitere Zögern konnte sich als schwerer Fehler mit unabsehbaren Folgen erweisen.

Nach einer Stunde hatten sie den Haftbefehl. Lüthje hatte vorher mit dem Staatsanwalt telefoniert. Der schien auf seinen Anruf gewartet zu haben, stellte wenig Fragen und schien im Übrigen schon seine Instruktionen zu haben, welcher Richter Bereitschaftsdienst hatte.

Lüthje rief in Klockemanns Büro an und sagte der Telefondame, dass er noch ein paar Fragen an den Chef hätte. Der sei dienstlich unterwegs, teilte ihm die Dame mit und gab ihm bereitwillig die Handynummer.

Lüthje rief ihn an. Klockemann erklärte, dass er gerade im »Shanghai« am Dreiecksplatz etwas esse. Lüthje könne ja dorthin kommen. Kein Wort von seiner Frau. Entweder war sie noch nicht nach Hause entlassen worden, oder sie hatte ihrem Mann die Geschichte verschwiegen. Lüthje kündigte an, er würde in etwa zwanzig Minuten da sein. Er hätte noch ein paar Fragen und Hunger auf eine Suppe.

Er fuhr mit Hoyer und Vehrs und sechs Kollegen von der Schutzpolizei. Zwei sicherten den Hinterausgang. Hoyer ging ins Restaurant. Klockemann kannte sie nicht, weil er ihr nicht in der Bezirkskriminalinspektion begegnet war, als er seine schriftlichen Aufzeichnungen bei Vehrs abgab.

Am Tresen fragte Hoyer nach einem älteren Ehepaar. Es seien ihre Eltern. Sie sei mit ihnen hier verabredet, aber sie habe sich verspätet, und sie müssten schon längst da sein. Ihr Vater hätte eine Hand in Gips. Eine freundliche Chinesin bedauerte sehr, dass Hoyer ihre Eltern suche, aber sie habe sie nicht gesehen. In gut gespielter Aufregung verließ Hoyer eilig das Restaurant.

»Er sitzt gleich rechts an der Wand«, sagte Hoyer, als sie sich wieder auf den Beifahrersitz neben Lüthje setzte. »Es sieht so aus, als hätte er eine kleine Reistafel, die Schälchen sind alle noch voll. Er hat also gerade erst angefangen zu essen.«

»Eine kleine, ganz private Feier?«, fragte Lüthje.

»Ich habe Hunger«, sagte Vehrs. »Können wir uns nicht vorher ein paar Frühlingsrollen einpacken lassen?«

Lüthje konnte nicht erkennen, ob Vehrs die Frage ernst meinte, entschloss sich aber, sie zu ignorieren.

Er schaltete den Sonderkanal des Funkgerätes ein, damit die beteiligten Wagen mithören konnten, ohne dass der normale Betrieb gestört wurde. Außerdem konnte man über den Sonderkanal offener reden.

»Zugriff im Gastraum. Der Mann sitzt gleich rechts an der Wand, kann uns also sofort sehen, hat aber keinen freien Fluchtweg. Zuerst gehen die Kollegen Scheuner und Kahlinger rein, damit die Chinesen die Uniform sehen und hoffentlich sofort begreifen, dass wir keine Mafia oder sonstige Gangster sind. Wie ich schon in der Besprechung sagte, es ist schwer zu sagen, wie unser Mann reagiert. Er könnte aggressiv werden.«

Klockemann ließ sich widerstandslos festnehmen. Als Lüthje ihm den Haftgrund aufgesagt hatte und die Handschellen zuschnappten, schüttelte er immer wieder den Kopf und wiederholte: »Sie irren sich, meine Mutter kann das bezeugen.«

In der Bezirkskriminalinspektion wollte Klockemann telefonieren. Die von ihm gewählte Reihenfolge war: seine Mutter, sein Anwalt, seine Frau. Lüthje genehmigte ihm nur den Anruf bei seinem Anwalt und bot ihm an, seine Frau durch Vehrs oder Hoyer anrufen zu lassen, was er jedoch ablehnte.

Klockemanns Anwalt meldete sich zunächst nicht, rief aber nach ein paar Minuten zurück.

Als Lüthje Klockemann vernehmen wollte, antwortete der auf Fragen nur noch mit dem Satz: »Ich sage nichts, fragen Sie meinen Anwalt.«

Lüthje ließ ihn dem diensthabenden Richter vorführen, der ihm den Untersuchungshaftbefehl formell verkündete.

Kurz danach rief Mutter Klockemann bei Lüthje an.

Sie kam ohne Einleitung zur Sache. »Sie haben nichts anderes im Kopf als Ihre Karriere! Ist ja auch kein Wunder, wenn man in einer Kellerwohnung haust und in Teufelsbüchern liest! Sie werden von unserem Anwalt hören!« Und legte auf.

Offensichtlich hatte der Anwalt Mutter Klockemann umgehend informiert. Den hatte sie ja schon vor sechs Monaten eingeschaltet, als ihre Nachbarin Ursula Drübbisch wissen wollte, ob das Töten von Hunden Sachbeschädigung sei. Und der würde so schnell wie möglich auch Verena Klockemann unterrichten. Worauf die ihre Schwiegermutter unter Tränen anrufen würde. Und dabei natürlich die Geschichte mit ihrem Jonas Neifer verschweigen würde.

Es war, als ob da plötzlich etwas ins Rollen käme. Lüthje wusste nur noch nicht, was.

Gleichzeitig mit dem Haftbefehl hatte der Richter auch den Durchsuchungsbeschluss für Klockemanns Wohnung unterschrieben. Es war ein netter Bungalow auf einem großen Grundstück im idyllischen Schwentinetal. Da niemand zu Hause war, hatten sie die Tür gewaltsam öffnen müssen. Die Spurensicherung verteilte sich im Haus und schleppte alles, was nach Aktenordner oder Computer aussah, in Umzugskisten in die Dienstwagen.

»Ich glaube zwar nicht, dass wir ein stumpfes Haushaltsmesser mit angetrocknetem Blut im Mülleimer finden werden, aber mit einem Tagebuch des Hausherrn wäre ich auch schon zufrieden«, sagte Lüthje zu Prebling.

»Schön wäre auch ein Foto vom Tatort mit dem Täter. Vielleicht finden wir ja eins auf dem Notebook«, antwortete Hoyer mit einem Augenzwinkern.

Die Spurensicherung nahm überall im Haus Proben und Abstriche, vom Boden bis zum Keller. Sie entleerten den Inhalt der Mülltonnen. Sie suchten den Garten quadratzentimeterweise ab. Lüthje zog in der Küche alle Schubladen auf und sah prüfend hinein. Man konnte ja nie wissen. Wer wusste schon, wie es im Kopf eines Mörders aussah. Aber die Besteckkästen sahen aus wie in der Küche einer Hausfrau, die nicht gern kochte. Unbenutzt und ladenneu, teilweise noch in Plastikhüllen. Ein Messerblock mit japanischen Schriftzeichen stand neben der Mikrowelle.

Haus und Grund wirkten wie geleckt. Die Rasenränder waren wahrscheinlich gerade rasiert worden. Die Inneneinrichtung bestand aus Stahl und Glas mit drei Ledersofas.

Aber es gab etwas, was nicht ganz in dieses Muster passte. Im Wohnzimmer und im Flur waren Kleinplastiken und Gemälde verteilt, die wie Mitbringsel von Urlaubsreisen nach Afrika und Asien aussahen.

Als Lüthje sie näher betrachtete, erkannte er, dass sie alle etwas mit Bestattungszeremonien zu tun hatten. Tiere aller Arten und Größen wurden an offenen Gräbern geschlachtet, menschliche Knochen wurden ausgegraben oder in einem Gewässer gewaschen. Ein gebogenes Elfenbeinmesser mit eingeritzten Wiedergaben von Kampf- und Bestattungsritualen. Feuerbestattungen wurden auf mehreren asiatisch anmutenden Tuschezeichnungen besonders prächtig dargestellt.

Lauter Dinge, die ein Bestattungsmeister aus Leidenschaft gern zu Hause um sich hatte.

9.

Die Tür der Gemeindebücherei war schon verschlossen. Er hatte fast eine Stunde bis zur Kieler Stadtgrenze gebraucht, weil die Straßen voller Kieler-Woche-Besucher waren.

Er klopfte an ein Fenster. Frau Sternberg erschien und rief ihm durch das Fenster zu, dass sie ihm öffnen würde.

»Sie haben Glück. Wir machen eine Überstunde«, sagte sie, als sie zum Tresen voranging.

Lambert Sundermeier saß hinter dem Tresen an einem der beiden Schreibtische vor einem Computermonitor. Seine Augäpfel bewegten sich im Rhythmus der Scrollbewegung, die sein Zeigefinger mit der Computermaus ausführte.

»Guten Tag«, sagte Lüthje.

Sundermeier sah ihn an, erwiderte seinen Gruß und setzte seine Arbeit fort.

»Ich wollte nur das Buch zurückgeben«, sagte Lüthje zu Frau Sternberg. »Ich vergesse so was immer.«

»Sie dürfen es noch achtzehn Tage behalten«, sagte sie mit einem leisen Vorwurf in der Stimme.

»Bis dahin habe ich es völlig vergessen. Meine Frau regelt diese Sachen für mich. Aber sie besucht eine Freundin und ist erst in ein paar Tagen wieder da.«

»Sie haben zu viel im Kopf, Herr Kommissar!«, sagte sie und entnahm dem Buch die Ausleihkarte.

»Das ist Stapelverarbeitung«, sagte Lambert Sundermeier. Er hatte seine Arbeit unterbrochen.

»Hört sich gut an. Aber was meinen Sie damit?«, fragte Lüthje.

»Das menschliche Gehirn und der Computer haben viele Gemeinsamkeiten. Wenn Sie einem Computer mehr Aufgaben geben, als er auf einmal bewältigen kann, speichert er sie in der Reihenfolge der Auftragserteilung und arbeitet den aufgehäuften Stapel ab. Das ist die Stapelverarbeitung.«

»Mein Computer stürzt dann gern ab«, sagte Lüthje.

»Genau das passiert auch in Ihrem Kopf, wenn der Stapel eine bestimmte Höhe überschritten hat. Eine Höhe, die Ihr Arbeitsspeicher im Kopf nicht bewältigen kann. Sie vergessen es. Das ist ein Absturz. Danach hat Ihr Arbeitsspeicher im Kopf wieder Platz.«

»Das beruhigt mich«, sagte Lüthje. »Und ich dachte, ich werde alt.«

»Das spielt natürlich auch eine große Rolle«, sagte Lambert Sundermeier mit unbewegtem Gesicht.

Lüthje schluckte. »Darf ich fragen, was Sie da am Computer machen?«

»Ich kontrolliere die Signaturen.«

»Er lässt sie einfach vor seinen Augen vorbeilaufen …«, sagte Frau Sternberg, »… und sieht sofort, ob eine Signatur in unserer Datenbank falsch geschrieben ist oder fehlt.«

Sie sah Lambert versonnen an. Für einen kurzen Augenblick erwiderte er ihren Blick und nahm dann seine Arbeit wieder auf.

»Das Buch da auf Ihrem Schreibtisch, Frau Sternberg«, sagte Lüthje überrascht. »Ist das nicht ein Dostojewski? Eine relativ neue Auflage, mit dem Titel ›Verbrechen und Strafe‹?«

»Ja, Sie haben recht.« Sie zeigte ihm den Einband. »Eine der vielen Buchspenden, die wir immer bekommen.«

»Von wem ist diese Spende?«, fragte Lüthje ahnungsvoll.

Frau Sternberg verzog das Gesicht schmerzhaft. »Von Frau Klockemann. Strandstraße.«

Lambert Sundermeier unterbrach seine Arbeit wieder.

»Wann war sie da?«, fragte Lüthje.

»Kurz bevor ich die Tür abgeschlossen habe«, sagte Frau Sternberg. »Sie wäre Ihnen also fast über den Weg gelaufen.«

Also nachdem ihr Sohn sie von seiner Verhaftung am Telefon informiert hatte, dachte Lüthje.

»Erzählen Sie mir bitte genau, was sie gesagt hat.«

Frau Sternberg sah Lambert Sundermeier an. »Sie hat gesagt, dass es ein Buch des Teufels sei und wir es in den Giftschrank stellen sollten. Das waren ihre Worte, nicht wahr, Lambert?« Sundermeier nickte. »Ich habe recht herzlich für diese Spende gedankt«, fuhr Frau Sternberg fort. »Und weg war sie. Fast so schnell wie eine Hexe.«

»Das hört sich gar nicht gut an«, sagte Lüthje nachdenklich.

»Sie ist mir unheimlich. Und sie ist eine Nachbarin von Lambert und seinem Vater.«

»Ja, ich weiß«, sagte Lüthje. »Bitte rufen Sie mich an, wenn Sie wieder auftaucht und dummes Zeug redet. Benutzen Sie am besten die Handynummer, dann haben Sie mich sofort dran.« Er gab ihr seine Visitenkarte. »Hier, für Sie auch eine Karte, Herr Sundermeier.«

Lambert Sundermeier kam zum Tresen und nahm die Karte entgegen.

»Iris, sie kann dir nichts tun, ich werde dich beschützen«, sagte er und speicherte gleichzeitig die Telefonnummer in seinem Handy.

»Danke, Lambert, das weiß ich.« Sie wandte sich wieder zu Lüthje. »Morgen ist Generalprobe am Ehrenmal. Kommen Sie auch? Nur Laboer dürfen zusehen, gratis. Sie sind doch Kommissar und kommen überall rein.«

»Ich bin nicht so für Opern. Die einzige Arie, die ich mag, ist das ›Nessun dorma‹, das Sie, Herr Sundermeier, so herrlich singen können. Ich habe Sie im Ehrenmal gehört«, sagte er zu Lambert Sundermeier gewandt.

»Ich will es morgen wieder im Ehrenmal singen«, sagte Lambert. »Wenn draußen die Generalprobe läuft.«

»Ich gehe mit meinen Eltern hin«, sagte Iris Sternberg. »Wir treffen uns da mit Lamberts Vater. Sie kennen sich noch nicht, und Lambert und ich dachten, es wäre schön, wenn sie sich bei so einem Ereignis kennenlernten. Die Karten für die Aufführung am Samstagabend sind ja schon lange ausverkauft.«

Sie sah Lambert fröhlich an. Er nickte mit einem Ausdruck, den Lüthje nicht recht deuten konnte. War es Stolz?

10.

Lüthje beschloss, im Strandkorb zu Abend zu essen. Er parkte den Wagen vor seinem Haus und radelte zum Hafen. Da die mobile Fischräucherei wegen »alle« die Schotten schon dicht gemacht hatte, ließ er sich im Fischrestaurant am Hafen vier Heringsfilets und Kartoffelspalten mit Rosmarin einpacken und steckte sich zehn Servietten in einem unbeobachteten Moment in den Rucksack.

Im Strandkorb tupfte er die in Butter gebratenen Filets und die Kartoffelspalten so lange mit den Servietten ab, bis sie ihm fettfrei erschienen. Als er gegessen hatte, spülte er seinen Mund mit dem letzten Schluck Tee fettfrei, der noch in der Thermosflasche war, bevor er ihn herunterschluckte.

Er griff zum Handy und wählte Malbeks Nummer. Nach vier Versuchen gab er auf. Hilly dagegen erreichte er nach dem zweiten Versuch. Im Hintergrund hörte er Straßengeräusche.

»Hallo, Eric, ich musste erst vor die Tür gehen. Ich bin mit Susan in einem deutschen Restaurant, hier gibt es gebratene Heringsfilets, stell dir das vor!«

»Ach was!«

»Aber sie schwimmen in Butter. Also haben wir uns eine Tasse und vier Servietten bringen lassen, die Butter vom Teller in die Tasse laufen lassen und das restliche Fett mit den Servietten von den Filets abgetupft. Wie findest du das?«

»Ihr seid genial! Hat sich das Personal dazu geäußert?«

»Sie sind superhöflich! Die glauben, wir sind vom Observer

und machen das als Show für eine originelle *restaurant review*. Sie haben uns die Fettbrühe vom Tisch geräumt, und jetzt haben wir stattdessen eine fettfreie Dover Seezunge bekommen. Denk dran, wenn dir so was in Laboe passiert. Wir waren doch vor ein paar Wochen mal im Fischrestaurant am Hafen, da haben die Leute am Nebentisch was Ähnliches gemacht.«

»Ja, ich erinnere mich.«

»Eric, ich habe für übermorgen früh, also Freitag, einen Flug gebucht. Kannst du mich abholen?«

»Wir haben einen Mann verhaftet. Aber der Haftbefehl steht auf tönernen Füßen.«

»Schön hast du das gesagt. Und weiter?«

»Der Fall ist noch nicht gelöst. Wenn ich jetzt nicht dranbleibe, ist der Mann mit Hilfe seines Anwaltes bald wieder draußen.«

»Das heißt, du kannst mich nicht abholen. Ich werde mir am Flughafen einen Mietwagen nehmen und nach Kiel fahren. Da gebe ich ihn ab und nehme die Fähre nach Laboe. Ich sag Frau Jasch Bescheid, dass sie sich dann nur noch um die Gäste kümmern muss.«

»Lass uns morgen noch mal darüber sprechen«, sagte Lüthje.

»Morgen Abend?«, fragte Hilly.

»Okay, ich liebe dich«, sagte Lüthje.

»Ich liebe dich«, antwortete Hilly.

»Nicht auflegen, Hilly! Was ist mit dem Orkan? Malbek erzählte mir doch davon. Ich kann ihn aber nicht erreichen.«

»Er ist mit Sophie nach Schottland gefahren. Da ist es mit dem Empfang manchmal schwierig. Ich weiß nur, dass der Sturm auf die Nordsee gezogen ist. Jetzt scheint die Sonne, aber es ist eiskalt. Hörst du denn keine Nachrichten? Wir haben doch im Souterrainzimmer einen kleinen Fernseher!«

»Ich war mit den Gedanken woanders.«

»Ich hoffe, bei mir!«

»Natürlich! Tschüss!«

»Ich liebe dich!«

In seinem Souterrainzimmer fand Lüthje eine Nachricht auf dem Kühlschrank.

»Sie hatten mir versprochen, das Foto von mir am Kühlschrank nur Ihrer Frau zu zeigen. Heute war ich in der neuen Buchhandlung. Die Verkäuferin hat mich nach einem Foto wiedererkannt, das Sie ihr auf dem Handy gezeigt haben. Dafür werde ich Sie noch ins Kreuzverhör nehmen. Ich habe für meinen kleinen Enkel ein Kinderbuch zum Geburtstag gekauft. ›Lüthje und das Geheimnis des Strandes‹. Lüthje ist eine Ente.«

Lüthje holte sich ein Bierglas aus der Küche und goss den dunklen Probsteier Herold vorsichtig in das schräg gehaltene Glas, damit sich die Schaumkrone nicht zu schnell entwickelte. Er setzte sich auf einen Stuhl am Fenster und legte die Beine auf den Tisch. Er nahm einen tiefen Schluck und sah auf die Grasspitzen vor dem Fenster. Sein Blick wanderte höher. Zur Hecke an der Grenze zum Nachbargrundstück. Er beugte sich etwas vor und sah ein Stück der Förde voller weißer Segel in allen Größen. Über allem wölbte sich der Abendhimmel.

Hilly hatte einmal gesagt, dass der Laboer Sonnenuntergang ein auf der Welt einmaliges Licht hätte. Eine sanfte Milchigkeit, auch wenn er wolkenlos rot war. Und er hatte geantwortet, dass es wohl am Fördewasser liege, auf dem das Licht zum Himmel reflektiert wird, wo es sich beim Blick zur untergehenden Sonne zur sanften Milchigkeit mische. Und Hilly hatte hinzugefügt, dass auch das schleswig-holsteinische Land, das sich hinter dem gegenüberliegenden Fördeufer erstrecken würde, mit seinen Feldern und Wiesen in der sanften Milchigkeit des Laboer Sonnenuntergangs zu finden sei.

Lüthje sah, dass die Wolkenstreifen näher gekommen waren und die sanfte Milchigkeit sich langsam in eine giftig gelbe Diesigkeit verwandelte.

Donnerstag

1.

Am Morgen hatte sich der Himmel zugezogen. Trotzdem zeigte das Thermometer am Fenster um halb acht schon vierundzwanzig Grad an. Deshalb hatte er also so schlecht geschlafen. Er öffnete das Fenster einen Spalt weit.

Nach dem Frühstück fuhr Lüthje sein Notebook hoch und sah sich die Unwetterwarnseite des deutschen Wetterdienstes an. Für Schleswig-Holstein hieß es dort:

»Mit einer kräftigen südwestlichen Strömung wird weiterhin subtropische Luft herangeführt. Im Laufe des morgigen Tages wird Norddeutschland von den ersten Ausläufern eines Orkantiefs mit Kern über der nördlichen Nordsee erfasst. Danach stellt sich die Wetterlage großräumig um. Nach Durchzug des Orkantiefs dringt auf seiner Rückseite kalte und feuchte Meeresluft in den Vorhersagebereich ein. Unwetterartige Entwicklungen sind möglich. Die genaue Zugrichtung des Windfeldes wird kurzfristig aktualisiert. Eine Vorwarnung ist aktiv. Mit einer Erhöhung der Warnstufe ist zu rechnen.«

Regen und Sturm würde es also nur morgen geben. Die Generalprobe sollte heute Vormittag stattfinden. Die Aufführung war erst übermorgen, am Samstagabend.

Er hatte sich Papierkram aus dem Büro mitgenommen, setzte sich an den Tisch und schlug die Mappe auf. Er hielt inne und holte die Fotokopie des Fotos aus der Laboer Chronik aus dem Rucksack. Vom Regal nahm er eine alte Kopflupe seines Vaters und setzte sie auf. Er hielt die Fotokopie ins Licht und betrachtete die oberste Reihe. Ursula Schedelgarn und Rainer Stolze. Er versuchte herauszufinden, ob Stolzes Nickelbrille Sonnenlicht reflektierte oder ob es ein Fehler des Kopierers war. Hätte er bloß das Buch noch nicht in der Bücherei abgegeben! Lüthje hatte gehofft, dass er mit der Lupe erkennen könnte, wohin Rainer Stolze blickte. Aus der Kopfhaltung konnte man das nicht unbedingt schließen, was wahrscheinlich Rainer Stolzes Absicht gewesen war.

Er legte die Lupe zurück in das Regal und wandte sich wieder der Arbeitsmappe zu.

Sein Handy summte. Es war Vehrs.

»Die Klockemann macht Telefonterror!«, sagte er.

»Wie gut, dass ich ihr bei meinem ersten Date mit ihr meine Karte nicht gegeben habe«, sagte Lüthje. »Ich hatte schon so ein komisches Gefühl. Sagen Sie überall Bescheid, dass ihr keiner im Haus, *keiner*, auch nicht die Leitstelle, meine Handynummer gibt. Auch keine Festnetznummer!«

»Wird gemacht. Wir wollten Sie fragen, ob Sie damit einverstanden sind, dass wir ihre Anrufe bei uns sperren lassen.«

»Natürlich. Ist doch Notwehr. Oder sagt sie am Telefon etwas, was für uns interessant sein könnte?«

»Nein, sie wiederholt sich leider immer wieder. Das Gleiche wie gestern. Eigentlich schade.«

»Irgendetwas Neues von der Spurensicherung?«

»Nein. Ich hab Prebling angerufen, aber er hat gemault.«

»Was?«

»»Das ist schlimmer als ein Tatort‹, sagte er. Ich glaube, dem fehlte das Blut.«

»Da könnten Sie recht haben. Hat sich der Anwalt gemeldet?«

»Heute Morgen kam ein Fax von ihm. Mit dem üblichen Gelaber, dass sein Mandant unschuldig sei und er ein Alibi nachgewiesen hat. Er will Klockemann heute besuchen und fordert Akteneinsicht. Ach ja, er vertritt auch Frau Verena Klockemann.«

»Schön. Ist Hoyer da?«, fragte Lüthje.

»Ja«, sagte Vehrs.

»Stellen Sie bitte auf Mithören. Ich mochte Ihnen beiden eine Frage stellen.«

»Ich bin ganz Ohr«, hörte er Hoyer sagen.

»Hören Sie gut zu und antworten Sie spontan. Rein assoziativ. Nicht lange nachdenken. Jetzt die Frage: Was würde ein Bestattungsmeister aus Leidenschaft mit einem von ihm benutzten Mordwerkzeug machen?«

Vehrs lachte auf. »Beerdigen. Bestatten!«

»Staub zu Staub«, rief Hoyer. »Asche zu Asche.«

»Vergraben, ganz tief!«, rief Vehrs. »Bei einer Seebestattung über Bord werfen!«

Lüthjes Handy signalisierte ihm, dass ein Anrufer »anklopfte«. Die angezeigte Nummer sagte ihm nichts.

»Ich bekomme gerade einen Anruf. Ich melde mich später. Vielen Dank für die Ideen!«

Lüthje nahm den Anruf durch einen Tastendruck an.

»Lambert Sundermeier. Herr Kommissar Lüthje?«

»Hallo, ja, hier Kommissar Lüthje. Ich dachte, Sie sind schon im Ehrenmal. Die Generalprobe müsste doch schon angefangen haben.« Lüthje hörte ihn schwer atmen, als ob er gelaufen wäre.

»Ich musste mir Cornflakes holen. Mein Vater vergisst das in letzter Zeit oft. Dabei habe ich Frau Klockemann getroffen, sie hat mich angelogen.«

»Was hat sie gesagt?«

»Sie hat gesagt, dass sie Iris mit einem anderen Mann im Strandkorb gesehen hat. Der Mann hat sie geküsst. Das war der Kommissar Lüthje, sagte sie. Der Strandkorb hatte die Nummer sieben. Den Strandkorb gibt es wirklich. Ich habe nachgesehen.«

»Sie lügt aber trotzdem«, sagte Lüthje. »Was haben Sie ihr geantwortet?«

»Sie hat noch mehr erzählt. Sie hat gesagt, dass mein Vater bald stirbt und ich in ein Heim komme, in Schleswig oder Kiel. Ich darf dann nicht mehr in unser Haus.«

»Sie wissen doch, dass das alles gelogen ist, Herr Sundermeier. Frau Klockemann hat ihre Gülle auch schon bei meinen Mitarbeitern über mich ausgekippt«, sagte Lüthje. »Was haben Sie ihr geantwortet?«

»Ich habe ihr gesagt, dass ihr Sohn Jochen Klockemann am Samstag in das verkehrte Haus gegangen ist. Ich dachte, er hat sich im Haus geirrt.«

»In das verkehrte Haus?«

»Er ist in das Drübbisch-Haus gegangen. Da wohnt doch schon lange keiner mehr. Es sah so aus, als ob er es eilig hätte. Ich dachte, er ist am Haus seiner Mutter aus Versehen vorbeigelaufen.«

»Wo haben Sie gestanden, als Sie das gesehen haben?«

»Ich habe es gesehen, als ich zum Ehrenmal wollte. Ich stand in unserer Eingangstür. Ich bin dort stehen geblieben und habe gewartet. Ich dachte, er wird gleich wieder herauskommen, wenn er seinen Irrtum bemerkt hat.«

»Hat er Sie gesehen?«

»Nein, ich glaube nicht. Er guckte ja immer zum Boden.«

»Haben Sie gesehen, wie er ins Haus gekommen ist? War die Haustür nicht verschlossen?«

»Nein, er hat auf die Klinke gedrückt, und sie öffnete sich. Das fand ich auch komisch. Jeder weiß doch, dass das Haus verschlossen ist, seit da keiner mehr wohnt. Aber dann dachte ich mir, dass er da vielleicht mit jemandem verabredet ist.«

»Wissen Sie, mit wem?«

»Nein. Wissen Sie es?«

»Sie wissen, was dort an dem Nachmittag passiert ist?«

»Ja, natürlich. Mein Vater hat es mir erzählt, als wir die Polizei beim Drübbisch-Haus sahen.«

»Haben Sie Ihrem Vater von Ihrer Beobachtung erzählt?«

»Ja.«

»Und wie hat er reagiert?«

»Er hat mir verboten, mit jemandem darüber zu reden. Das könnte unser ganzes Leben durcheinanderbringen, hat er gesagt.«

»Wer weiß noch von Ihren Beobachtungen?«

»Iris. Ich habe es ihr gestern erzählt, als die Klockemann wieder weg war.«

»Und wie hat Ihre Freundin reagiert? … Das ist sie doch, oder?«

»Wir wollen uns verloben!«, sagte er stolz.

»Meinen Glückwunsch! Ich freue mich! Was hat Ihre Freundin also zu Ihren Beobachtungen gesagt?«

»Sie meinte, ich müsse es Ihnen erzählen. Wenn ich es Ihnen *nicht* erzähle, würde es mein Leben durcheinanderbringen. Also, das ist genau das Gegenteil von dem, was mein Vater gesagt hat. Iris sagte noch, ich solle es mir überlegen. Aber nicht zu lange. Und als ich vorhin Frau Klockemann traf, habe ich es mir überlegt und Sie angerufen.«

»Sie haben sich richtig entschieden. Wie hat Frau Klockemann reagiert, als Sie ihr von Ihrer Beobachtung erzählt haben?«

»Sie hat geschrien, dass ich ein Lügner und ein Teufel bin. Es war auf dem Probsteier Platz, direkt neben dem Rathaus. Da waren Fenster auf, und die haben das natürlich gehört. Auf dem Platz sind Leute stehen geblieben. Ich bin dann weggegangen, aber ich hab die Klockemann noch bis in die Friedrichstraße gehört.«

»Wo sind Sie jetzt?«

»Ich stehe vor dem Ehrenmal. Iris und ihre Eltern und mein Vater sind schon bei der Generalprobe. Ich höre die Musik.«

Er schien sein Handy hochzuhalten. Lüthje hörte einen Fetzen Orchestermusik und Gesang.

»Lambert? Lambert?«

»Haben Sie die Musik gehört?«

»Ja, habe ich. Ich komme zum Ehrenmal. Bleiben Sie auf jeden Fall da! Ich komme jetzt dorthin.«

»Ich gehe jetzt ins Ehrenmal.«

»Lambert, warten Sie! Lambert?«

Er hatte das Gespräch beendet. Lüthje versuchte, ihn zurückzurufen. Aber Lambert hatte sein Handy ausgeschaltet.

2.

Lüthje griff zum Rucksack, verließ das Haus und setzte sich in den Wagen. Als er den Motor angeworfen hatte, fragte er sich, ob das wirklich der schnellste Weg zum Ehrenmal war. Auf der Strandstraße bewegten sich die Wagen im Schneckentempo. Ein Fahrzeug mit Blaulicht würde das Chaos vergrößern, weil für den laufenden Verkehr kein Platz zum Ausweichen war. Die Parkplätze waren belegt, auf der Promenade spazierten Fußgänger. Der Verkehr über die Kreisstraße 30 östlich von Laboe vielleicht nicht so dicht, aber die Strecke bis zum Ehrenmal war doppelt so weit. Und wenn es dort gerade einen Stau gab, müsste er das Fahrzeug stehen lassen und ein paar Kilometer zu Fuß laufen.

Er stellte den Motor wieder ab und fuhr mit dem Fahrrad.

Hatte Lambert auch Rainer Stolze gesehen? Waren sich Jochen Klockemann und Rainer Stolze begegnet?

Im Kassenhaus hielt Lüthje seine Dienstmarke hoch und bekam den Metallchip für das Drehkreuz. Auf dem Vorplatz sah er kurz zur Bühne. Männer mit künstlichen Glatzköpfen, auf denen Zöpfe aufgeklebt waren, Wächter in Kunststoffrüstungen, deren behelmte Köpfe wie Boxer beim Training aussahen. Das Orchester spielte verhalten. Ein Mann in einem orientalischen Märchenmantel sah bittend zum Himmel, der Chor sang unerbittlich: »Wenn niemand seinen Namen weiß, dann müssen wir den Tod erleiden!«

Die Inszenierung war in deutscher Sprache. Ein Geschenk an die Laboer, die doch bei der Aufführung am Samstag neben den Ehrengästen die Ränge füllen sollten.

Lüthje hielt seine Dienstmarke hoch, damit die Sicherheitsbeamten ihn durchließen.

Als er die schwere Eingangstür des Ehrenmals hinter sich schloss, verschwand die Geräuschkulisse, und für einen Moment war es still. Im nächsten Atemzug hörte er Lamberts Tenorstimme. Lüthje ging durch den Vorraum zum Fahrstuhl und drückte auf den Knopf. Der Fahrstuhl war oben. Also war Lambert mit dem Fahrstuhl hochgefahren und von oben in das Treppenhaus hinuntergestiegen.

Lüthje stieg die Treppen des Niedergangs hoch, bis ihm der kalte Luftstrom sagte, dass er am Fuße des Treppenhauses angelangt war. Lambert hatte die Arie beendet. Und begann sie nach ein paar Sekunden von Neuem, wahrscheinlich schon zum zweiten oder dritten Mal.

Lüthje trat zurück bis zur Schachtwand, presste seinen Rücken und die Handflächen dagegen, um den Drehschwindel zu beherrschen, der ihn erfasste, und sah nach oben. Lambert stand in etwa vierzig Metern Höhe. Seine Hände lagen auf dem Treppengeländer, und er sah auf die gegenüberliegende Wand des Treppenhausschachtes.

Lüthje legte seine Hände als Sprechtüte um den Mund und rief mehrfach Lamberts Namen. Aber sein Ruf verwehte im Treppenhaus zu einem leisen Raunen, das von Lamberts Tenorstimme verschluckt wurde. Lüthje überlegte sich, ob er sich nicht auf der Stelle auf den kalten Boden setzen sollte, bis Lambert fertig war.

Er griff zum Handy, um im Büro anzurufen. Und sah dabei nach oben. Ein Schatten erschien hinter Lambert. Sein Gesang brach ab, jemand hinter ihm drückte seinen Oberkörper nach vorn. Lüthje sah Lamberts entsetztes Gesicht in den Abgrund starren, und für einen Moment trafen sich ihre Blicke. Lambert klammerte sich an das Geländer, wand sich, und es gelang ihm, sich umzudrehen. Dabei fiel er und verschwand aus Lüthjes Sichtfeld.

Lüthje lief zum Treppenabsatz und rief im Büro an.

»Vehrs hier, hallo —«

»Alarm! Ich bin im Treppenhaus des Ehrenmals. Jemand versucht, Lambert Sundermeier in den Treppenhausschacht hinunterzustürzen. Ich versuche hochzugehen und einzugreifen. Notarzt, Rettungswagen, Schutzpolizei, das ganze Programm, aber fix! Wünscht mir Glück.«

Lüthje sah nach oben, um die Treppenabsätze zu zählen. Bevor er fertig war, musste er die Augen schließen, weil ihm wieder schwindelig wurde. Es mussten ungefähr vier Treppenabsätze sein, also acht Treppen.

Nachdem er zwei Treppen geschafft hatte, kauerte er sich auf der Treppe zusammen und bemühte sich, ruhiger zu atmen. Von oben glaubte er ein Husten und Stöhnen zu hören. Aber das Rauschen in seinen Ohren war lauter.

Lüthje begann auf alle vieren die Treppe hinaufzukrabbeln und fixierte die Wand neben ihm, damit er nicht den Schacht im Augenwinkel hatte. Am Fuße der vierten Treppe verharrte er, um Luft zu schöpfen, und dachte darüber nach, was er oben vorfinden würde. Der Täter schien keine Pistole zu haben. Jedenfalls hatte er sie bis jetzt nicht benutzt. Und Lüthje hatte keine Waffe bei sich. Vielleicht hatte der Täter ihn bemerkt und würde sich von oben auf ihn stürzen, wenn er unten am Treppenabsatz der achten Treppe erschien. Lüthje müsste die Angriffsrichtung abschätzen, sich dann in die andere Richtung werfen und den Angreifer im Moment der Orientierungslosigkeit unschädlich machen. Lüthje würde sich gegen das Treppengeländer werfen. Das Geländer war zwar aus Beton, aber würde wahrscheinlich an dieser Stelle brüchig sein und mit ihm in die Tiefe stürzen.

Er spürte Panik in sich aufsteigen, die ihm die Kehle zuschnürte, er rang nach Atem und riss die Augen auf. Im Augenwinkel sah er einen Schatten im Schacht vorbeifallen. Lüthje verlor das Gefühl in seinen Gliedmaßen. Er presste die Augen zusammen, riss sie im nächsten Augenblick wieder auf und schnappte nach Luft wie ein Ertrinkender. Mit einem Kribbeln in den Gliedmaßen kam das Gefühl wieder.

Er sah ein Bild aus seiner frühen Kindheit. Eine Erinnerung an diesen Ort. Diese Treppe. Er ging zwischen seinem Großvater und seinem Vater der Tiefe entgegen. Sie waren vorher mit dem Fahrstuhl auf die Aussichtsplattform gefahren. Dann entschieden die beiden Großen, dass sie nicht mit dem Fahrstuhl fahren, sondern die Treppe hinuntergehen würden. Dabei sah man immer in den Abgrund des Treppenhauses. Eine Marinefahne mit einem Kreuz hing von der Decke bis zum Boden und bewegte sich im Luftzug, der durch die damals offenen Fensterhöhlen strich.

Es war das lange Kleid aus Lüthjes Traum.

Dann das feine Rauschen, die menschliche Gestalt, die mit Armen und Beinen rudernd neben ihnen im Schacht nach unten stürzte. Und das hässliche Geräusch, das von unten zu ihm hinauf in seine Ohren kroch.

Er hatte sich losgerissen, schrie sich die Seele aus dem Leib und lief die Treppe hinab. Er glaubte, dass er nie unten ankommen würde. Dies war das Ende seines kurzen Lebens. So war der Tod.

Ein Mann war ihm von unten entgegengekommen, griff nach ihm, hob ihn hoch und hielt ihm die Augen zu. Er ließ Lüthje erst wieder frei, als sie draußen unter dem freien Himmel standen. Bis zuletzt hatte Lüthje geglaubt, dass dieser Mann ihn über das Geländer werfen wollte und vielleicht der Geist des toten Selbstmörders war. Der fremde Mann hatte ihm auf dem Weg nach unten die Augen zugehalten, damit er am Boden des Treppenhauses den Selbstmörder in seinem Blut nicht sehen musste. Das war ihm kurz nach dem Erlebnis damals klar geworden.

Zu Hause hatte nie jemand mit ihm darüber gesprochen. Vielleicht hatten sie wirklich geglaubt, er habe nichts gesehen und deshalb nichts bemerkt. Nie hatte Lüthje etwas über den Selbstmörder erfahren. Er hatte auch nie mehr danach gefragt. Er hatte es einfach in seinem Inneren versteckt. Bis es heute wieder da war.

Dieses Erlebnis war sicher die Wurzel seines bisher unerklärlichen Hungers nach Wahrheit und damit seines frühen Wunschs, Polizist werden zu wollen.

Lüthje erhob sich und rannte die Treppen nach oben. Wie eine Dampfwalze wollte er den Täter umrennen. Auf dem Treppenabsatz der achten Treppe kniete Lambert auf dem Rücken von Ingrid Klockemann. Ihr Gesicht war blau angelaufen, Speichel troff aus ihrem Mund auf den Beton und hatte eine kleine Pfütze gebildet. Lüthje zog Lambert von ihr hoch und versuchte, ihren Puls zu fühlen. Er war sehr schwach.

Aber sie öffnete die Augen und zischte: »Der Teufel wird euch holen.«

»Zu spät«, erwiderte Lüthje. »Er hat Sie soeben gefeuert.«

Ihr Kopf sackte zur Seite.

3.

»Sie besteht nur aus Prellungen. Hämatome am ganzen Körper und zwei gebrochene Rippen. Aber sie ist wieder bei Bewusstsein und schimpft wie der Teufel, so was hab ich noch nicht gehört!«, antwortete der Notarzt, als Lüthje ihn nach dem Zustand der Patientin fragte.

»Passen Sie gut auf sich auf!«, rief Lüthje dem Notarzt zu, als der wieder in den Rettungswagen stieg.

Das Herannahen der Rettungswagen und Einsatzfahrzeuge der Polizei hatte zum Abbruch der Generalprobe geführt. Nachdem sich schnell herumgesprochen hatte, dass das nicht ein Inszenierungseinfall des Regisseurs war, drängten sich ungefähr fünfzig Laboer, die die Generalprobe hatten sehen wollen, um die Einsatzfahrzeuge, damit sie nichts von der wahren Action verpassten.

Iris klammerte sich an Lambert. Er hatte Kratzer auf den Armen und im Gesicht, die aber schnell vom Notarzt mit Salbe und Pflaster versorgt worden waren.

Lüthje versicherte allen anwesenden Sternbergs und Lamberts Vater, dass Lambert in Notwehr gehandelt hätte und er, Lüthje, alles tun würde, damit Ingrid Klockemann wegen versuchten Mordes bestraft werden würde. Die Möglichkeit einer Einweisung in die Psychiatrie erwähnte er nicht. Es reichte ja, dass ihr mindestens die Haftstrafe sicher war.

Iris Sternberg umarmte Lüthje und lud ihn und seine Frau zur Verlobungsfeier ein.

Lambert gab ihm die Hand und sagte: »Danke, Herr Lüthje.«

Iris' Eltern und Vater Sundermeier waren gerührt, und Lüthje verabschiedete sich wegen dringender Ermittlungen.

Lüthje beorderte Vehrs und Hoyer in den Dienstwagen. Vehrs setzte sich auf den Beifahrersitz, sodass Hoyer nichts anderes übrig blieb, als hinter ihm auf dem Rücksitz Platz zu nehmen. Zur Strafe schlug sie ihm eine Kopfnuss, was er mit einem flehentlichen »Bitte noch einmal« kommentierte.

Lüthje fuhr über die Bundesstraße 502. So würde er alle Fördedörfer umgehen und in Kiel direkt auf den Ostring und den Olof-Palme-Damm kommen, in dessen Nähe das Krematorium lag.

»Worüber sprachen wir, als wir heute Morgen bei unserer Konferenzschaltung unterbrochen wurden?«

»Von der Tatwaffe«, sagte Vehrs.

»Vom Bestattungsmeister Klockemann«, sagte Hoyer.

»Beides richtig. Aber Hoyer liegt irgendwie näher dran. Deshalb lassen Sie sich jetzt, Hoyer, über die Einsatzleitstelle die Nummer des Krematoriums auf dem Friedhof Eichhof geben. Und sagen Sie denen, dass Urnen und Särge der Firma Klockemann beschlagnahmt sind, Einäscherungen für die Firma Klockemann sind sofort einzustellen. Wir sind in ungefähr …«, Lüthje sah auf die Tachouhr, »… dreißig Minuten da. *Go!*«

Lüthje stellte auf dem Bedienpanel für die Signalanlage die Funktion »Blaulicht mit der Bereitschaft für das Horn« ein.

Nach einer Minute war Vehrs mit seinem Anruf fertig. Er sah mit gerunzelter Stirn in Fahrtrichtung und schwieg.

»Ist was? Wie haben die reagiert?«, fragte Lüthje.

»Der Typ hat gesagt: ›Dann kriegen wir heute aber einen Bestattungsstau‹«, antwortete Vehrs.

»Dann war Ihr gehässiges ›Dann haben Sie also richtig Stress‹

Ihre Antwort auf diese Verkehrsdurchsage des Krematoriums?«, fragte Lüthje.

»Gehässig war ich?«

»War nur ein Scherz, Vehrs. Nein, ich fand Ihre Bemerkung richtig gut«, sagte Lüthje.

»Bin gespannt, wie es da aussieht, im Krematorium«, sagte Hoyer. Ein Versuch, die Atmosphäre zu entspannen.

Als niemand an ihre Bemerkung anknüpfte, fragte sie: »Herr Lüthje, wieso wollte die Klockemann den Lambert ins Treppenhaus stürzen?«

»Gleich, Frau Hoyer. Vehrs, nehmen Sie mein Handy ...«, er reichte es ihm, »... und drücken Sie einfach die Taste neun. Dann drücken Sie die Freisprechtaste, die mit dem Lautsprechersymbol.«

»Hallo, Eric«, quäkte es aus dem kleinen Lautsprecher.

»Hallo, Herbert. Kannst du in zwanzig Minuten oder früher im Krematorium Eichhof sein?«

»Natürlich komme ich. Bin gespannt. Dann fängt die Vorlesung eben etwas später an. Bis gleich.«

»Und jetzt rufen Sie die Spurensicherung an, Vehrs. Zwei Leute würden reichen.«

Vehrs sah etwas genervt aus.

»Das ist das Schicksal der Beifahrer«, sagte Lüthje, als Vehrs das Gespräch beendet hatte. »Nun zu Ihrer Frage, Hoyer. Welches Motiv hatte Ingrid Klockemann für ihren Mordversuch? Gestern hat Lamberts Vater mir ein interessantes Geständnis gemacht. Brisant wurde das, als wir den Jochen Klockemann verhaftet haben.«

»Sie reden schon wieder in Rätseln, Herr Lüthje«, sagte Hoyer vorwurfsvoll.

»'tschuldigung. Nachdem ich in Laboe eine Begegnung oder besser gesagt einen Streit zwischen Lamberts Vater und Ingrid Klockemann im Dorf beobachtet und eins und eins zusammengezählt hatte, war mir alles klar. Ich habe Lamberts Vater zu Hause besucht, und er gestand mir, dass er und die Klockemann ein Verhältnis hatten.«

Vehrs pfiff durch die Zähne, und Hoyer sagte: »Wow, die beiden?«

»Aber es hat nicht lang gehalten. Albert Sundermeier hat sich wegen seines Sohnes von ihr getrennt. Seitdem versucht sie, Albert immer davon zu überzeugen, dass sein Sohn in ein Heim gehört. Dann stände ja ihrem Glück nichts mehr im Wege.«

»Diese Hexe!«, schimpfte Hoyer.

»Nachdem ihr Familienanwalt die Klockemann mit Sicherheit darüber informiert hat, dass ihr Sohn verhaftet worden ist, hat sie bei euch im Büro mit dem Telefonterror angefangen und ist in Laboe verbal Amok gelaufen. Heute Morgen traf sie auf Lambert, als der sich seine geliebten Cornflakes kaufen wollte. Sie hat ihm gesagt, dass seine Freundin ihn mit mir betrügt und dass er bald in ein Heim kommt.«

»Hat Lambert das geglaubt?«, fragte Hoyer.

»Es hat ihm Angst gemacht. Er hat mich angerufen. Und er hat mir erzählt, wie er reagiert hat.«

»Machen Sie es nicht so spannend«, sagte Vehrs.

»Er hat ihr gesagt, dass er, Lambert, ihren Sohn Jochen Klockemann am letzten Sonntag gesehen hat. Gesehen, als er gegen fünfzehn Uhr ins Drübbisch-Haus gegangen ist.«

»Bingo!«, machte Vehrs und schlug sich mit der flachen Hand auf das Knie.

»Er wird uns alles noch im Detail erzählen müssen, aber er muss sich erst mal erholen«, sagte Lüthje.

»Die Klockemann konnte Albert Sundermeier nicht bekommen, weil sein Sohn Lambert ihr im Wege stand«, sagte Hoyer langsam, als könne sie es noch nicht begreifen. »Und als sie erfährt, dass gerade dieser Sohn Lambert Zeuge war, wie ihr eigener Sohn einen Mord begehen will, ist sie ausgerastet. Denn der konnte ja mit seinem Wissen ihren Sohn nach der Verhaftung endgültig vernichten. Also musste sie als gute Mutter den Menschen töten, der ihren Sohn vernichten könnte, diesen Lambert Sundermeier, der auch schon ihr Liebesglück vernichtet hat. Lambert Sundermeier war an allem schuld, und deshalb wollte sie ihn töten. Richtig?«

»Danke, Frau Gutachterin, ich habe keine Fragen mehr«, sagte Lüthje und sah sie lächelnd im Rückspiegel an.

»Ich bin noch nicht fertig, Euer Ehren«, sagte Hoyer. »Ich glaube, ihre Intrigen und Gehässigkeiten waren nur Reaktionen auf ihre Lebensenttäuschungen. Sie konnte das Glück anderer Menschen nicht ertragen, deshalb wollte sie deren Glück immer zerstören.«

»Der Witwe Drübbisch ist es ja im Leben auch nicht so gut gegangen, oder?«, fragte Vehrs. »Warum ist die nicht zur Mörderin geworden?«

»Sie ist ein anderer Mensch«, sagte Lüthje. »Außerdem hat sie noch ein anderes Problem.«

»Wie meinen Sie das?«, fragte Hoyer.

»Weiß ich noch nicht«, sagte Lüthje.

»Sie sagten vorhin, dass Sie einen Schatten hinter Lambert Sundermeier gesehen haben und dann die Treppe hochgelaufen sind«, sagte Vehrs zu Lüthje.

»Ja und?«

»Das sind doch sechs oder sieben Treppen gewesen!«

»Acht!«, sagte Lüthje.

»Donnerwetter! Meine Hochachtung!«, sagte Vehrs.

»Wieso?«, fragte Lüthje.

»Machen Sie Lauftraining oder so was?«

»Ich fahre Rad!«, sagte Lüthje.

Vehrs nickte anerkennend, aber er wirkte nicht überzeugt.

Als sie auf den Parkplatz vor dem Krematorium einbogen, sahen sie Dr. Brotmann und Prebling von der Spurensicherung vor dem Eingang ins Gespräch vertieft. Etwas abseits stand ein Mann im schwarzen Anzug.

»Pätzoldt«, stellte sich der Mann vor. »Mit a-Umlaut und dt. Ich bin der Leiter des Krematoriums.«

»Lüthje. Mit th. Kriminalhauptkommissar. Wir führen Ermittlungen in einem Mordfall.«

»Worum geht es Ihnen denn nun genau?«, fragte Pätzoldt spitz.

Lüthje verzichtete darauf, Vehrs und Hoyer vorzustellen.

»Wie viele Einäscherungen haben Sie für die Firma Klockemann seit vergangenem Sonntag gemacht?«

»Vier.«

»Wo sind die Urnen?«

»Im Urnenraum.«

»Wie viele Särge stehen noch im Stau?«

»Ebenfalls vier.«

»Führen Sie uns zu diesen Särgen«, sagte Lüthje.

Sie gingen durch mehrere verglaste Flure, die den Blick auf gepflegten Rasen freigaben. Danach überquerten sie einen weiteren Parkplatz, auf dem schwarze Fahrzeuge für den Leichentransport bereitstanden. Eine Art Wintergarten bildete die eigentliche Fassade des Krematoriums. Am Gebäude ragten fünf runde Metallschornsteine in den Himmel.

»Hier bitte«, sagte Pätzoldt und öffnete eine Doppeltür.

In dem Raum standen vier Särge auf Scherenwagen, die auf einer Schmalseite ein beschriftetes Pappkärtchen trugen. Davor stand ein Schreibtisch mit ein paar dünnen Aktenmappen. Obwohl eine Klimaanlage rauschte, roch es säuerlich.

»Ich weiß immer noch nicht, was Sie eigentlich suchen«, sagte Pätzoldt nervös.

»Ich glaube kaum, dass Sie wissen, wo es ist«, sagte Lüthje geheimnisvoll.

Pätzoldt sah ihn irritiert an.

»Das sind also Aufträge der Firma Klockemann, die auf ihre Erledigung warten«, sagte Lüthje.

»Sie warten auf die Kremierung, so sagt man es bei uns«, verbesserte ihn Pätzoldt.

»Kremierung heißt Verbrennung. Richtig?«, fragte Hoyer.

Pätzoldt nickte. »Sie sollten *heute* kremiert werden.« Sein Ton wurde ungeduldig.

Lüthje betrachtete einen Sarg nach dem anderen und deutete schließlich auf den ersten Sarg neben der Tür.

»Dieser Sarg ist am Dienstag also in die Leichenhalle eingeliefert worden«, sagte Lüthje bestimmt.

Pätzoldt sah auf die Karte am Sarg. »Ja, das ist korrekt.«

»Woher wissen Sie das, Herr Lüthje?«, fragte Hoyer.

»Hier sitzen zwei Verschlussnägel zu hoch«, sagte Lüthje und zeigte auf die Stelle. »Hier ist der dritte, der sitzt endlich richtig auf der Kante. Wo können wir den Sarg öffnen?«

Pätzoldt sah einen Moment hilflos um sich und schob den Sarg

217

durch eine Klapptür. Im Raum stand ein blank polierter Metallschrank, der eine ganze Wand einnahm und aussah wie eine überdimensionale Kaffeemaschine.

»Das ist das Urnenabfüllgerät«, erklärte Pätzoldt. »Hier sind Sie im Moment völlig ungestört.« Er verschwand im Flur.

Lüthje sah Prebling fragend an.

»Kein Problem«, sagte Prebling. »Ich habe Werkzeug dabei.«

Sie ließen ihn allein und gingen in den Flur.

»Eric, woher wusstest du das mit den Klammern?«, fragte Dr. Brotmann.

»Ich habe Klockemann zufällig beim Schließen eines Sarges zugesehen. Er war wohl etwas nervös.«

Und als auch Hoyer und Vehrs ihn fragend ansahen, setzte er hinzu: »Ich habe ihn am Arbeitsplatz in der Leichenhalle besucht, als ich ihn befragen wollte.«

Zu Brotmann gewandt sagte Lüthje: »Und du hattest mir gesagt, ich soll dir die vermutliche Tatwaffe zeigen, und du wirst mir sagen, ob sie es ist.«

Die Tür öffnete sich, und Prebling, im weißen Overall und mit Mundschutz, hielt eine Plastiktüte hoch, in der eine gelbliche Qualle lag, die einen länglichen Gegenstand verschluckt hatte.

»Ich habe den Sarg wieder verschlossen. Aber es riecht drinnen nicht gut. Wir sollten nach draußen gehen.«

Sie suchten sich einen Ausgang zum Rasen. Dort legte Prebling die Plastiktüte ins Gras.

»Ein Handschuh, in dem ein Keramikmesser liegt«, erläuterte er.

Sie hockten sich ins Gras wie Kinder im Kreis um einen ekligen Riesenkäfer.

»Es muffelt sogar hier draußen!« Hoyer rümpfte die Nase.

Prebling zog das Messer aus der Plastiktüte und dem »tarnenden« Einmalhandschuh. »Hier sehen Sie die weiße Klinge, hier den schwarzen Griff. An der Schneide sieht man dunkle Spuren. Ich vermute, der Täter hat versucht, das Messer zu reinigen, aber es sind winzige Blutreste geblieben.«

»Darf ich mal sehen?« Dr. Brotmann hatte sich Einmalhandschuhe übergezogen, schob seine Brille nach oben und hob das Untersuchungsobjekt an die Augen. »Die Schneide zeigt Riefen und Ausbrüche, in denen sich alles Mögliche festsetzt, was man nur schwer beseitigen kann. Typisch für billige Keramikmesser. Dies hat sicher nur zehn Euro gekostet. Aber Sie haben recht, Herr Prebling, in den Riefen sitzen noch Blutreste. Ein stumpfes Keramikmesser. Genauso habe ich mir das Tatwerkzeug vorgestellt. Glückwunsch.«

»Wäre das Keramikmesser im Verbrennungsofen geschmolzen?«, fragte Vehrs. »So hat es sich doch wohl der Klockemann vorgestellt.«

»Die Öfen hier sind ungefähr tausendzweihundert Grad heiß«, sagte Dr. Brotmann. »Ein gutes Keramikmesser hält tausendsechshundert Grad aus. Dieses hier wäre aber schon bei sechshundert Grad geschmolzen. Weil beim Produktionsprozess gespart wurde. Klockemann kannte sich offensichtlich mit Keramikmessern aus.«

»Und wieso kennen Sie sich als Gerichtsmediziner damit aus?«, fragte Hoyer.

»Meine Frau und ich kochen gern. Und nur mit einem guten Keramikmesser können Sie durchsichtige Tomaten- oder Schinkenscheiben zaubern«, sagt Dr. Brotmann genüsslich.

4.

Lüthje ließ Klockemann aus der Zelle holen und vernahm ihn in Gegenwart von Hoyer und Vehrs. Klockemann saß einen Meter vor Lüthjes Schreibtisch, die Hände mit Handschellen gefesselt. Hinter ihm saßen zwei Beamte der Schutzpolizei.

Hoyer schaltete das Bandgerät ein und sprach die Uhrzeit und die Namen der Anwesenden auf. Lüthje konfrontierte den Verdächtigen mit der Aussage Lambert Sundermeiers.

Klockemann schwieg.

Danach erzählte Lüthje ihm vom Fund des Keramikmessers im Sarg.

Klockemann schwieg.

»Wir haben Spuren von Horst Drübbisch und Ihrer Frau, Verena Klockemann, auf dem Tisch und im Kellerraum nachgewiesen. Wir haben außerdem nachweisen können, dass der Tisch ursprünglich am Fenster gestanden hat, bevor er zu der von uns vorgefundenen Position gerückt wurde. Was hat Ihr Schulfreund Horst da unten im Keller mit Ihrer Frau getrieben?«

Klockemann schwieg, sein rechtes Knie zuckte ein paarmal unkontrolliert.

»Sie wissen, welches Fenster ich meine«, sagte Lüthje. »Es ist das Fenster, von dem man das Haus Ihrer Mutter sehen kann. Jedenfalls die Haustür. Und die schönen Bleiglasfenster des Treppenhauses. Darüber ist noch ein Fenster. Ein ziemlich kleines Fenster. Ist es das Bad der Mansardenwohnung, die Sie in Ihrer Jugend bewohnt haben? Oder die kleine Küche? Ich habe dort eine weiße Katze auf dem Fensterbrett gesehen.«

»Hören Sie auf. Das ist doch alles lächerlich«, sagte Klockemann. Er sah dabei zur Decke und rieb sich die Oberseite der Oberschenkel, als ob es ihn da juckte.

»Ich bin noch nicht fertig. Ich war in diesem Kelleraum und habe aus dem Fenster nach oben gesehen. Zufällig hatte sich Ihre Mutter hinter der Porzellankatze versteckt. Ihre Mutter hat mich beobachtet.«

»Sie spielt gern solche Spielchen.«

»Ich weiß. Dieser Kellerraum, waren Sie mal da drin?«

»Als wir jung waren, haben wir dort manchmal chemische Experimente für die Schulaufgaben gemacht.«

»Damit es oben keinen Schweinkram gab, in der Küche, wenn etwas explodierte, stimmt's?«

Jochen Klockemann lächelte. Lüthje genoss den Augenblick. Im Zimmer war es mucksmäuschenstill.

»Kennen Sie das, Jochen, wenn man Kaliumpermanganat in Wasser auflöst?«

Klockemann nickte.

»In einer kleinen Wasserflasche«, fuhr Lüthje fort. »Diese kleinen dunkelroten kristallinen Bröckchen. Dann ein Korken drauf und schütteln. Die Bröckchen lösen sich auf und färben das Wasser rot. Die Flasche wird warm. Heiß. Sehr heiß. Und kurz bevor man es nicht mehr aushält … man möchte die Flasche fallen lassen …

da macht es plopp, der Korken fliegt raus wie bei einer Sektflasche, und die rote Flüssigkeit verteilt sich explosionsartig im gesamten Raum. Tisch, Boden, Fenster, Decke, Gardinen und Schränke sind voller roter Spritzer. Das kriegt man nie wieder raus.«

Klockemann sah ihn schweigend an. Mit offenem Mund. Er atmete schwer.

»Ja. So war's. Damals«, sagte er plötzlich.

»Ihre Mutter hat Ihnen erzählt, dass sie Ihren Freund Horst mit Verena in diesem Kellerraum von diesem Katzenfenster aus beobachtet hat. Irgendwann vorige Woche.«

Klockemann nickte. Er sah abwechselnd auf Lüthje und auf einen Punkt vor sich. Lüthje blickte die beiden Beamten hinter Klockemann kurz an.

»Die beiden haben es auf dem Tisch getrieben, als er direkt unter dem Fenster stand. Dann hat Horst Ihre Mutter gesehen. Er hat den Tisch zur Seite gerückt. Und weitergemacht. Das hat Ihnen Ihre Mutter als Augenzeugin alles haarklein berichtet. Und da hat es bei Ihnen plopp gemacht. Es war einfach zu viel für Sie.«

Klockemann nickte. Im nächsten Atemzug erhob er sich von seinem Stuhl und stürzte über den Schreibtisch auf Lüthje zu. Lüthje wich nach hinten aus. Die Beamten zogen Klockemann vom Schreibtisch. Er hustete und setzte sich wieder auf seinen Stuhl.

»Erzählen Sie mir den Rest. Dann haben Sie wieder Ihre Ruhe«, sagte Lüthje.

»Horst ist zu weit gegangen«, begann Klockemann. »Ich habe es ihm gesagt. Er hat gelacht. Ich wusste, er würde es wieder machen. Irgendwann hat er die Idee bekommen, mich zu vernichten. Er hat vieles versucht. Im Flur habe ich ihm das gesagt. Er hat sich einfach umgedreht und wieder in der Abstellkammer etwas gesucht. ›Du rührst Verena nicht mehr an‹, habe ich ihm gesagt. Er hat sich wieder zu mir umgedreht. ›Aber ich bin doch dein Freund. Ich darf das, Jochen. Knie nieder und sag bitte, bitte. Mach es, wie du es willst.‹ Er hat sich wieder umgedreht und in der Kammer gewühlt. Verstehen Sie? Er verlangte von mir, dass ich vor ihm auf die Knie falle, ohne dass er hinsah! Da habe ich das Messer herausgeholt und ihn getötet.«

»Sie hatten das Messer also griffbereit?«

»Ich hatte es mitgenommen, weil ich nicht wusste, ob er eine Waffe hatte.«

»Er hatte keine Waffe dabei«, stellte Lüthje fest.

»Das konnte ich nicht wissen«, sagte Klockemann und zuckte mit den Schultern.

»Wieso haben Sie das Messer in den Sarg geworfen? Warum haben Sie es nicht einfach der Müllabfuhr anvertraut?«

»Horst war schließlich mein Jugendfreund. Eine ordentliche Bestattung war ich ihm schuldig. Auch wenn es nur eine Feuerbestattung werden sollte. Damit hatte ich alles zum Abschluss gebracht.«

»Und Sie haben es vor meinen Augen in den Sarg geworfen. Vorher hatten Sie es in einen Handschuh gesteckt. Aber das war nichts als eine notdürftige Tarnung. Warum haben Sie damit nicht gewartet? Bis zum nächsten Sarg. Am nächsten Tag?«

»Was ich mir vornehme, führe ich auch aus.«

Als die beiden Beamten ihn zurück ins Untersuchungsgefängnis bringen wollten, drehte er sich zu Lüthje um und fragte traurig wie ein Kind, dem man das Spielzeug weggenommen hatte: »Das Messer haben Sie aus dem Sarg rausgenommen, nicht?«

»Tut mir leid, aber wir brauchen es noch«, antwortete Lüthje.

Er schüttelte den Kopf und ließ sich hinausführen.

5.

Hoyer und Vehrs meinten, der Abschluss der Ermittlungen müsse gefeiert werden, und wollten Lüthje zu einem Kaffee oder Tee mit Kuchen in die Cafeteria einladen. Lüthje lehnte dankend ab. Er müsse Frau Drübbisch sagen, dass sie den Täter überführt hätten, das hatte er ihr versprochen. Er sei gespannt auf ihre Reaktion. Und Husvogt und Blumfuchs in Flensburg wollten sicher auch die Erfolgsmeldung hören.

Danach würde er mit dem Bus nach Laboe fahren. Lüthjes Wagen stand noch da, weil er mit Hoyer und Vehrs von Laboe zum

Krematorium gefahren war. Und seinen Wagen brauchte er, weil er morgen früh seine Frau vom Flughafen Hamburg abholen wollte.

Hoyer bot sofort an, dass sie ihn nach Laboe fahren würden.

Lüthje lehnte wieder dankend ab. Er freue sich auf die Busfahrt. Vielleicht würde ihm im Bus wieder jemand auffallen, der einen langen Mantel mit verdächtigen Schmutzrändern trug, sagte er mit einem Augenzwinkern.

Vehrs und Hoyer sahen sich betroffen an und setzten sich wieder.

»Entschuldigung, Herr Lüthje«, sagte Hoyer, »ich hatte vergessen, Bescheid zu sagen, dass das Krankenhaus angerufen hat. Es geht Rainer Stolze besser. Er kann wieder etwas sprechen und scheint orientiert zu sein. Vernehmungsfähig ist er aber nicht.«

»Wenn er nicht vernehmungsfähig ist, brauchen Sie sich nichts vorzuwerfen. Was nicht heißt, das da nicht noch viele Fragen zu klären sind.«

»Wir wissen immer noch nicht, wieso Rainer Stolze im Drübbisch-Haus war«, sagte Vehrs.

»Vielleicht war es wirklich nur Zufall«, meinte Hoyer. »Mit dem Mord an Horst Drübbisch hat er jedenfalls nichts zu tun.«

»Da bin ich mir nicht so sicher«, sagte Lüthje. »Und was ist mit dem Kleid an der Hauswand? Auch nur Zufall? Aber jetzt raus mit euch. Morgen sehen wir weiter.«

Als sie die Tür hinter sich geschlossen hatten, griff Lüthje zum Hörer und wählte die Handynummer von Ursula Drübbisch. Sie saß auf ihrem Balkon.

»Einen Moment, ich gehe ins Wohnzimmer«, sagte sie. »Sie wissen ja, die Balkonnachbarn hören sonst mit.«

Er hörte, wie sie die Balkontür schloss. »So, Herr Lüthje, gibt es was Neues?«

»Wir haben den Täter. Und er hat gestanden.«

»Wer ist es?«

»Jochen Klockemann.«

Lüthje hörte ihren stockenden Atem.

»Warum? Warum hat er es getan? Sein Jugendfreund!«, rief sie plötzlich.

»Eifersucht. Ihr Sohn hatte ein Verhältnis mit Herrn Klockemanns Frau.«

»Verena.«

»Ja. Kennen Sie sie?«

»Flüchtig.«

»Wie flüchtig?«

»Ich hab sie mal bei einem Gartenfest gesehen.«

»Was für einen Eindruck hatten Sie von ihr?«

»Ich habe es vergessen.«

Ihr Sohn war in die Fußstapfen seines Vaters getreten, dachte
Lüthje. Auch was Frauen betraf. Sie dachte im Moment wahrscheinlich das Gleiche.

»Was wissen Sie über dieses … Verhältnis?«, fragte sie.

»Nicht viel. Aber wir werden diese Dinge noch ermitteln.«

Die Details wollte Lüthje jetzt nicht schildern. Auch nicht, dass
die hilfsbereite Mutter Klockemann auch in Untersuchungshaft
saß. Ursula Drübbisch würde alles ohnehin bald von ihrem Anwalt
erfahren.

»Ich danke Ihnen, Herr Lüthje.« Sie legte auf.

Er rief Hilly an und teilte ihr mit, dass er sie morgen früh am
Flughafen abholen könne. Er hätte es irgendwie einrichten können.

»Nein, das hört sich nicht gut an«, sagte Hilly. »Ich nehme mir
einen Mietwagen.«

»Wir haben den Täter, und er hat gestanden.«

»Aber?«

»Noch ein paar Kleinigkeiten. Mach dir deshalb keine Sorgen.«

»Na gut. Das erzählst du mir aber morgen im Auto!«

»Na klar. Ich liebe dich.«

»Ich liebe dich.«

Lüthje rief in Flensburg an und berichtete seinen Mitarbeitern
Husvogt und Blumfuchs vom Stand der Ermittlungen. Sie gratulierten ihm natürlich. Lüthje schlug vor, dass die Ermittlungsgruppe Friedenshügel sich zu einem Grillfest auf dem alten Flakbun-
ker am Stoschplatz in Laboe einfinden sollte, einschließlich Malbek
und Dr. Brotmann. Allerdings würde das noch bis zu Malbeks
Rückkehr aus dem Urlaub Ende nächster Woche warten müssen –

unter der Voraussetzung, dass der Fall bis dahin völlig aufgeklärt wäre. Wofür sie vollstes Verständnis hatten. Schließlich trug ihr Chef Lüthje den Spitznamen »Lupenkieker«.

Als Lüthje auflegte, klingelte das Telefon wieder. Es war Ursula Drübbisch.

»Können Sie um Viertel vor vier zum Fähranleger Reventlou kommen? Ich würde Ihnen gern etwas erzählen. Auf der Fähre nach Laboe.«

Lüthje sagte zu, obwohl der Bus ihm eigentlich lieber gewesen wäre.

Sie ging mit ihm auf das Oberdeck, in der Nähe des Niedergangs auf der Steuerbordseite. Zwei junge Frauen saßen auf der anderen Schiffsseite. Sie waren also ungestört.

»Hier werden die Worte vom Wind verweht«, sagte Ursula Drübbisch. »In einem Zimmer hängen sie lange im Raum und setzen sich sogar in der Kleidung fest.«

An ihnen zog die Kulisse der Kieler Woche vorbei. Überall Segelboote, durch die sich die Fähre mit einigen Hupsignalen den Weg bahnte. An den Ufern drängten sich Menschenmassen an weißen Pagodenzelten vorbei. Der warme Fahrtwind ließ Lüthje endlich frei durchatmen, nach den Stunden in den Büroräumen, in denen die Luft trotz der geöffneten Fenster zum Schneiden war.

»Ich sehe, es gefällt Ihnen«, sagte Ursula Drübbisch.

»Oh ja!«, sagte Lüthje und hielt sein Gesicht in den Fahrtwind. »Erzählen Sie. Ich bin ganz Ohr.«

»Als Sie mich anriefen und sagten, dass Sie den Mörder gefunden haben, begriff ich langsam, dass ich jetzt darüber reden kann. Von einer Last, die ich seit Jahrzehnten mit mir herumtrage. Ich habe Ihnen gestern nicht die Wahrheit über Rainer Stolze gesagt.«

Lüthje nickte. Sie sah es nicht, weil sie abwechselnd auf ihre Hände und zum Ostufer hinübersah, so als ob sie auf die nächste Anlegestelle wartete.

»Er war meine erste große Liebe, damals, als wir beide Lehrer an der Volksschule Laboe waren. Gleich an meinem ersten Tag an der Schule. Wir wollten heiraten. Er hatte schon eine Wohnung für uns gefunden, am Dellenberg unten, nur fünf Minuten von der Schule. Aber ich dumme Kuh hatte nichts Besseres zu tun, als mich in den nächsten Mann zu verlieben. Den jungen Regierungsrat Hermann Drübbisch, der sich gerade in Laboe ein Haus und ein Segelboot gekauft hatte. Er heiratete mich. Er wusste nichts von Rainer. Ich quittierte den Schuldienst. Hermann schenkte mir ein Cabriolet. Dann stand Rainer auf irgendeiner Party wieder vor mir, und es fing wieder an. Wir verabredeten ein Zeichen, dass ich ihm unauffällig geben konnte, ohne das Telefon zu benutzen, wenn Hermann am nächsten Tag auf Dienstreise gehen würde. Ich hängte das Kleid an die Hauswand, so als ob es dort trocknen sollte. Er meldete sich dann rechtzeitig in der Schule krank, und wir hatten Zeit füreinander. Rainer Stolze wohnte damals oben am Hexenstieg. Von dort konnte er es gut sehen. Ich trug es, als wir uns kennenlernten. Die Bäume waren damals noch nicht so hoch. Dann lud Hermann Rainer immer öfter ein. Rainer fing an zu trinken. Hermann machte es ihm nach. Sie waren plötzlich befreundet. Ich habe das nicht verstanden. Und mich habe ich auch nicht verstanden. Denn die Beziehung zwischen mir und Rainer bestand noch. Sie haben oft zusammen getrunken, die beiden Freunde. Eines Abends, als ich nicht da war, muss es zum Krach gekommen sein. Rainer hat ihn getötet. Erst eine Ewigkeit später, als die Polizei einen Täter gefunden hatte, habe ich mich von Rainer getrennt.«

Sie hielt inne und wandte sich zu Lüthje.

»Diese Fragen, die Sie mir bei unserem Spaziergang auf der Kiellinie gestellt haben … Sie hatten so eine Ahnung, dass Rainer der Täter war, nicht wahr?«

»Ahnung oder Gefühl«, sagte Lüthje. »Aber Sie wissen es ja auch nicht, Sie haben auch nur so ein Gefühl. Oder hat Rainer es Ihnen irgendwann gestanden?«

»Lassen Sie mich erst weitererzählen«, sagte sie. »Als das Haus vor ein paar Monaten leer geräumt werden musste, weil ich es verkaufen wollte, habe ich das Kleid auf dem Boden wiedergefunden. In einer Plastiktüte, ein paar Mottenkugeln hatte ich auch dazugelegt. Ich kann mich nicht mehr daran erinnern. Ich habe es sofort gewaschen, wie damals im Waschbecken. Wie damals mit Seife. Und habe es wieder aus dem Badezimmerfenster an die

Hauswand gehängt. Fragen Sie mich nicht, warum. Ich weiß es nicht. Vielleicht, weil damit alles angefangen hat, was jetzt mit dem Tod meines Sohnes endete. Es war also gleichzeitig der Abschied vom Haus.«

Die Fähre fuhr etwas hart an eine Anlegestelle, es gab einen Ruck, Ursula Drübbisch schreckte auf und griff nach Lüthjes Arm.

»Friedrichsort«, sagte Lüthje.

Sie nahm die Hand wieder von seinem Arm.

»War es nicht auch wie ein Abschiedsgruß für Rainer, obwohl Sie doch nicht glauben konnten, dass er es je sehen würde?«, fragte Lüthje.

»Ja, Sie haben recht. Vielleicht war das der wichtigste Grund«, antwortete sie.

»Vielleicht hat Ihr Unterbewusstsein sich dabei noch etwas mehr gedacht«, sagte Lüthje. »Es wollte Rainer ins Haus locken. Sie konnten nicht wissen, dass er sich verhielt wie viele Täter, die einen Menschen getötet haben und nie gefasst werden. In ihnen erwacht irgendwann das Bedürfnis, den Ort der Tat wieder aufzusuchen.« Wie ein Hund, der immer zum Erbrochenen zurückkehrt, dachte Lüthje. »So wird es auch bei Rainer Stolze gewesen sein. Irgendwann hat er angefangen, nach Laboe zu fahren und um das Haus zu streichen. Das Bedürfnis wird stärker, es wird zur Sucht. Vielleicht mal schnell über den Promenadenweg zur Strandstraße oder vom Hexenstieg einen Blick auf das Haus erhaschen. Jedes Mal wird er dem Haus näher gekommen sein. Vielleicht nur einmal im Jahr oder öfter. Sicher wuchs auch der Wunsch in ihm, Ihnen zu begegnen. Und dann kam der Tag, am vergangenen Sonntag, da hing Ihr Kleid an der Hauswand, wie damals.«

Ursula Drübbisch hielt die Faust vor den Mund, als wollte sie einen Schrei unterdrücken.

»Er ging zum Grundstückseingang und sah das Schild ›Dieses Grundstück ist zu verkaufen‹. Der Wunsch, dieses Haus wieder zu betreten, wurde übermächtig. Als er auf die Klinke drückte, öffnete sich die Tür. Er stand im Flur.«

Sie sah Lüthje mit Tränen in den Augen an und schüttelte den Kopf. Er sollte es nicht aussprechen.

»Er hat den Tatort von damals vor sich gesehen, den Mord, den er vor einer Ewigkeit begangen hat. Rainer Stolze muss geglaubt haben, Hermann Drübbisch in seinem Blut zu sehen. In Wirklichkeit war es dessen Sohn. Aber so ähnlich hat Hermann Drübbisch damals ausgesehen.«

»Sie sahen sich wirklich sehr ähnlich«, schluchzte sie.

»Rainer Stolze ist in einem Schockzustand aus dem Haus gegangen, zur Bushaltestelle, wo ich ihn dann ansprach und mich gewundert habe, warum er sich so seltsam benimmt und woher er diesen feuchten Schmutzstreifen an seinem Mantel hat, der das Blut Ihres Sohnes war. Ich bin mit Rainer Stolze im Bus nach Kiel gefahren, habe ihn auf der Straße zusammenbrechen sehen. Jetzt weiß ich, dass er unter der Last des Erlebten zusammengebrochen ist.«

Vielleicht hat er im Bus so oft auf die Uhr gesehen, weil er wusste, dass seine Zeit ablief, dachte Lüthje.

»Er hat es mir nie gesagt«, sagte Ursula Drübbisch. »Aber ich hab es immer gespürt. All die Jahre. Er war es und nicht dieser dumme DDR-Agent, der in der Nähe gesehen worden ist und meinen Mann beobachtete.« Sie sah Lüthje erschrocken an. »Wird man Rainer jetzt anklagen? Ich habe Schuld, dass er ins Gefängnis kommt!«

»Sie haben das Kleid dorthin gehängt, den Rest hat das Schicksal besorgt«, sagte Lüthje. »Außerdem haben wir keine Beweise. Was ich Ihnen eben erzählt habe, sind Vermutungen, die ich auf gewisse Beobachtungen stütze, das ist alles. Und das reicht für eine Anklage nicht. Die Spurensicherung von damals hat sich keine Lorbeeren verdient. Man hatte ja den Täter, den man wollte.«

»Ich habe Rainer heute im Krankenhaus besucht«, sagte Ursula Drübbisch unvermittelt.

»Sie wussten doch gar nicht, in welchem Krankenhaus er liegt!«

»Ich habe herumtelefoniert«, sagte sie mit müdem Lächeln.

»Hat man Sie ins Zimmer gelassen?«

»Natürlich. Als ehemalige Arbeitskollegin und Freundin. Er hat ja keine Verwandten mehr. Die Stationsschwester ist dabei gewesen. Und meine Umhängetasche musste ich beim Polizisten vor der Tür lassen. Ich habe ihn angesprochen«, sagte sie mit einem Anflug von vorsichtigem Stolz in Gesicht. »Im selben Moment hat er die Augen geöffnet und mich lange angesehen. Er hat gelächelt, und er hat ein paar Worte gesprochen.«

»Was hat er gesagt?«

»Das werde ich Ihnen nicht verraten«, sagte sie bestimmt. »Und ich glaube, die Schwester wird das auch nicht tun.«

Sie schwiegen, bis sie Laboe erreichten.

»Ich steige hier nicht aus«, sagte sie. »Ich fahr gleich zurück.«

Sie umarmte ihn sacht.

»Danke für alles«, sagte sie.

Sie war etwas größer als Hilly. Ihre Haare kitzelten ihn an der Nasenspitze.

Als Lüthje ausgestiegen war und sich umwandte, sah er sie winkend an der Reling des Oberdecks stehen. Die Fähre legte ab.

»Danke!«, rief sie.

Er blickte ihr nach, bis die Fähre eine kleine Wendung machte.

Über Kiel stieg eine dunkle Wolkenwand auf. Er nahm sich vor, die Unwetterprognose anzusehen.

6.

Lüthje betrachtete die Auslagen im Fenster des Fahrkartenkiosks auf der Anlegerbrücke.

»Sind die zwei Flaschen Probsteier Herold noch gut? Die da oben auf dem Regal stehen?«

»Na, hören Sie mal, Herr Kommissar! Bier wird bei mir nicht schlecht«, sagte die Frau.

»Sagten Sie ›Kommissar‹?«

»Oder darf ich Sie mit ›Herr Lüthje‹ anreden?«

»Woher wissen Sie, dass ich Kommissar Lüthje bin?«

»Na ja, Sie sind der Einzige in Laboe, der immer mit einem Rucksack rumläuft.« Sie holte sich einen Hocker und hangelte das Bier vom Regal. »Sogar auf dem Fahrrad. Ein Damenfahrrad mit Korb. Macht vier Euro.«

Sie stellte die beiden Flaschen vor ihm ab.

»Sie können das Fahrrad bei mir reinstellen, wenn Sie nächstes Mal mit dem Dampfer nach Kiel müssen«, fuhr sie fort, während Lüthje in seinem Portemonnaie nach Kleingeld suchte.

»Wie lange muss die Klockemann denn ins Gefängnis?«, fragte sie laut. Hinter Lüthje hatte sich eine Schlange Wartender gebildet.

Er legte ihr einen Fünf-Euro-Schein neben die Flaschen. »Ein paar Jährchen werden da schon zusammenkommen.«

»Oh. Na ja. Wissen Sie … sie wird uns hier schon ein bisschen fehlen, Herr Kommissar Lüthje«, sagte sie, wieder unnötig laut, und gab ihm das Wechselgeld.

Als Lüthje mit den Bierflaschen im Rucksack an den Wartenden vorbeiging, musterten sie ihn wie ein gefährliches Tier im Freigehege des Zoos.

Dieser Kommissar Lüthje war wirklich gnadenlos.

In seinem Zimmer schaltete er das Notebook ein und rief die Seite mit den Unwettergefahren des DWD auf. Auf der Übersichtskarte waren Dithmarschen, der Kreis Rendsburg-Eckernförde Küste, Kreis Plön Küste und Kiel mit der Warnstufe Rot gekennzeichnet.

Er klickte auf den Warnbereich Kiel. Starkgewitter, grobkörniger Hagel, Böen bis hundertdreißig Stundenkilometer. Tornadogefahr. Für den Kreis Plön das Gleiche. Zum Kreis Plön Küste gehörte das Ostufer der Kieler Förde mit Laboe. Trügerischerweise hatte es in den letzten Stunden aufgeklart, der Himmel war wolkenlos. Es war noch schwüler geworden.

Lüthje klingelte bei den Feriengästen, die über ihm wohnten, und bat sie, alle Fenster und Türen zu schließen und nicht nach draußen zu gehen, bevor das angekündigte Unwetter abgezogen war. Sie sahen ihn ungläubig an und wollten ihre Smartphones zurate ziehen.

Lüthje holte sein Fernglas aus dem Dienstwagen und schaute auf die Förde.

Die Wasserschutzpolizei fuhr mit ihren Motor- und Schlauchbooten die Segler und Sportboote an, die von den Wetterwarnungen noch nichts erfahren oder sie nicht ernst genommen hatten, und informierte sie mit »Flüstertüten« über das heranziehende Unwetter. Es waren immer einige dabei, die nicht auf ihr Seefunkgerät geachtet oder es einfach nicht eingeschaltet hatten. Die Wasserschutzpolizei konnte natürlich niemanden zwingen, einen sicheren Hafen aufzusuchen.

Im Fernglas sah Lüthje zwischen den Booten einen Blitz buchstäblich aus heiterem Himmel ins Wasser einschlagen. Er kniff geblendet die Augen zusammen.

Die Wolkenwalze näherte sich. In Kiel war das Unwetter sicher schon angekommen. Lüthje ging in sein Zimmer und schloss das Fenster.

In diesem Moment schlug die erste Böe gegen das Fenster, der Sturm presste die Luft pfeifend durch die Dichtungen. Er beobachtete, wie sich über der Förde eine kegelförmige Auswölbung unter der dunkelgrauen Wolkenschicht ausbildete, bis sie rotierend bis zur Wasseroberfläche reichte und eine Wolke dichten Wassernebels mit sich führte. Der Tornado bewegte sich langsam, aber stetig am Hafen vorbei und zog dann in Richtung Ehrenmal.

Den Stromausfall bemerkte Lüthje erst, als er das Licht einschalten wollte und auf das Notebook sah. Die Blitzfolge steigerte sich, und das Donnern schwoll zu einem stetigen Geräusch an, als wenn ein Lastwagen eine Ladung von Findlingen vor seinem Fenster entladen würde. Großkörniger Hagel klapperte und prasselte an sein Fenster. Er sah Blätter und kleine Äste im Gewitter der Blitze für Sekundenbruchteile an seinem Fenster kleben, bis sie von der nächsten Böe weggerissen wurden.

Lüthje glaubte, im Lärm ein hohles Heulen zu hören, als ob der Sturm im Treppenhaus des Ehrenmals sämtliche Fensterscheiben herausgerissen hätte, um sich dort nach Herzenslust auszutoben.

Nach einer halben Stunde war der Spuk vorbei. Der Himmel riss auf. Die Sonne schien wieder, aber die Luft war klar und kühl. Er fand ein paar Dachziegel auf dem Rasen hinter dem Haus. Die Fensterscheiben waren alle heil geblieben.

Lüthje schwang sich aufs Fahrrad. Am Buerbarg musste er wieder absteigen, weil die Straße von abgerissenen Ästen und Glassplittern bedeckt war. Die Anwohner begannen, ihre Hauseingänge freizuräumen.

Im Jachthafen hatten sich Boote ineinander verkeilt. Der Seenotrettungskreuzer fuhr im Eiltempo aus dem Hafen. Auf der Strandpromenade schwammen Laub, Äste und Glassplitter wie gequirlt in einer Schlammbrühe.

Am schlimmsten aber hatte es die Gegend am Ehrenmal getroffen. Die Strandbude an der Promenade war unterspült worden und zum Strand hinuntergesackt. Unter den zerdrückten Strandkörben sah er auch seine Nummer sieben. Der Strand war an dieser Stelle bis auf ein schmales Band weggeschwemmt worden. Der Anblick erinnerte Lüthje irgendwie an Schackhavens Karriereknick.

Auf dem Parkplatz hatte der Tornado Autos ineinander- und aufeinandergeschoben. Mitglieder der Freiwilligen Feuerwehr Laboe sichteten das Ausmaß der Zerstörung und telefonierten dabei mit den Handys.

Die Polizei Laboe versuchte sicher gerade, sich im Oberdorf einen Überblick über die Lage zu verschaffen. In der nächsten Stunde würde es hier von Feuerwehr und Technischem Hilfswerk aus dem ganzen Kreisgebiet wimmeln.

Auf dem Vorplatz des Ehrenmals sah es aus, als ob eine Riesenfaust sich in blinder Wut ausgetobt hätte. Reste der Bühne, der Technik und der Zuschauertribüne waren noch erkennbar, einiges war auf dem Dach der Ehrenhalle gelandet, der Rest oder das, was davon übrig war, war vom Tornado in den großen Maschenzaun an der Grundstücksgrenze gepresst worden und hatte ihn umgeworfen. Und einige Fenster des Ehrenmals waren tatsächlich eingedrückt worden.

Auch Lambert würde sich seinen Weg ins Ehrenmal heute freiräumen müssen. Eine dramatische Arie wäre heute sicher angebracht.

Eigentlich hätte Lüthje sich mit der Aufklärung des Falles mehr Zeit lassen können. Denn die Oper Turandot würde wohl in dieser Saison keine Aufführung in Laboe erleben.

Auf dem Rückweg sah Lüthje sich die drei alten Häuser an der Strandstraße genauer an, die ihn in den vergangenen Tagen so beschäftigt hatten. Sie versteckten sich in ihren Vorgärten hinter einer alten Flutmauer mit Türöffnungen, wie sie Anfang des zwanzigsten Jahrhunderts alle Häuser hier hatten. Und sie standen dichter beieinander, als es ihm vorher aufgefallen war. Vielleicht fehlte ihnen deshalb kein Dachziegel, und keine Fensterscheibe war zerbrochen.

Freitag

Auf der Fahrt vom Hamburger Flughafen nach Laboe erzählte Lüthje Hilly die Geschichte von den Frauen und Männern, die ihr ganzes Leben lang nach Liebe suchten und gescheitert waren.

Vom Autisten, der ein großer Sänger und guter Zeuge war, und wie er in einem Turm jeden Tag gegen die Mauern sang, als ob er sie damit durchbrechen könnte. Wie er dort eine böse Hexe besiegt hatte. Und von der Liebe, die er gewann.

Lüthje erzählte Hilly aber nicht von dem Kampf mit den Dämonen seiner Kindheit im Treppenhaus des Ehrenmals. Nicht, wenn er auf der Autobahn am Steuer saß. Später vielleicht einmal.

»Offen ist ja auch, ob die Affäre des Horst Drübbisch mit Klockemanns Frau von irgendjemandem eingefädelt wurde«, sagte Hilly. »Von wem auch immer. Aber das ist nur eine moralische Frage. Nicht wahr, Eric?«

Sie schmiegte sich sacht an ihn, schob ihre Hand unter seinem Arm durch und streichelte seinen Bauch.

»Alle Männer sind Autisten«, sagte sie. »Aber du bist die große Ausnahme, mein Schatz.«

Dank an

Dieter, Felix, Morten, Ronja, Thomas, Churry und Rita, Familie Jasch, Anja Tomnitz, Stephan Tomnitz, Renate Bast-Christ, Peter Dittmer (wir-in-laboe.de und Projektgruppe Rathaus-Archiv), Lars Riemenschneider (Strandkorbvermietung Laboe) und Jan Steffen (Niederdeutsche Bühne Laboe).
Und meiner Muse für ihre Geduld und den starken Tee.

Dietmar Lykk
TOTENSCHLÜSSEL
Broschur, 416 Seiten
ISBN 978-3-89705-586-5

»Die Spannung steigert sich bis zum Schluss, und es gibt einen Showdown im Dom, bei dem auch die Kronleuchter von der Decke krachen.« Der Nordschleswiger

»Ein an Spannung kaum zu übertreffender Roman. Für jeden Schleswig-Holsteiner und alle, die packende Kriminalromane lieben, ein absolutes Muss.« Moin Moin

www.emons-verlag.de

Dietmar Lykk
TOTENUHR
Broschur, 336 Seiten
ISBN 978-3-89705-671-8

»Die Thematik ist atemberaubend, sämtliche Ereignisse und Fakten sind meisterlich und historisch bis ins kleinste Detail philiströs recherchiert, und auch die einzelnen Schauplätze sind für heimische Leser schnell ›erlesbar‹. Wer den Krimi in der Hand hält, lässt so schnell nicht wieder los.« Moin Moin

»Ein selten intensives Lokalkolorit, das dem deutschen Küstenkrimi eine typisch norddeutsche Atmosphäre verleiht.« Lesen

www.emons-verlag.de

Dietmar Lykk
TOTENSAND
Broschur, 256 Seiten
ISBN 978-3-89705-749-4
eBook 978-3-86358-002-5

»*Ein kurzweiliger Krimi mit Ostseefernwehpotential.*« taz

»*Ein genial durchdachtes Buch von einem großartigen Autor.*« Der Nordschleswiger

www.emons-verlag.de

Dietmar Lykk
TOTENSCHLEUSE
Broschur, 224 Seiten
ISBN 978-3-89705-856-9
eBook 978-3-86358-155-8

»*Dietmar Lykk verbindet See-Romantik mit spannender Action. Von der Holtenauer Hochbrücke geht es über den Nord-Ostsee-Kanal bis nach Sylt.*« Husumer Nachrichten

www.emons-verlag.de